기독교 상담자를 위한

상담 및 심리치료의 과정과 실제

심수명·유근준

도서출판다세움

서 론

요즘 우리 사회는 심리상담의 황금기를 맞고 있다. 학교, 병원, 교회, 군대 등 많은 기관들이 상담실을 세우며 상담 및 심리치료를 수행하고 있다. 현대인들은 가정 및 사회에서 여러 어려움을 겪으며 그 정신적, 관계적 고통이 너무 크기 때문에 상담 및 심리치료를 더욱 절실하게 필요로 하고 있다. 이런 시점에 상담 및 심리치료가 사람들의 고통과 어려움을 경감시키고, 건강한 인격 변화에 중요한 역할을 수행하고 있기에 상담에 대한 연구와 배움은 귀한 일이라고 할 수 있다.

그렇다면 정말 상담이 얼마나 효과가 있는지 검증해 볼 필요가 있다. 지금까지 상담의 효과에 대한 연구들을 메타분석을 통해 알아본 결과 내담자가 호소하는 문제에 따라 다소 차이는 있지만, 전반적으로 상담 및 심리치료의 효과는 자연 회복율(심리치료를 받지 않고도 자연스럽게 회복되는 비율)이나 플라시보 효과(실제 심리치료를 받는 것이 아니라 심리치료를 받는다는 기분이 주는 효과)보다 월등히 높은 것으로 밝혀지고 있다. 즉 상담을 받은 경우가 그렇지 않은 경우에 비해 회복 속도와 회복 효과의 지속성에서 높은 결과를 보인다는 것이다.

그러나 잘못된 상담이나 심리치료는 내담자에게 위해를 가하는 것도 확인되었기에 상담은 그 효과성도 크지만 위험성도 있는 것이 사실이다. 그러므로 상담을 수행하는 상담자는 내담자를 적절하게 도우면서도 그의 인격 성장과 변화를 위한 효과적인 상담이 되도록 해야 할 책임과 의무가 따른다.

이 교재는 이것을 염두에 두고 쓴 책이다. 즉 인간의 성장에 도움이 되는 상담의 방법과 기술, 과정이 무엇인지 밝히고, 앞으로 상담자로 활동하기 원하는 사람들에게 도움을 주고자 이 책을 쓰게 되었다. 사람들의 인격적인 성장은 짧은 시간에 이루어지지 않는다. 그것은 사람들 사이의 상호 관계로부터 나오는 결과이다. 이런 점에서 관계를 통하여 상처와 아픔을 치료할 뿐 아니라 성품의 변화와 영적 성장을 만들어 내는 상담은 하나님의 선물이다. 이러한 귀한 선물인 상담적 기술이 상담자뿐 아니라 앞으로 상담에 참여하여 도움을 받게 될 내담자에게도 전해지기를 소망한다.

본 교재의 내용 구성은 다음과 같다.

1장 상담 및 심리치료의 기본 개념에서는 상담과 심리치료에 대한 개괄과 함께 기독교 상담에 대해서도 그 특징을 살펴보았다. 그리고 2장에서는 상담의 전체를 진단하고 평가하는 상담사례개념화에 대해 살펴보았으며 3장부터 5장까지는 상담의 초기 과정과 중기, 그리고 종결 과정 대하여 살펴보았다.

6장에서는 상담에 필요한 기술 중 중요한 네 가지 대화 기술에 대하여 자세히 살펴보았다. 또한 7장과 8장에서는 상담에서의 개입 기술에 대하여 살펴보았는데 7장에서는 감정 반영과 감정 탐색 기술에 대하여 자세히 설명하였으며, 8장에서는 저자가 중요시하게 생각하는 개입 기술 여섯 가지에 대하여 자세히 기술하였다.

9장에서는 상담자의 민감성이 그 무엇보다 중요하기에 상담자 자신 및 내담자와의 관계에 대한 민감성, 그리고 의사소통에 대한 민감성을 높이기 위한 방법에 대하여 설명하였다. 10장에서는 좋은 상담자의 특성에는 어떤 것들이 필요한지 설명하였으며, 11장에서는 상담의 가치와 윤리에 대해 설명하였다.

그리고 12장에서는 상담사례 연구 작성법 및 저자의 실제 상담사례를 제시하여 상담을 공부하는 분들에게 실제적인 도움이 되도록 하였다. 그리고 마지막 13장에서는 상담에서의 슈퍼비전에 대해서 살펴보았다. 일반적으로 슈퍼비전이 중요함에도 불구하고 등한시하는 경향이 있어 이론과 실제를 종합하여 연구하고 정리하였다.

본 저서는 심수명교수와 유근준교수가 함께 저술을 하였으며, 처음부터 마지막까지 학자 및 상담자로서의 경험과 지식을 공유하고 논의하며 합의하여 진행하였다. 이런 의미에서 본 저서에서는 저자들이라고 표현해야 하는 모든 상황에서 단순히 저자라고 표기하였음을 밝히고자 한다. 이 책은 상담자로서 필요한 지식과 기술에 있어 그 과정과 실제에 초점을 두었으며 특히 기독교 상담자에게 필요한 요소를 통합하기 위해 노력하였다. 상담자로서의 길을 내딛기 원하거나 이미 상담을 하고 있는 분들에게 이 책이 좋은 동반자가 되기를 바란다.

목차

1장

상담 및 심리치료의 기본 개념

상담이란 도움을 필요로 하는 자(내담자)와 도움을 줄 수 있는
전문적인 기술과 성숙한 인격을 갖춘 자(상담자)가
상호 신뢰 관계를 바탕으로 내담자의 당면 문제 해결을 돕고
그의 인격 성장과 변화가 일어나도록 돕는
조력 활동 및 과정이다.

1. 상담 및 심리치료

1) 상담이란 무엇인가?

상담(counseling)은 다양한 현장에서 사용되는 대단히 복잡한 개념이지만 여러 학자들은 그것을 추상적이면서도 짧은 말로 정의하는 시도를 해 왔다. 아래에 있는 상담에 대한 개념 정의는 상담자에게 상담을 이해하는데 도움을 줄 것이다.

- 상담이란 치료자와의 안전한 관계에서 자아의 구조가 이완되어 과거에는 부정했던 경험을 자각해서 새로운 자아로 통합하는 과정이다(Rogers, 1951).

- 상담이란 도움을 필요로 하는 사람과 도움을 줄 수 있는 사람 사이의 개별적인 관계를 통하여 새로운 학습이 이루어지는 과정이다(정원식, 박성수, 1978).

- 상담은 자기와 환경에 대한 의미 있는 이해를 촉진시키고, 장래의 목표나 가치관을 확립해서 명료화하도록 하는 상호작용의 과정이다(Shertzer & Stone, 1980).

- 상담이란 도움을 필요로 하는 사람(내담자)이 전문적 훈련을 받은 사람(상담자)과의 대면관계에서, 생활과제의 해결과 사고, 행동 및 감정 측면의 인간적 성장을 위해 노력하는 학습과정이다(이장호, 1982).

- 상담이란 내담자와 상담자와의 관계에서 촉진적인 의사소통을 통하여

내담자가 개인적인 문제에 대한 자기이해와 자기지도력을 터득하도록 도와주는 과정이다(홍경자, 2001).

이처럼 상담에 대한 정의는 이론가마다 다양하지만 상담의 정의 안에는 상담의 목적 및 상담을 받는 이유, 상담자와 내담자의 관계 양상, 상담을 통해 발생하는 현상에 대한 개념화(학습, 자아의 변화, 적응, 가치관 명료화) 등이 포함되어 있음을 알 수 있다. 이런 점에서 위의 정의들은 상담의 핵심적 요소들을 그런 대로 잘 표현하고 있다고 할 수 있다.

저자는 상담에 대한 다양한 여러 정의들을 참조하고 그동안의 임상 경험을 바탕으로 상담에 대하여 다음과 같이 정의하고자 한다.

"상담이란 도움을 필요로 하는 자(내담자)와 도움을 줄 수 있는 전문적인 기술과 성숙한 인격을 갖춘 자(상담자)가 상호 신뢰 관계를 바탕으로 내담자의 당면 문제 해결을 돕고 그의 인격 성장과 변화가 일어나도록 돕는 조력 활동 및 과정이다."

즉 상담이란 오랜 기간 동안 전문적으로 상담 훈련을 받고 인격과 신앙이 조화를 이룬 전문가가 삶의 과정 속에서 여러 어려움과 고통에 직면한 사람들의 문제를 해결하여 신앙 및 인격의 전인적인 면에서 성장할 수 있도록 돕는 활동이며, 조력 과정이라고 할 수 있다.

2) 상담과 심리치료는 어떻게 다른가?

상담과 비슷한 개념으로 심리치료(psychotherapy)가 사용되기도 하는데 상담과 심리치료는 어떠한 차이가 있는지 살펴보자.

상담을 심리치료(정신치료) 혹은 생활지도와 대비해서 그 성격을 규정하는 시도들이 있었다. 이장호는 인간의 문제를 정보, 사고 및 심리적 갈등의 문제, 성격기능 또는 정신기능의 장애로 구별하였다. 그리고 상담을 생활지도와 심리치료와 구분하였다. 그는 정보제공, 조언, 의사결정은 주로 생활지도의 활동으로 규정하고, 행동, 태도, 사고의 변화 및 심리적 갈등의 해결은 상담의 활동대상으로 규정하였으며, 성격 및 정신장애는 심리치료의 대상으로 규정하였다(이장호, 1980).
심리치료라는 말은 주로 정신과 의사나 임상심리전문가들이 '정신과 환자'를 대상으로 상담할 때 사용하는 용어였다. 그러나 최근에는 정신과 의사나 임상심리전문가도 정신과 환자만을 상담하는 것이 아니라 비환자도 상담하기 때문에 심리치료와 상담 간의 용어 구분이 점차 희미해져가고 있다. 따라서 심리치료와 상담이라는 용어를 종종 혼용하여 사용하고 있다(김환, 이장호, 2008).

『현대심리치료(The Current Psychotherapies)』의 편집자인 코시니(Raymond Corsini)도 이와 비슷한 견해를 밝힌 바 있다. 그는 상담가와 심리치료가는 경청, 질문, 해석, 조언, 정보제공, 평가, 지지, 지시 등에 있어서 근본적으로 동일한 방법을 사용한다고 하였다. 그리고 이 둘 사이에 누가 해석을 더 많이 하느냐, 누가 경청을 더 많이 하느냐 등의 양적인 차이는 있을지언정 질적인 차이는 없다고 하였다. 그러므로 상담과 심리치료를 구분해서 취급하는 것은 별 의미를 가지지 못하기 때문에 그 두 용어를 상황에 따라서 섞어서 쓰든지 상담 혹은 심리치료 중 한 가지로 통일해서 쓰면 된다고 하였다(Corsini, 2000).[1] 저명한 상담가인 코리(Gerald Corey)도 상담과 심리치료의 용어를 구분해서 쓰지 않았다.

상담자는 상담 및 심리치료라는 용어를 사용할 때 자신이 사용하는 '상담'의 정의를 명확히 하고 있어야 하며, 내담자가 궁금해 하거나 밝혀야 할 필요가 있을 경우에는 자신의 입장을 설명할 의무가 있다. 본 저서에서는 상담과 심리치료를 엄격하게 구분해야 할 때는 구분해서 사용하겠지만 대부분의 경우에는 상담 및 심리치료를 상담이라는 용어로 통일하여 사용하고자 한다.

3) 상담에서 중요한 것은 무엇인가?

상담에서 중요한 구성 요소가 무엇인가에 대해서는 상담에 대한 정의 및 이해에 따라 달라질 수밖에 없는데 보편적으로는 상담자, 내담자, 관계, 그리고 과정, 이 네 가지로 볼 수 있다. 이 네 가지 개념에 대해서 충분히 알고 있다면 상담에 대해서 이해를 잘 하고 있다고 말할 수 있을 것이다.

먼저 **내담자**는 현재 겪고 있는 여러 가지 고통과 어려움을 다양한 방법

---

1) 실제로 그는 자기의 편저서에서 상담이라는 말보다는 심리치료라는 말로 통일해서 사용했다.

으로 해결하기 위해 노력하였지만 그것이 잘 해결되지 않아 인간관계 및 인간 문제의 전문가인 상담자에게 도움을 청해야겠다고 마음먹은 사람이라고 할 수 있다.

내담자는 크게 두 가지 이유로 상담을 시작하게 되는데, 그것은 자신이 해결할 수 없는 문제(problem)와 인격적 성장(growth)에 대한 내용이다. 내담자는 일상생활 속에서 갈등, 고통, 어려움, 혼란, 좌절, 불안 등 온갖 문제를 경험한다. 그리고 이 문제가 본인이 감내하기 어려운 수준에 도달하면 도움을 줄 사람을 찾게 되고, 이때 내담자의 자아는 매우 연약한 상태에 처해 있게 된다. 문제의 종류와 심도에 따라 내담자가 상담 관계에 의지하는 정도에 차이는 있겠지만, 상담자에게 도움을 청할 수밖에 없는 내담자의 마음 상태가 변화의 원동력으로 작용한다(박성희, 2003). 또한 미래에 더 성장하고 발전하기 위해 필요한 도움을 받고 싶어 상담자를 찾기도 한다.

상담자는 인간의 여러 다양한 문제들에 대하여 고민하고 자신의 문제들에 대하여 상담을 통해 도움을 받은 경험이 있는 자로서 상담이 인간의 문제를 해결하는 데 그 어느 것보다 중요하며 효과적이라는 경험과 확신이 있는 자라고 할 수 있다. 그리고 상담전문가가 되기 위해서 최소 10년 정도의 기간을 투자하여, 학업과 임상 훈련 및 연구를 해왔으며 전문적인 실력을 쌓기 위해 노력한 사람이라고 할 수 있다. 거의 대부분(100%라고 해도 과언이 아닐 정도로)의 상담자는 상담 경험이 있는 자이며, 자신의 문제를 상담을 통해 도움을 받은 사람이다.

상담에서 **관계**는 그 무엇보다 중요한 요소다. 내담자가 상담자와 상담을 시작할 때 신뢰로운 관계가 형성되어야 상담이 지속되기 때문이다.

상담이라는 관계 속에서 진행되는 상담자와 내담자의 상호작용은 매우 다양하고 개인에 따라 제각기 독특한 면을 지니고 있다. 상담 관계가 구성되는 바로 그 시점에서 내담자의 '상태'나 '필요'는 상담 관계의 영향력을 좌우하는 힘이 된다. 내담자의 필요가 절박할수록 상담 관계의 효과는 클 것이라 예측할 수 있다.

상담 관계는 그 뿌리를 '나-너'의 관계에 두고 있다. 내담자의 문제 해결과 성장에 조력하는 상담자의 역할은 상담자-내담자의 인격적 관계 위에서 수행된다. 상담이 내담자에게 도움이 되려면 상담자는 내담자의 존재 전체를 수용할 수 있어야 한다. 상담자는 내담자의 현 상태는 물론 그의 잠재적 가능성까지 모두 인정하면서 내담자의 전인격을 자신의 것으로 체험하고 공감하며 그를 위해 헌신할 각오를 가져야 한다.
연구결과에 의하면 심리치료의 성과를 가장 잘 예측할 수 있는 요인은 상담에서 상담자와 내담자의 관계다(Horvath & Symonds, 1991; Orlinsk, Grawe & Parks, 1994). 내담자도 심리치료에서 가장 도움이 되었던 것은 이해받고 지지받는 느낌이라고 말한다. 그러므로 상담자는 내담자와 긍정적이고 따뜻하면서도 지지적인 치료 관계를 만들기 위해 노력해야 한다.

상담은 과정을 통해 상담의 목적에 도달한다. 이러한 목적 달성은 단기간에 끝나지 않기 때문에 상담은 최소한의 시간과 과정을 필요로 한다. 상담의 과정 속에는 다양한 만남이 이어진다. 때로는 기분 좋고 행복한 만남이 이어지기도 하지만, 때로는 고통과 미움, 오해의 과정 뿐 아니라 결별의 과정을 거치기도 한다. 상담 도중 자신의 모습이 혐오스럽거나, 상담자에게 실망하여 상담을 중도에 그만두는 시도도 종종 일어난다. 상담에서는 긍정적, 부정적 과정을 거치는 일이 필요하다. 또한 내담자가 자신을 열어 보이는 과정과 함께 상담자 역시 자기 존재를 내담자에게 열어야 할 때도 있다. 이런 상호 개방과 수용을 통해서 상담자-내담자 간의 막힘없는 상호성이 허용될 때, 비로소 온전한 상담 관계가 구축되고 인격의 변화가 일어날 수 있다.

상담자가 된다는 것은 다른 사람들의 영혼을 들여다 볼 수 있는 창문을 가진 것이라는 부겐탈(Bugental, 1978)의 지적처럼 상담자는 상담 관계를 통하여 다른 사람의 삶에 참여하는 특권을 누린다. 상담자의 삶은 다른 사람을 돕는 과정에 참여하는 삶, 바로 그것이다.

4) 상담의 진행 과정은 어떠한가?

효과적인 상담은 상담자가 내담자에게 직접적인 정보 제공이나 조언, 충고를 삼가고, 내담자가 스스로 해결책을 찾도록 돕는 것이다. 이런 점에서 상담은 한두 번으로 끝나지 않으며, 짧게는 한두 달에서 길게는 몇 년씩 걸리기도 한다. 사람의 문제는 간단히 해결되거나 짧은 시간에 해결되기가 힘들다.

그러므로 좋은 상담자는 어떤 문제에 대하여 해답을 알고 있어도 내담자가 스스로 알아차릴 때까지 기다려주는 자세가 필요하다. 복잡하고도 깊은 문제를 한 번에 해결할 수 있다고 생각하는 것은 위험한 생각이다. 상담자는 내담자와 함께 하는 상담의 과정이 어떻게 될지 알지 못한다는 자세로 신중하게 임해야 한다.

상담의 과정을 순서에 따라 정리하면 다음과 같다.

① 내담자는 아무도 자신의 이야기를 듣지 않고 상관하지 않는다고 느끼며 상담자를 찾는다.

② 상담자는 내담자에게 모든 주의를 집중하고 내담자의 감정과 경험을 이해하는 의사소통을 한다. 상담자는 공감적이고 무비판적이며 내담자를 있는 그대로 대하는데, 이는 내담자로 하여금 상처와 고통을 토로할 수 있게 하는 좋은 분위기를 제공하게 된다.

③ 상담자가 내담자를 있는 그대로 받아들일 때 내담자는 자신이 존재할 가치가 있음을 느끼게 된다. 이를 통해 세상에는 자신이 대하기 힘든 인물들만 있는 것은 아니라는 것을 깨닫고, 불안이 줄어들며 대인관계의 어려움과 불안에 대처할 수 있는 능력이 생기게 된다.

④ 내담자는 변화의 기초가 되는 자기 존중감을 형성하게 되고 점차 자신의 감정과 사고를 탐색하게 되며 새로운 이해를 통해 변화가 일어난다.

상담을 시작하게 되는 과정을 그림으로 정리하면 다음과 같다.

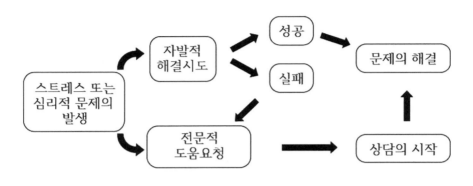

〈그림-1〉 상담에 이르기까지 과정

상담자는 초기 상담에서 "내담자는 무슨 문제를 가지고 찾아 왔을까?", "이 내담자가 기대하는 상담의 목적은 무엇일까?"를 생각하면서 내담자의 호소 문제를 듣게 된다. 이처럼 상담은 내담자보다는 상담자 쪽에서 먼저 내담자의 문제에 대한 전반적인 상황을 파악하면서 시작이 된다. 그리고 내담자가 어떤 상황에서 무슨 어려움을 겪고 있는지에 대해서 상담자가 지각하게 되고, 앞으로 기대되는 행동 변화에 대해서도 전체적인 윤곽이 대략 그려지게 된다.

대개 상담은 일주일에 한 번, 약 1시간 정도의 면 대 면(face to face)으로 진행이 된다. 한 번의 만남을 보통 회기(session)라고 하며, 보통 1주에 한 번의 회기로 진행을 하는데, 내담자의 문제가 심각하다고 여겨지는 경우에는 1주에 2-3회기를 할 수도 있다. 대략 3개월이면 10회 정도, 6개월이면 20여회 정도의 상담을 할 수 있다. 전문적인 상담자는 10회 정도의 만남으로는 인간의 복잡한 문제를 해결하고 정신적으로 성장하는 데 충분하지 않다는 것을 알고 있다. 하지만 내담자가 현재 당면한 문제 해결에만 관심이 있고 정신적 성장에 관심이 없거나 목표를 두지 않는다면, 시간과 비용이 드는 상담을 오래 한다는 것은 쉬운 일이 아니다.

상담은 처음 몇 회기 동안은 상담자와 내담자가 서로 잘 모르기 때문에 서먹서먹한 감정을 느낄 수도 있다. 특히 내담자의 입장에선 낯선 장소에서 낯선 사람을 만나는 것이기 때문에 상담에 적응하려면 시간이 필요하다. 이렇게 상담에서 상담자와 마음을 터놓고 신뢰할 수 있는 관계를 신뢰(rapport) 형성이라고 하는데, 상담 초기에는 이 신뢰 관계를 형성할 수 있도록 노력을 해야 한다.

어느 정도 신뢰가 형성되고 문제를 잘 이해할 수 있게 되면 상담자는 내담자에게 좀 더 변화해보라는 권유를 할 수 있다. 또 내담자의 단점이나 문제점을 직면할 수도 있다. 이렇게 내담자의 생활 방식이나 가치관에 도전하는 작업은 반드시 서로 간에 신뢰할 수 있는 관계가 형성된 이후에 해야 한다. 그렇지 않고 상담 초기부터 상대방의 가치관에 대해 도전하거나 비판을 한다면 내담자는 불편함을 느끼고 상담에 다시 오지 않을 것이다(김환, 이장호, 2008).

상담의 과정을 요약하면, 내담자는 상담자와 함께 문제를 탐색하고 문제의 해결을 가로막는 장애물을 확인하고, 새로운 해결책을 실천해 나가면서 자신의 문제를 해결하게 되고, 또한 인간적으로 성장하게 된다. 상담은 내담자가 설정한 목표에 도달하거나, 상담자가 설정한 목표에 도달했을 때 종결하게 된다.

5) 성공적인 상담이 되려면?

상담이 성공적으로 끝난다는 것은 참으로 어려운 과정이다. 그래서 상담자에게 필요한 요소로 인간관계 및 문제 해결에 대한 전문성과 함께 성숙한 인격을 강조하는 것이다. 이 말은 상담자 스스로가 여러 다양한 문제에 대한 해결책을 모른다면 상담을 할 수 없으며, 인격적으로 어느 정도 성숙하지 않다면 내담자의 성장을 도울 수 없다는 의미를 담고 있다. 그러므로 성공적인 상담을 위해 가장 중요한 요소는 상담자 자신이라고 할 수 있다.

또한 성공적인 상담을 위해 필요한 요소인 상담자와 내담자간의 튼튼한 작업 동맹에는 '상담자와 내담자의 유대, 합의된 목표, 상담 진행에 대한 동의'의 세 가지 측면이 필요하다. 그러므로 튼튼한 작업 동맹을 위해서는 상담자와 내담자가 서로를 좋아하고 존중해야 하며, 상담 과정에서의 탐색과 통찰 작업에 대한 동의 및 내담자의 대인관계 개선을 위한 목표에 동의하는 것이 필요하다(Bachelor, 1955).
상담자라고 해서 모든 내담자와 긍정적인 관계 및 튼튼한 작업 동맹을 형성할 수 있는 것은 아니다. 내담자가 도움을 받을 준비와 동기유발이 되어 있지 않다면 내담자와의 상담 형성이 힘들다. 예를 들어 본인의 의사가 아니라 부모에 의해 억지로 상담에 온 청소년이나, 사람에 대한 상처가 큰 내담자의 경우 상담자와의 상담 형성이 어려울 수 있다. 최근에 강간을 당한 여자 내담자라면 모든 남자에 대해 공포심을 가질 수 있으므로 남성 상담자와는 대화하기 힘들 것이다.

반대로 상담자의 한계로 관계 형성이 힘든 경우도 있다. 상담자와 내담자가 심리적으로 밀착되는 경우, 긍정적인 치료 관계를 기대하기 힘들다. 그러므로 상담자는 자신의 심리적 상처를 치료하기 위한 과정에 충분한 시간과 노력을 들여야 한다. 그래야만 내담자와 심리적으로 연합됨으로 인해 발생하는 문제에 휘말리지 않을 수 있다. 또한 상담자 자신이 심각한 신체적·성적인 외상을 입은 경험을 충분히 해소하지 못한 경우, 자신의 감정반응을 유발하지 않고 내담자의 성적 학대 이야기를 경청할 수가 없다.

이처럼 상담자의 개인적인 문제가 현저하다면 내담자와의 관계 형성에 방해를 받을 수 있다는 점을 염두에 두고 상담자는 자신의 심리적, 정신적 문제 해결을 위해 상담자가 된 후에라도 끊임없는 노력과 함께 슈퍼비전을 받는 과정을 오랫동안 거쳐야 한다. 그러나 어느 상담자든 온전한 심리치료가 일어나서 문제가 없는 상태에 이르기는 쉬운 일이 아니다. 그러므로 상담자는 자신의 경험과 개인적인 문제로 한계를 갖고 있다는 사실, 그리고 내담자를 완전히 이해하기에는 부족한 점이 있을 수 있다는 사실을 염두에 두고 상담 관계를 발전시켜 나가야 한다.

또한 내담자는 여러 다양한 문제를 가지고 도움을 청하기 때문에 상담자는 상담 관계에서 효과적인 결과를 얻기 위해서 다음의 내용들을 이해하고 있어야 한다. 훌륭한 상담자가 되기 위해서는 다음과 같은 내용을 개념적으로나 실제적으로 알고 있어야 한다.

그 내용을 그림으로 표현하면 다음과 같다.

〈그림-2〉 상담자가 되기 위한 교육 과정

2. 기독교 상담

1) 신학과 심리학의 통합

신학과 심리학은 서로 갈등하는 것이 아니라 서로 보완하는 관계에 있다. 양자가 갈등하는 것은 경험적 사실에 관한 것이 아니라 경험에 앞선 원리나 전제와 관련되어 있다. 신학자나 심리학자는 동일한 사실을 보더라도 사실을 수집하고 해석하고자 하는 전제가 다르다. 심리학이 행동주의나 실험주의의 관점에서 벗어나 인본주의 심리학자처럼 인간의 정서와 가치와 희망을 인정한다면, 보다 넓은 관점을 수용하게 되는 것이며, 또한 인간의 차원을 넘어서는 신적인 초자연적 만남을 인정할 때 비로소 심리학은 가장 포괄적인 관점을 갖추게 될 것이다(김영한, 2000).

신학과 심리학은 우리가 살고 있는 세계에 대한 견해(세계관), 인간의 행동이 자연 법칙에 의해서 결정될 수 있는 정도, 인간의 본성, 윤리적 결정의 근거, 모든 진리의 원천 등에 대한 전제를 달리하고 있다. 그것을 비교하여 정리하면 다음과 같다(정동섭, 1996).

전 제	신 학	심 리 학
세계관	신본주의-하나님이 주관하신다.	자연주의-인간이 세계의 주인이다.
결정론	어떤 행동은 결정되기도 하나, 하나님과 인간이 행동의 변화를 자유롭게 관여할 수도 있다.	모든 행동은 자연법칙에 따라 결정된다.
인간의 본 성	하나님이 인간을 변화시킬 수 있는 길을 마련해 주셨으나 인간은 나면서부터 죄인이다.	인간은 기본적으로 선하며 향상될 수 있다.
윤 리	상황에 따라 어떤 도덕적 선택은 상대적일 수 있으나, 하나님께서 주신 선악의 기준은 절대적이다.	모든 도의적 선택은 상대적이다. 선악은 개인 및 문화적 상황에 좌우된다. 절대적 기준은 없다.
권 위	성경에 계시된 신적인 계시만이 으뜸이며, 과학적 발견과 방법은 이차적 중요성을 지닌다.	과학적인 방법과 발견만이 으뜸이다.

〈표-1〉 신학과 심리학의 차이

기독교 신학과 심리학의 통합을 위한 움직임은 1920년대 후반에 발전한 목회 심리학과 기독교 상담학에서 볼 수 있다. 기독교 심리학자는 하나님의 계시와 과학의 참된 사실 사이에 모순이 있을 수 없다고 믿기에, 심리학은 교회 지도자가 성령의 인도하심을 구하는 가운데 사용하기만 한다면 가치 있는 도구로 사용할 수 있다고 주장한다(정동섭, 1996).

투르니어(Paul Tournier)는 과학적인 심리학을 부정하지 않으면서 초월적인 차원을 향하여 열린 심리학을 제시하였다. 결국 하나님의 창조와 섭리 안에서는 모든 것의 조화와 통일이 이루어진다.[2] 이 양자를 통합하는 것은 하나님이시다. 아래 〈그림-3〉에서 볼 수 있는 것처럼 모든 진리는 하나님의 계시로부터 나오는데, 그것은 성경을 통해서(특별 계시), 또는 자연을 통해서(일반 계시) 주어진다. 인간은 그 진리를 깨달아야 하는데, 그것은 신학(성경에 대한 체계적인 연구와 해석)과 실험, 관찰, 논리적 추론, 여러 가지 인문학을 포함하는 넓은 의미의 과학(우리가 살고 있는 세계에 대한 체계적인 연구와 해석)을 통해서 주어진다. 그러나 성경 계시와 자연 계시가 동일한 타당성을 갖는다고 생각해서는 안 된다. 성경 계시가 더 높은 우선권을 가진다(Collins, 1996). 만약 우리가 하나님이 존재하시며 모든 진리의 원천이 되신다는 사실을 받아들인다면 우리는 그분이 자기 자신과 모순되지 않는다는 점을 인정해야만 한다.

---

2) 통합론자의 대표적 학자들은 존 카터(John D. Carter)와 부르스 네러모어(Bruce Narramore), 게리 콜린스(Gary Collins), 로렌스 크랩(Lawrence Crabb), 투르니어(Paul Tournier), 모리스 와그너(Maurice Wagner), 워렌 허드(Warren Heard, Jr.), 스탠톤 존스(Stanton Jones), 빌 톰슨(Bill Thompson), 데이비드 흄(David Hulme), 윌리암 커완(William Kirwan) 등이 있다. 이러한 입장에서 심리치료 접근을 하는 국내 크리스천 정신 의학자 가운데는 이만홍, 최영민, 이성훈 등이 있다. 이들은 "내담자의 독특한 필요들과 생활상의 문제 전반에 있어서 참으로 반응적인 심리 치료를 하기 위해서는 개방적이며, 종합적이고, 융통성이 있으며, 절충적인 시도가 필수적"이라고 주장한다(심수명, 2001).

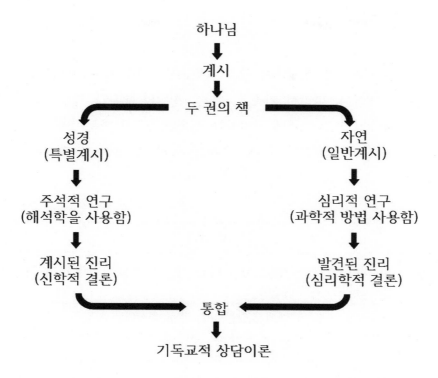

〈그림-3〉 기독교와 심리학의 통합(Crabb, 1993)

그러므로 특별 계시를 통해서 주어진 진리와 일반 계시의 진리는 서로 모순될 수 없다. 기독교 상담자는 이 두 지식의 본체를 조화시키려고 노력해야만 한다. 그리고 자료를 곡해하거나 사실을 강요하는 것이 아니라 더욱 명확하고 분명한 자료를 획득하기 위해서 더 많이 연구하고 노력해야 한다(Collins, 1996).

결국 심리학과 기독교는 분열이 아니라 온전한 진리의 발견을 위해 서로가 필요한 것이다. 여기에 기독교와 심리학의 통합적 근거가 모색되기 시작한다.

2) 기독교 상담

기독교 상담은 일반 상담과는 달리 기독교적 가치관에 근거하여 인간과 세상을 바라본다. 따라서 기독교 상담은 성경의 교훈과 가르침에 따라 이 세상을 바라보고 그것에 근거하여 인간을 돕고자 하는 것이다.

기독교 상담의 기준이나 욕구, 초점을 정리하면 다음과 같다(심수명, 2008a).

기독교 상담	
기준	하나님의 절대적인 기준과 뜻에 따르며 상담자 개인의 가치나 기준에 합리성의 근거를 두지 않는다.
욕구	신자는 하나님이 나에게 필요한 모든 것을 주셨다는 시각과 나그네 의식, 청지기 사상을 가지고 삶 속에서 진정한 감사의 삶을 살려고 노력해야 한다.
초점	영적 시각인 사고의 변화를 강조하면서도 내담자의 사고, 감정, 행동의 전인적 변화에 초점을 둔다.

〈표-2〉 기독교 상담의 핵심

성경을 바탕으로 한 기독교 상담은 다음과 같은 세 가지 점에서 분명한 특성을 가진다.3)

---

3) 신약에는 상담에 관한 동사로 파라칼레오($\pi\alpha\rho\alpha\kappa\alpha\lambda\epsilon\omega$), 뉴데테오($\nu o\upsilon\theta\epsilon\tau\epsilon\omega$), 파라뮤데오마이($\pi\alpha\rho\alpha\mu\upsilon\theta\epsilon o\mu\alpha\iota$), 그리고 마크로듀메오($\mu\alpha\kappa\rho o\theta\upsilon\mu\epsilon\omega$)가 나타난다. 첫 번째 파라칼레오($\pi\alpha\rho\alpha\kappa\alpha\lambda\epsilon\omega$)의 의미는 '간청하다, 권하다' 혹은 '격려하다, 위로하다'이다. 이 단어는 다음에 사용되는 '훈계하다($\nu o\upsilon\theta\epsilon\tau\epsilon\omega$)'보다 부드러운 의미로 사용되었으며 비슷한 동사는 로마서 12장 1절, 고린도후서 1장 4절, 로마서

첫째, 기독교 상담은 나약한 자아 때문에 고통당하는 내담자를 상담하는 관계 속에 성령이 임재하여 내담자가 건강한 자아를 형성하도록 돕는다고 본다.[4] 이때 여러 가지 상담 기술을 사용하여 건강한 인격을 형성하도록 돕기도 하지만 기독교 상담자는 자기가 도운 만큼의 결과가 나타나는 것이 아니라 그 이상의 결과가 나타나리라고 기대한다. 그 이유는 상담 관계에 제3자로 임재하신 주님께서 우리의 기대보다 더 풍성하게 치유하실 것을 믿기 때문이다(오성춘, 1993).

둘째, 기독교 상담은 내담자의 건강한 인격을 위해 상담하지만 그 후에도 상담 관계를 종결짓지 않고 내담자가 하나님 중심의 삶을 회복하도록 돕는다. 이를 위해 자신의 자아를 그리스도 앞에 굴복시키며 하나님께 순종하고 하나님으로부터 생명과 능력과 사랑과 정의를 공급받아 사는 것을 회복하도록 한다. 그러므로 기독교 상담은 인간이 가지고 있는 문제가 몸, 마음, 자연, 사회, 가정 등의 여러

15장 3절에 언급되고 있다. 두 번째는 뉴데테오($\nu o \nu \theta \varepsilon \tau \varepsilon \omega$)이다. 이 동사는 상담이라는 문맥과 관련해서 광범위하게 사용되어질 수 있다. 그러나 신약에서는 보통 '기억하다, 경고하다, 직면하다'라는 의미로 사용한다. 이것은 제멋대로 하는, 훈련되지 않은, 혹은 충동적인 것을 훈계한다. 이것은 로마서 15장 14절, 고린도전서 4장 14절에서 발견할 수 있다. 세 번째 동사는 파라뮤데오마이($\pi \alpha \rho \alpha \mu \nu \theta \varepsilon o \mu \alpha \iota$)이다. 이것은 '힘이 나게 하다, 격려하다'이다. 이것은 누군가 두려워하거나 낙심할 때 사용되는 것이다. 네 번째 동사는 마크로듀메오($\mu \alpha \kappa \rho o \theta \nu \mu \varepsilon \omega$)로서 이것은 '인내하거나 인내력을 갖는 것'을 뜻한다. 이것은 마태복음 18장 26절, 18장 29절, 야고보서 5장 7절, 그리고 히브리서 6장 15절에서 사용되었다. 이 단어는 수동형 동사이다(Wright, 1977).

4) 기독교 상담을 검토할 때 제이 아담스(Jay Adams)의 권면적 상담(nouthetic counseling)과 마틴 봅간(Martin Bobgan)의 영적 상담, 짐 크래독(Jim Craddock)과 로렌스 크랩(Lawrence Crabb), 쉘윈 휴즈(Selwyn Hughes)의 성경적 상담, 게리 콜린스(Gary Collins)와 게리 스위튼(Gary Sweeten)의 제자 상담, 성장 상담을 강조한 하워드 클라인벨(Howard Clinebell)과 대화 상담을 강조한 폴 투르니어(Paul Tournier)의 관계 상담의 흐름으로 살펴볼 수 있다(Hurding, 2000).

가지 측면에 모두 관계되고 영향을 주고받음을 인식하여 전인적으로 이를 치유하기 위해 궁극적 관심인 하나님과의 관계, 하나님과의 만남으로 나아가도록 돕는 상담 과정인 것이다(김예식, 2000).

셋째, 기독교 상담이 추구하는 것은 영성을 중심으로 한 전인 건강이다. 기독교 상담은 통전적이어야 한다. 즉 인간이 생활하는 삶의 모든 영역에서 치유 받고 성장하도록 노력해야 한다(Clinebell, 1984). 성경적 관점에서 인간은 본성이 죄인이므로 기독교 상담자는 무엇보다도 내담자의 구원과 풍성한 삶을 위하여, 죄악 된 행동과 감정을 유발하는 그릇된 생각을 바꾸도록 하는 것을 상담의 궁극적 목표로 삼아야 한다. 그래서 전인적(whole person) 관점에서 인간의 영성, 지성, 감정, 의지, 관계적 측면 등 전체적인 면이 건강해지도록 이끌어야 할 책임이 있다.

3) 기독교 상담과 일반 상담 비교

기독교 상담과 일반 상담의 공통점과 차이점이 무엇인지 살펴보면 다음과 같다. 양자의 공통점은 양자 모두가 그 대상이 같으며 상담 원리와 실제가 거의 비슷하다는 것이다. 일반 상담은 일차원적으로 인간의 내면 또는 인간관계에 해당되는 문제들을 상담과 치료의 대상으로 삼는다. 즉 수평적인 심리적 병리현상 및 증상들을 상담과 치료의 대상으로 하지만 수직적인 문제(죄, 인간의 종교 욕구 등)에 대해서는 배제한다. 그러나 기독교 상담은 일반적 상담에서 목표로 삼는 것을 수용하면서도 인간의 영적인 문제(죄, 실존, 고난 및 신앙의 문제 등)까지 상담의 내용이나 대상으로 하는 것이 특징이다. 따라서 기독교 상담자는 수평적 증상을 치료하는 데 있어서도 내담자의 종교 자원을 치료 자원에 적용할 수 있는 능력과 기술을 가진 전문가인 것이다.

기독교 상담에서는 내담자의 비합리적인 자기 이해, 비논리적인 세계관, 미래에 대한 역기능적인 견해를 수정하는 데에 그치지 않는다. 더 나아가 내담자가 하나님의 존재를 인정하고, 그분의 사랑과 자비하심을 믿으며 순종으로 응답케 한다. 그리고 성경에 따라 자신의 삶을 뒤돌아보고 성경의 가르침에 따라 살아가도록 권고한다. 그리하여 내담자가 이제껏 가지고 있던 부정적 사고와 죄에서 돌이켜 성령의 끊임없는 권면에 의지하여 자신의 사고를 신앙 안에서 다시 수정하도록 돕는다. 기독교 상담의 목표는 내담자의 역기능적인 사고와 감정과 행동 및 대상관계(대상표상)를 기독교 세계관을 바탕으로 재정립하도록 돕는 것이다.

2장

사례개념화

사례개념화는 내담자의 문제에 대한 다양한 정보를 수집하고 종합하여
내담자 문제의 원인 내지 발생 배경은 무엇인지 가설을 세우고
내담자의 문제 해결을 위해 어떠한 상담 목표와 상담전략이
필요한지 구상하는 역동적인 과정이다.

1. 사례개념화란

사례개념화는 '내담자의 문제에 대한 다양한 정보를 수집하고 종합하여 내담자 문제의 원인 내지 발생 배경은 무엇인지 가설을 세우고 내담자의 문제 해결을 위해서 어떠한 상담 목표와 상담전략이 필요한지 구상하는 역동적인 과정'이라고 할 수 있다. 이러한 일련의 작업이 사례개념화이므로 상담자는 상담 시간에 실시한 심리검사, 면접과 행동관찰, 내담자의 가족이나 관련 인물로부터 얻은 정보 등을 종합하여 내담자의 문제에 대한 이론적 모형을 자기 나름대로 수립해 보아야 한다. 또한 상담자는 상담을 진행하면서 그가 세운 가설이 타당한지를 검토해 보면서 수정하고 보완해 가게 된다. 이와 같은 사례개념화는 상담자가 채택하는 이론적 접근에 따라 달라질 수 있다.

가령 내담자가 아버지로부터 정신적으로 학대받고 자랐으며 결혼 후에도 만성적인 불안감과 심리적 의존성을 떨쳐 버리지 못하고 있다고 가정해 보자. 당신이 행동주의적 접근을 선호하는 상담자라면 이 내담자의 증상을 학습된 것(또는 조건형성된 것)으로 간주할 것이다. 당신이 인지적 이론을 선택하는 치료자라면 내담자의 역기능적 사고나 비합리적 신념이 내담자의 증상과 관련이 있다는 가설을 수립할 것이다. 만일 당신이 정신역동적 접근을 선호한다면 부모에게서 어린 시절에 수용 받지 못한 내담자의 애정 욕구가 현재의 증상 행동과 연관성이 있다고 볼 것이다. 즉 내담자의 불안과 의존성은 거부와 격리에 대한 두려움에서 비롯되었다고 설명하려 할 것이다.

한편 내담자의 문제점은 욕구의 차원에서 검토될 수도 있다. 내담자가 진술하는 문제점은 현재 상태에 대한 불안과 불완전성을 내포하고 있다. 그런데 내담자가 호소하는 일차적인 문제는 좀 더 깊은 차원에서 볼 때 내담자의 내면적인 문제, 즉 기본적 욕구와 관련되어 있다는 것을 알 수 있다.

사례개념화를 위해 필요한 정보들이 무엇인지 알고 있을 때 상담은 보다 효과적으로 진행이 될 수 있다. 사례개념화를 위해 상담자가 파악해야 할 정보는 내담자의 문제 평가, 발달사 및 과거력 탐색, 상담 목표 설정 및 상담 전략 정하기 등이 있다.

2. 문제 평가

상담자는 내담자의 증상 및 문제행동을 확인하면서 내담자의 문제는 무엇인지 평가하게 된다. 상담자는 문제 평가 단계를 통해 내담자가 상담받으러 온 이유 및 내담자의 개인적 특성과 관련된 정보를 수집하고 분류한다. 내담자가 가지는 문제를 평가하기 위해서는 다음과 같은 요소들에 대하여 조사해보아야 한다.

● **생활 조건**(life conditions)
어린 시절에 만족스런 생활 조건(부모님의 양육 방식, 가족들과의 관계, 사회 경제적 지위 등)을 경험했는지, 그렇지 않은지 살펴보아야 한다. 내담자가 문제를 가지게 되는 요인으로 작용하므로 생활 조건 전반에 대한 탐색이 필요하다.

● **필요(needs) 충족 여부**

인생에서 무엇인가 충분히 충족되지 못했을 때 심리적인 결핍이 존재하는데 이는 미해결 감정으로 남아 많은 부분에서 문제를 일으키며 삶의 활력을 방해한다.

● **스트레스 유발요인(stressors) 및 대처 방식**

무엇인가 불유쾌한 것이 인생에 들어와 고민과 고통을 초래하고 있다면 그것은 무엇이며, 이때 내담자는 어떻게 대처하는지 탐색해야 한다. 부적응적인 대처 방식은 부정적인 자기인식 및 부정적인 상황자각에서 비롯되는 경우가 많으므로 이것도 함께 탐색할 필요가 있다.

● **잘못된 해석(misinterpretations)**

삶에 대해, 사건에 대해, 인간관계나 가치관 등에 대해 어떻게 생각하며 해석하는 지 탐색해보는 것은 내담자의 문제를 이해하는데 중요한 요인이다.

● **역기능적인 사회적 맥락(dysfunctional social patterns)**

내담자가 역기능적인 가족 관계나 구조, 사회적 맥락 속에 있을 때 내담자는 자신의 문제를 보기가 어렵다. 그러므로 역기능적인 요소는 없는지에 대한 탐색이 필요하다.

내담자의 문제 근원은 감정(정서적)과 행동(행동적)과 사고(인지적)와 관계에 기초를 두며 사회적, 문화적 요소와도 연관되어 있을 수 있다. 그러므로 문제 평가가 수행되어야 하는 임상적 평가 과정은 겉으로 드러나는 내담자의 인격적 측면을 이러한 여러 요소와 연결하여 잘 관찰해야한다. 임상적 평가 과정에서 필요한 요소로는 집중하여 관찰하기, 명료한 이해, 사건 이면의 세부사항 탐색, 사건이나 상황이 주는 의미 발견, 개방형 질문을 통한 내담자 이해, 각종 정보 기록하기, 사실들 간의 연관성 맺기, 가설 설정하기 등이 있으며 임상적 '예감'을 갖는 것 등이 포함된다. 그리고 현대 사회가 다문화 사회기 때문에 다문화적인 시각이 포함된 문제 평가 작업도 필요하다.

이러한 모든 요소 외에 임상적 평가를 정확히 하기 위해서 상담자는 내담자에게 내담자 스스로가 생각하는 문제가 무엇인지 물어 봐야 한다. 왜냐하면 이 과정을 통해 상담에 있어서 중요한 정보와 정확한 통찰을 이끌어 낼 수 있기 때문이다.

3. 발달사 및 과거력 탐색

내담자에 대한 문제 평가를 하는 과정에서 필요한 것 중의 하나가 그 문제가 언제부터 시작되었는지 탐색하는 일이다. 언제부터 시작되었는지 탐색한다는 것은 주 호소문제와 관련된 내담자의 과거 경험을 탐색한다는 의미며, 현재 내담자가 경험하는 문제가 과거부터 반복해서 경험하는 문제인지, 아니면 최근에 경험한 문제인지를 파악하는 것이다. 이는 내담자의 문제가 일시적인 것인지 또는 만성적인 것인지를 파악하기 위한 것이다(이수현, 최인화, 2020).

내담자의 발달사에 대한 탐색에 있어 어린 시절 부모와의 관계와 가정 환경, 성격 등 전반적인 부분에 대해 탐색해야 하지만 내담자의 현재 문제와 관련된 과거사를 탐색하는 것에 초점을 두어야 한다. 내담자의 과거사건 중에서 현재의 문제를 유발시킬만한 사건이 있다면 그때의 감정, 생각, 대인관계 방식, 욕구와 그 욕구를 해결한 방식 등에 대해서 자세히 살펴 볼 필요가 있다. 이때 미처 해결되지 못한 감정이 현재의 삶에 어떠한 영향을 주고 있는지 개념화해 두어야 한다. 그리고 문제를 해결해가는 과정에서 내담자에게 맞는 상담 기법과 전략은 어떤 것이 좋을지 생각하고 있어야 한다.

4. 목표 설정

1) 목표 설정의 중요성 및 내용

성공적인 상담에서 가장 중요한 요소가 목표 설정이다. 목표 설정이란 내담자로 하여금 문제와 관련된 상황 및 행동과정을 탐색하고 조정하게 하고 상담 성과에 관여하도록 돕는 것이다. 내담자로 하여금 목표를 갖게 하는 것 자체가 목표 설정단계에서 실행해야 하는 목표다. 목표 설정이 중요한 이유는 첫째, 상담이 잘 진행되고 있는지, 언제 종료해야 하는지 알기 위해서, 둘째, 상담에서 수행되는 본질적 행동인 구체적인 상담개입이 이 단계에서 설정된 목표에 의해 결정되기 때문이다.

목표 설정에 필요한 상담 기술은 상담자의 추론기술로, 내담자가 진술하는 메시지의 행간을 읽는 것이다. 즉 내담자의 현재 문제는 무엇이며, 앞으로의 목표는 무엇인지 생각하면서 내담자의 이야기를 들어야 한다. 내담자가 주는 메시지를 잘 들은 후에는 궁극적인(장기) 목표, 중간 목표, 당면 목표로 구분하여 가능한 구체적으로 상담 목표를 세운다. 그런데 이 목표들은 중간 목표와 당면 목표의 시각에서 항상 실현 가능한, 현실적인 목표여야 한다. 그리고 기존에 설정된 상담 목표가 있다 하더라도 새로운 정보나 통찰이 생기면 목표는 늘 변경될 수 있음을 염두에 두어야 한다.

상담 목표란 내담자가 상담을 통해 얻고 싶어 하는 결과나 효과를 의미한다. 상담 목표는 전반적인 상담 과정에 일정한 방향을 제시해 주기도 하고, 상담자와 내담자를 일정한 방향으로 이끌어 주기도 한다. 만일 상담에서 목적이 없다면, 상담은 방향을 잃기 쉽다. 따라서 상담 목표는 상담자나 내담자 모두에게, 상담을 통해 무엇을 얻을 수 있고, 무엇을 얻을 수 없는지에 대한 일정한 기준을 제공해 준다.

이런 점에서 볼 때 상담 목표의 수립이란 상담의 평가 과정과 연속선상에 있다. 상담자는 평가 과정 동안 자신의 문제를 잘 인식하는 내담자도 있고, 그렇지 못한 내담자가 있을 수 있다는 사실을 잘 유념해야 한다. 이렇게 상담의 목표를 상담자와 함께 수립하는 과정 속에서 내담자는 자신의 문제를 해결하는 방식과 절차를 점차 알아가게 된다. (Hackney & Cormier, 2004).

상담 목표 설정의 순서와 내용을 정리하면 다음과 같다.

① 내담자가 현재 원하는 목표 설정을 단기 상담 목표로 설정한다.

② 내담자의 꿈과 이상 또는 근본적 욕구에 근거하여 장기 목표를 설정한다.

③ 전체적으로 조명하여 자기이해의 폭을 넓히는 것을 포함시킨다.

④ 현실 적응 기술 및 자기 지도력을 길러주도록 한다.

2) 상담 목표의 기능

상담 목표는 다음과 같은 네 가지 기능을 가지고 있다.

첫째, 상담 목표는 동기적 효과(motivational effect)가 있다. 내담자가 상담 목표에 대한 기대가 생기면, 그 목표를 이루기 위해 상담에 적극적으로 참여할 것이다. 특히 동기적 효과는 내담자가 상담 목표의 수립에 적극적으로 참여했을 경우 더욱 클 것이다.

둘째, 상담 목표는 교육적 기능(educational function)이 있다. 상담 목표는 내담자로 하여금 새로운 삶의 목표를 세우고, 이를 이루기 위한 삶의 적응방식을 학습할 수 있게 해준다. 다시 말해 목표 설정 과정을 통해 내담자는 자신의 삶을 효과적으로 이끌어가는 방법을 학습하게 될 뿐만 아니라, 새로운 적응을 위해 스스로 어떻게 생각하고 행동해야 하는지 알게 될 것이다.

셋째, 상담 목표는 평가적인 기능(evaluative function)이 있다. 상담 목표를 통해 상담자는 내담자의 변화에 효과적인 상담기법을 선택하고 평가할 수 있다. 또한 상담 목표에서 볼 때 내담자의 변화가 어느 정도 이루어졌는지 가늠할 수 있게 해 준다. 다시 말해 상담의 결과 목표(outcome goal)가 수립되면, 상담자와 내담자는 상담 목표를 기준으로 상담이 어느 정도 진행되었고, 어느 시기에 새로운 상담기법을 적용할 것인지를 효과적으로 판단하고 평가할 수 있다.

마지막으로 상담 목표는 전체를 사정하는 기능(treatment assessment function)이 있다. 상담이 진행됨에 따라 정밀한 사정이 중요해진다. 이런 점에서 치료를 위한 사정은 공식적인 치료계획의 중요한 부분을 차지하게 된다. 이런 상담 목표들은 대개 상담자와 내담자 간의 협의를 통해 구성되며, 그 밖의 목표들은 내담자 평가 과정에서 나온 여러 가지 자료를 상담자가 검토하고 해석함으로써 수립된다(Hackney & Cormier, 2004).

5. 상담 이론과 전략 선택

상담 목표가 설정이 되었다면 그 목표 달성을 위해 상담자는 다양한 전략을 사용하게 되는데 그 전략은 상담자가 어떠한 상담 이론을 사용하는 가에 따라 달라진다. 인간관 및 성격관에 따라 인간에 대한 이해와 기법은 다르다. 즉 인간의 성격이 어떻게 형성되는 가에 대한 인간 이해에 따라 과정과 기법이 달라진다. 따라서 상담 전략은 상담 이론에 따라 적절하게 사용해야 하는데 상담자는 내담자의 증상에 따라, 또한 내담자를 잘 도와줄 수 있는 이론적 접근이 무엇인지 고민하면서 전략을 사용하는 것이 바람직하다. 상담자가 자신이 선호하는 이론을 지향하는 것은 개인의 선택이지만 내담자에게 자신이 좋아하는 이론과 기법을 적용하는 것은 또 다른 문제다.

'상담 이론은 상담자의 수 만큼이다.'라는 말이 있듯이 상담자는 자신이 선호하는 이론을 선택할 수 있지만 그와 함께 내담자에게 적합한 이론과 기법이 무엇인지 지속적으로 배우고 연구해야 할 것이다. 또한 내담자가 어떤 정신병리를 가지고 있는가에 따라 내담자에게 어떤 기법이 도움이 되는 지 고민하면서 이론적 접근과 함께 전략을 사용해야 할 것이다.

정신분석적 관점에서 정신병리는 심리성적 고착과 리비도의 긴장을 적절히 방출하지 못하는 데서 오는 것으로 정의된다. 인지 행동 수정과 같은 인지적 측면을 강조하는 관점에서는 환자가 사건들을 잘못 해석하거나 비현실적인 기대를 갖게 됨으로써 정신병리가 발전된다. 그리고 인간중심 접근과 같은 현상학적 접근에서 보는 정신병리는 개인의 존재 경험이 존중받지 못하고 불일치하는 데서 기인한다고 본다. 따라서 좋은 상담자가 되기 위해서는 상담 이론에 대한 정확한 이해와 함께 각각의 상담 이론에 따른 상담기법을 충분히 파악하고 연습한 후에 내담자의 상태에 따라 절충적으로 사용하는 것이 가장 바람직하다고 본다(이 부분은 저자의 『집단상담 이론과 실제(다세움, 2019)』를 참조하면 도움이 될 것이다).

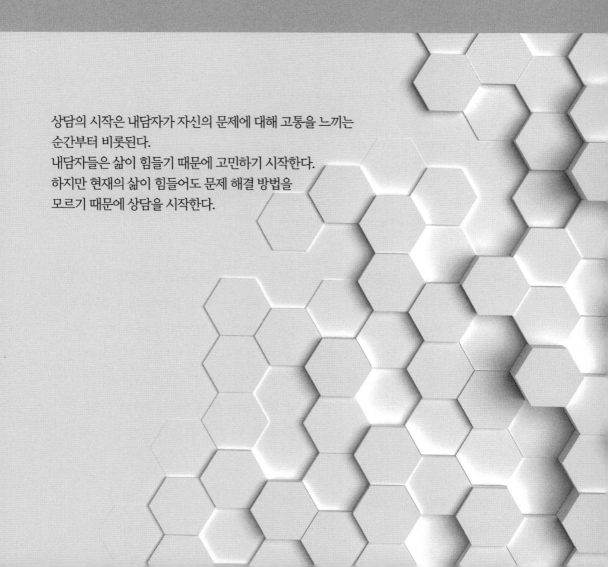

3장

상담의 초기 과정

상담의 시작은 내담자가 자신의 문제에 대해 고통을 느끼는
순간부터 비롯된다.
내담자들은 삶이 힘들기 때문에 고민하기 시작한다.
하지만 현재의 삶이 힘들어도 문제 해결 방법을
모르기 때문에 상담을 시작한다.

상담이 시작되어 끝나는 단계에 이르기까지 모든 상담 과정은 상담자, 내담자, 호소문제의 특성 등에 따라서 각각 다른 모습을 가진다. 그러나 상담이 진행되는 과정을 면밀하게 관찰하면 그 다양성과 이질성에도 불구하고 어떤 공통된 특징을 지니고 있다. 여기에서는 여러 상담자들의 의견을 통합하여 저자가 생각하는 상담의 과정을 소개하고자 한다.

1. 상담소 방문

상담의 초기 과정은 실제로 상담을 시작하기 전에 내담자가 자신의 문제에 대해 고통을 느끼는 순간에서 비롯된다. 내담자들은 삶이 힘들기 때문에 고민하기 시작한다. 현재의 삶이 힘들어 살아갈 에너지도 없고 문제를 해결해 나갈 대안도 모르기 때문에 현실에 끌려 다니며 살아간다. 그들은 사는 것 자체가 고통이라고 생각한다. 그 고통을 인식하는 것이 상담의 첫 단계라고 할 수 있다.

이 세상의 모든 사람들은 살면서 모두 고통을 느낀다. 관계의 어려움, 심리적, 정신적인 어려움, 상황의 어려움, 현재와 미래에 대한 두려움, 상실의 고통 등 세상을 살아가노라면 고통과 어려움은 수시로 밀려들어 올 수밖에 없다. 그래서 고통을 느끼는 사람이라면 누구나 상담이 필요하다. 그러나 고통을 느끼는 모든 사람이 내담자가 되지는 않는다. 상담자가 인간의 문제를 해결해 줄 수 있는 전문가라고 판단이 될 때 시간과 노력을 들여 상담소를 찾게 된다. 현실 수준에서 고통을 강하게 느낄수록, 해결 방법을 모르는 정도가 클수록, 그리고 고통을 해결하고 싶은 열망이 클수록 실제로 상담을 시작할 가능성이 높아진다(유근준, 2008).

상담의 첫 출발은 상담자로부터 시작되는 것이 아니라 상담자를 찾아오는 내담자로부터 시작된다. 그는 도움을 받으려고 온 것이며, 그런 의미에서 스스로 책임 있는 행동을 시작한 것이다. 이런 자발적인 태도가 상담에서는 매우 중요하다. 그는 때로 자신의 결정으로 오게 되었다는 것을 부정할 수도 있다. 교사나 친구, 또는 부모의 강요 때문에 왔다고 하는 경우가 여기에 해당된다. 그런 경우에 상담의 첫 초점은 타의에 의해 상담을 하게 된 것을 자의로 변화시키도록 하는 것이다.

내담자가 상담을 받겠다고 결심하기 위해서는 커다란 용기가 필요하다. 즉 상담을 받는 것에 대한 마음의 준비가 필요하다. 내담자가 상담을 받으러 올 때 대개는 복잡하게 얽힌 감정과 생각을 가지고 있다. 어린 시절 부모에 의해 무시된 사소한 욕구들, 문제 있고 비정상적인 가정환경, 충분한 사랑과 보호를 받지 못하고 성장한 데서 오는 박탈감, 수치심, 슬픔과 두려움 등이 현재에서도 나타날 때 보통 사람들보다 더 힘들게 인식하곤 한다. 그래서 자신의 존재와 삶 전반에 대한 부정적 인식이 많다. 또한 문제 해결 방법을 모르기에 그 고통은 배가 되고 자신과 가족을 힘들게 하며 관계에도 문제가 생긴다.

상담을 시작할 때는 여러 가지 저항이 일어나는데 대개의 경우, '상담을 꼭 받아야 하나, 상담을 받는다고 달라질까'에 대한 의구심을 갖거나 상담자가 이야기하는 모든 것을 그대로 받아들이기가 힘들고, 심리적 조력을 받거나 문제를 해결하는 것 자체에 대해서 강하게 저항을 하기도 한다. 그러므로 이 단계에서는 면접과 조력 전체에 대해서는 물론이고 상담자에 대한 내담자의 신뢰를 증가시켜 나가는 것이 무엇보다 중요하다.

2. 신뢰 형성

상담 초기에서 가장 중요한 과제 중의 하나가 바로 상담자와 내담자 간에 서로 믿는 신뢰의 분위기가 형성되는 것이다. 사람은 믿을 수 있는 분위기가 형성이 되면 자신을 잘 개방할 수 있다. 그러므로 상담에서는 어느 순간에라도 내담자가 상담자를 신뢰할 수 있는 관계 형성이 그 무엇보다 중요하다. 신뢰는 '치료를 촉진시키는 관계'다. 신뢰가 형성이 되면 원활하게 소통이 되고 상담도 원활하게 진행이 될 수 있다.

어떤 상담 이론이든 간에 신뢰에 대해 강조하지 않는 상담 이론은 없을 정도로 신뢰는 상담에 있어 가장 기초적이면서도 중요한 요소다. 그러므로 상담자는 상담 초기에 외모나 첫인상이 부드럽고 따뜻한 느낌을 주도록 신경 써야 하며 전문가로서의 여유와 객관적이면서도 믿을만한 실력을 전달하는 것도 필요하다.

또한 내담자에게 자신이 하고 싶은 이야기는 마음껏 할 수 있다는 느낌을 전해주면서 자신에 관한 감정을 자유롭게 표현하도록 격려하는 것이 좋다. 특히 상담 초기에는 내담자의 부정적 감정-적개심, 불안, 분노, 죄책감, 양가감정 등-이 쏟아져 나오는 것을 막지 말고, 그대로 나오도록 북돋아 주도록 한다. 그러면서도 내담자가 지금 말하고자 하는 것이 무엇인지 요약하고 명료화해줌으로써 내담자가 자기 길을 잘 갈 수 있도록 도와야 한다. 내담자가 상담자를 너무 신뢰한 나머지 그 동안 힘들었던 이야기들을 두서없이 쏟아낼 때도 아무런 개입 없이 그냥 공감하고 듣고 있기만 하면, 상담이 끝날 때쯤, 자기가 진짜 말하고 싶은 것이 있다고 하면서 시간을 더 필요로 하는 경우도 있다. 그러므로 내담자에 대한 우호적 태도, 관심을 기울이는 태도, 받아들이려는 태도와 함께 상담의 방향성을 상기시켜야 한다. 이것은 초보 상담자에게는 어려운 일이지만, 상담을 끝날 때쯤에 상담자는 내담자가 왜 상담을 시작하게 되었는지 충분히 이해가 되도록 정리해 주는 일이 꼭 필요하다.

요약하면, 신뢰 관계를 발전시키기 위해 상담자는 다음과 같은 것들이 필요하다.

- 내담자가 보기에 상담자로서의 전문성이 느껴지도록 한다.
- 내담자가 자신의 이야기를 마음껏 할 수 있도록 지지하고 용기를 북돋아 준다.
- 내담자가 사고와 감정을 탐색할 수 있도록 격려한다.
- 내담자가 자신의 감정을 만날 수 있도록 촉진한다.
- 내담자의 관점에서 내담자를 더 잘 공감하고 이해하도록 한다.
- 상담의 방향성에 대해 안내해 주어야 한다.

3. 주 호소문제 파악 및 진단과 평가

상담 초기에 상담자는 내담자의 이야기를 듣는 과정에서 치료적 관계를 형성하면서 그의 호소문제가 무엇인지 듣고 그 중에서 가장 핵심적인 문제가 무엇인지 파악할 수 있어야 한다. 보통 상담 첫 회기에 최소 30분 이상 내담자가 자신의 이야기를 두서없이 쉬지 않고 이야기하는 경우가 많다. 이때 상담자는 내담자가 반복적으로 호소하는 문제를 내담자의 언어로 적고 확인하고 명료화하는 작업을 해야 한다.

예를 들어, "지금 아내가 자기 밖에 모르고 집안일은 물론이고 자녀와 남편에 대해 전혀 관심이 없는 것이 힘드시다는 말씀이지요?" 라고 명료화를 하면서 내담자의 직접적 언어 표현, 즉 "집안일은 전혀 신경도 안 쓰고 자기 밖에 모르니 이혼하고 싶다."와 같이 적어둘 필요가 있다. 주 호소 문제에 대해 직접적 언어를 적어두고, 후에 내담자가 한 말을 가지고 힘든 문제가 무엇인지 확인할 때, 내담자는 자신의 문제가 "정말 그것이다."라고 표현한다. 때로 "그게 아닌데요."라고 했을 때, "처음에 ○○님이 이 문제로 상담하고 싶다고 하셨는데, 다른 것이 더 중요한 문제로 인식이 되시나보네요."라고 환기시켜 줌으로써 내담자가 일관성 있게 자신의 문제를 이야기하는지, 그렇지 않은지 파악하고, 현실감각이나 내담자의 인지 기능 등을 평가할 수 있어야 한다.

어떤 내담자는 자신의 주요 문제점이 무엇인지 잘 모르는 경우가 있다. 또한 문제는 알겠지만 그 문제를 해결해 나가기 위해서 어떻게 해야 하는지 판단이 서지 않는다고 말할 때도 있다. 이러한 경우에는 내담자를 잘 이해하고 그에게 가장 적합한 개입 전략을 적용하기 위해 내담자의 상태에 대한 진단과 평가 작업이 필요하다.

진단과 평가란 상담면접 중에 다음과 같은 영역에 걸쳐 내담자에 대한 전반적인 사항을 조사해 보는 것이다.

- **내담자의 현재 기능 수준**
  감정 및 사고 인식 기능, 통찰 기능, 직장생활과 학업, 교우 및 대인 관계, 가족관계에서 내담자는 어느 정도로 기능하고 있는가?

- **문제가 발생하기 이전의 적응 수준**
  문제가 발생하기 전에 내담자는 어느 정도로 적응하였는가?

- **문제가 생기게 된 원인에 영향을 준 환경적 특성**
  내담자의 가족배경과 발달사는 현재의 문제에 어떤 영향을 미쳤는 가? 그리고 내담자 자신의 내적 요인, 즉 역기능적인 사고, 감정, 행동이나 특성은 무엇인가?

- **내담자가 당면한 문제를 해결하는데 유익한 자원**
  내담자에게는 어떤 환경적 지지(자원)와 내적인 강점이 있는가?

내담자의 현재 상태에 대한 평가와 심리진단을 하기 위하여 상담자는 면접 시간에 아래와 같은 영역에 걸쳐 다각도로 정보를 수집할 필요가 있다(홍경자, 2001).

① 내담자 관찰
내담자의 언어적, 비언어적 행동과 모순점, 불일치 등을 관찰하여 그의

역기능적 행동 유형에 대한 단서를 찾아낼 수 있다. 상담자는 특별히 내담자의 호소에서 반복적으로 나타나는 주제나 증상적 행동양식에 주목할 필요가 있다.

② 심리도구의 활용

내담자의 심리적 역동에 대하여 보다 포괄적인 이해를 얻기 위해서 심리검사나 심리학적 도구를 사용할 수 있다. 심리검사는 객관성과 정확성을 갖기 위해 변별력 있는 검사, 표준화된 검사, 신뢰도가 높은 검사, 타당도가 높은 검사여야 한다는 네 가지 기본 조건을 갖추어야 한다(김형태, 2003). 그러므로 상담자는 심리검사를 사용할 때 이 네 가지 조건이 잘 충족된 검사인지 확인해야 한다.

심리검사는 개인들간의 심리적 차이를 발견하기 위해 사용하는 도구이므로 측정하고자 하는 대상에 대하여 개인차를 예민하게 반영해 개인 간 변별력을 높여야 한다. 예를 들어 지능검사를 '좋다/나쁘다'로 구분하는 것보다 '매우 좋다/조금 좋다/보통이다/조금 나쁘다/매우 나쁘다'로 나누거나 세밀한 점수로 측정하는 것이 변별력을 더 높일 수 있다.

또한 어떤 심리검사가 나타낼 수 있는 점수들의 의미를 알 수 있기 위해서는 표준화가 필요하다. 표준화란 상당한 크기의 잘 정의된 집단의 검사 실시 결과에 대한 정보(평균과 표준 편차 등)를 얻는 절차를 말한다. 예컨대 우울 검사에서 20점을 받은 경우, 다른 사람들에 대한 정보가 있어야 그것과 비교하여 20점이 차지하는 상대적 위치를 확인할 수 있고, 해석도 제대로 할 수 있기 때문이다.

신뢰도란 검사 결과를 얼마나 믿을 수 있느냐는 것과 관련된 용어다. 만약 오늘의 검사는 매우 높게 나오고 내일은 낮게 나왔다면 어떤 것을 믿어야 하는가? 검사 결과 얻어진 점수의 오차가 차지하는 비중이 높을수록 검사의 신뢰도는 떨어지므로 신뢰도가 높은 검사를 사용해야 한다. 따라서 T점수(true score)와 검사 시의 개인의 기분, 동기, 신체 상태 및 상황 등의 변화에 의해서 우연하게 발생하는 오차 범위가 작을수록 신뢰도가 높은 검사라 할 수 있다.

마지막으로 타당도란 검사가 측정하려고 하는 것을 얼마나 제대로 재고 있는지와 관련된 것으로 심리측정에서는 타당도의 문제가 굉장히 중요하다. 따라서 어떤 검사가 타당한 검사가 되려면 측정하고자 하는 심리적 속성들을 제대로 반영하는 문항들을 검사 도구로 사용할 필요가 있다.

심리검사를 위한 보조 자료의 예를 들면 다음과 같다.

- 내담자의 생활양식을 이해하기 위하여 초기 기억(가능한 만 6세 이전)이나 반복적인 꿈과 공상 등에 대하여 회상해 보도록 하거나 대상관계 유형검사를 사용할 수도 있다.

- 다양한 투사 성격 검사를 사용할 수 있다. 대표적인 것으로는 로샤(Rorschach) 검사, 주제통각검사(TAT), 문장완성검사(SCT), 가족화, DAP(Draw-A-Person)검사, HTP(House-Tree-Person)검사, 다면적인 성검사(MMPI) 등이 있다.

- 가계도를 그려보게 한다. 가계도는 가능하면 3-4대에 걸쳐 내담자

가족의 직업, 나이, 질병의 유무, 학력, 결혼관계, 가족 간의 친밀도 등에 대하여 자세하게 기록하며 그려보게 한다. 이 외에도 간단하게 실시할 수 있는 검사로는 방어기제, 이고그램 등이 있다.

③ 의사소통 능력 평가

여러 도구를 활용하여 내담자를 파악한다 하더라도 가장 효과적이고 가장 쉽게 수집할 수 있는 자료는 내담자의 대화 능력이다. 내담자는 매 순간 말을 하고 자신의 마음을 표현한다. 때로 말을 하지 않는 것도 대화의 일종이다. 그러므로 내담자의 언어적 메시지와 비언어적 메시지 모두 내담자를 진단하고 파악하는데 사용해야 한다. 상담자는 내담자의 마음에 대하여 이해한 것을 언어로 표현하면서 내담자와 소통이 잘 되고 있는지, 안되는지 파악할 필요가 있다. 상담자와 소통이 잘 되는 내담자는 다른 외부의 관계에서도 소통이 잘 될 가능성이 높으며, 그렇지 않은 경우에는 소통의 어려움으로 문제가 발생할 수 있음을 염두에 두고 있어야 한다.

4. 구조화

상담 첫 시간에는 상담에 대한 구조화가 필요하다. 상담소에 처음 방문한 내담자는 실제 상담이 어떻게 진행이 되며, 자신이 상담에서 어떻게 해야 하는지 잘 모르는 경우가 많다. 그러므로 상담자는 상담 첫 회기에 상담이 어떻게 진행이 되는 지 설명해 주고 가르쳐 주어야 한다. 그래서 내담자가 '상담이 이런 것이구나, 편안히 이야기하고 도움 받으면 되겠구나.' 이런 마음이 들도록 해주어야 한다.

구조화란 상담 과정 전반에 대한 구체적인 설명을 해 주는 것으로써 상담의 방법, 제한점, 목표 등을 규정하고 상담자와 내담자의 역할과 책임, 그리고 가능한 약속 등의 윤곽을 명백하게 하는 것을 의미한다. 상담자는 어느 방향으로 상담이 전개될 것이며, 또 최종목표에 도달하기 위해서 얼마나 오랜 시간이 걸릴 것인지에 대해 어느 정도 분명한 생각을 갖도록 도와주어야 한다.

구조화 단계에서는 상담 시간, 상담 요금(유료상담의 경우), 공격적 욕구를 표현하는 행동의 한계점, 상담자 역할의 제한점이 논의되어야 한다. 또한 상담 내용에 대해 반드시 비밀을 지킬 것이라는 서약서와 함께 불가피하게 비밀을 공개해야 하는 경우 등에 대해서도 공지하고 상담 전체를 구조화 한 것에 대해 서면으로 공지하는 것이 바람직하다.

또한 구조화를 할 때 내담자의 적극성이 필요하다는 것을 내담자에게 상기시키는 것이 중요하다. 즉 '상담자가 문제에 대한 해답을 가지고 있는 것이 아니라, 상담자의 도움으로 내담자가 스스로 자기의 문제를 해결해 나가는 것이 상담'이라는 것을 이해시켜야 한다. 이 점을 내담자에게 이해시킨 후 상담을 진행하게 되면 내담자는 자신의 문제에 대해 좀 더 주도적이 되려고 한다. 한국적 상황에서는 내담자가 상담자에게 의존적이 되거나 수동적이 되려는 경향성이 많기 때문에 상담 초기에 이러한 점을 상기시키는 것은 효과적인 상담에 있어 꼭 필요한 요소가 될 것이다.

5. 상담 목표 설정

상담 첫 회기나 2회기에 상담 목표를 설정해야 한다. 내담자 본인이 상담 목표를 분명히 인식하고 상담자를 찾아오는 경우에는 상담의 시작 단계에서부터 이미 상담 목표가 결정되기도 한다. 그러나 이 경우 내담자가 설정한 상담 목표가 효과적이지 않을 수도 있다는 가능성을 염두에 두어야 한다.

상담에 대해 전혀 동기화되지 않은 내담자의 경우는 상담의 진전과 더불어 서서히 상담 목표가 형성된다. 상담이 진전되고 상담 관계가 깊어짐에 따라 상담 목표가 달라지는 경우도 발생한다. 처음의 상담 목표가 해결되면서 숨어있던 상담 목표가 새로이 발견되거나, 다수의 상담 목표가 상호 연계되어 있거나, 내담자의 성장에 따라 새로운 상담 목표가 창출되거나 하는 경우들이 발생한다.

때로 상담자가 목표를 설정하는 경우, 상담자가 설정한 상담 목표가 내담자가 요구하는 상담 목표와 일치하지 않을 수도 있다. 이런 경우 상담자는 섣불리 내담자를 설득하여 자신의 주장을 관철하기보다 당분간 판단을 보류하고 상담의 진행과정을 지켜보는 것이 바람직하다. 그리고 상담 목표를 항상 내담자에게 알려야 한다는 강박관념을 가지지 않도록 조심해야 한다. 상담 목표를 구체화하고 상담 장면에서 다룰 수 있는 작은 단위로 실용화하는 작업은 중요하지만 이를 굳이 내담자에게 알릴 의무는 없다. 상담자는 내담자의 이해 수준과 성장 수준을 고려하여 자신이 수행하는 작업의 내용과 질에 대한 노출을 조절하는 것이 바람직하다.

이처럼 상담 목표를 설정하는 것이 초기 과정에서 해야 할 중요한 일이다. 상담자는 내담자의 호소 문제를 경청하여 내담자가 해결 받고 싶은 것이 무엇인지 명료화하면서 상담의 목표를 설정해야 한다. 상담 목표를 설정할 때는 앞에서도 살펴보았듯이 내담자가 정할 수도 있고, 상담자가 주도적으로 정할 수도 있지만 바람직한 방향은 상담자와 내담자가 함께 협의하여 목표를 수립하되 추상적이고 모호하지 않으며 구체적이면서도 분명하게 목표를 설정하는 것이 좋다. 그리고 목표를 설정할 때는 궁극적인(장기) 목표, 중기 목표, 단기 목표를 구분할 필요가 있다.

예를 들어, 왜 살아야 하는지 모르겠다고 하면서 삶의 전반에 대하여 부정적인 생각을 가지고 있는 경우, "오늘 왜 살아야 하는지 이유도 모르겠고 삶에 있어 전반적으로 힘든 이야기들을 하셨는데요. 그러면 상담의 최종 목표는 삶의 목표를 찾는 것으로 하고 다음 회기부터는 그동안의 삶의 과정에 대해 전체적으로 살펴보면 좋겠는데, 어떻게 생각하시는지요?"라고 상담 목표를 분명히 제시하는 것이 좋다. 이렇게 되면 상담의 궁극적, 또는 최종 목표는 '삶의 목표를 찾는 것'이며, 단기 목표는 '내담자의 인생사를 탐색하며 공감과 위로를 하여 부정적인 패턴을 해결하는 것' 또는 '힘든 삶의 맥락 찾기' 등으로 설정할 수 있다. 그리고 상담을 해나가면서 과정 목표와 중기 목표를 다시 설정하면서 궁극적인 목표를 향해 나아가거나 중간에 궁극적인 목표를 재설정할 수도 있다.

목표 설정 과정은 내담자에게 중요한 영향을 미친다. 목표 설정 과정을 통해 내담자는 자신과 자신의 욕구에 대해 보다 명확히 인식하게 되며, 자신의 삶에서 중요한 것과 사소한 것을 구별할 수 있게 된다. 이렇듯 목표 설정은 내담자로 하여금 가장 의미 있는 가치와 중요한 일을 결정하고 선택할 수 있도록 도와준다.

또한 내담자는 목표 설정을 통해 일종의 성취감을 경험할 수도 있다. 내담자의 문제는 오랫동안 지속되어 온 것이 많은데 이런 경우 내담자는 목표 설정을 통해서 현재까지의 무력감을 극복하고, 스스로의 능력으로 문제 해결을 위한 행동을 수립함으로써 자신감을 지니게 된다. 결과적으로 내담자는 목표 설정 과정 속에서 높은 성취감과 자신감을 갖게 된다. 이 밖에도 목표 설정은 내담자에게 자신의 문제에 대한 새로운 시각을 제공하며, 상담 목표를 선택하고 정의하는 가운데 내담자의 경험이 바람직하게 변화하도록 기여한다(Hackney & Cormier, 2004).

간혹 내담자는 목표 설정이나 변화에 대한 약속에 저항할 수 있다. 이런 경우 상담자는 다음과 같은 사실을 고려해 보아야 한다. '왜 내담자가 참여하려고 하지 않을까?', '내가 상담 기술이 부족해서인가 아니면 내담자의 저항인가?' 이때 상담 기술이 부족하다는 것은 현재 내담자가 어떤 위치에 있고, 앞으로 어떤 위치에 있기를 원하는가에 대한 개념화 능력이 부족한 것을 의미한다.

목표에 대한 내담자의 저항을 다루기 위해서는 그런 행동에 일종의 의도가 담겨 있음을 인식할 필요가 있다. 즉 내담자가 피하려고 하는 의도를 찾아봄으로써 내담자에게 보다 도움이 될 만한 내용(내담자가 저항의 의미에 대해서 의식을 하든 못하든 간에 상관없이)을 이끌어 낼 수 있다. 내담자가 목표 설정에 저항하는 경우, 내담자는 변화되어야 할 바로 그 행동을 계속 유지하려고 하며, 그렇게 유지하려는 이유에는 그 행동이 내담자에게 어떤 이득을 지니고 있기 때문인데 이러한 것에 대하여 상담자가 설명해주면 도움이 된다. 이때 상담자가 해야 할 일은 내담자가 자신의 현재 행동으로부터 얻고 있는 이득이 무엇인가를 파악하도록 하는 것이다.

가끔 내담자는 상담자가 자신을 특정한 방향으로 이끌어 가고 있다고 느끼기 때문에 목표 설정에 저항하려 한다. 만일 내담자가 상담에서 몇 가지 개인적인 목표를 결정할 수 없다면 상담을 통해 내담자가 변화될 확률은 극히 적다. 상담자는 목표 설정 과정에서 내담자에 의한 적극적인 참여를 격려함으로써 내담자의 목표에 대한 저항을 줄일 수 있다.

마지막으로 일부 내담자가 목표 설정에 저항하는 이유는 그들이 바라고 있는 변화의 우선순위, 필요성, 욕구에 대해서 스스로 혼란을 느끼고 있기 때문이다. 그들은 자신의 현재 삶이 어떤 모습인지 알고 있지만, 보다 나은 삶의 모습을 생각하지 못한다. 이런 내담자는 목표 설정이 오히려 자신을 더 혼란스럽게 하고, 현실적으로 불가능한 모습을 상담자가 강요한다고 보기 때문에 저항을 한다. 그러한 내담자의 경우에는 그들이 경험하는 혼란을 상담자가 직접적으로 공감하는 것이 좋다.

"나는 당신이 변화를 위해 힘든 노력을 하고 있다는 점도 알고 있고, 새롭게 변화된 당신의 모습과 상황을 상상해 본다는 것이 어려울 수 있다는 점도 잘 알고 있습니다."

상담자가 내담자로 하여금 그들 스스로의 보조에 맞추어 상담이 진행될 수 있도록 허용한다면 목표 설정에 대한 일종의 압력이 현재 내담자가 갖고 있는 좌절감과 무력감을 증가시키지는 않을 것이다(Hackney & Cormier, 2004).

4장

상담의 중기 과정

내담자가 변화를 시작하고 변화를 위한 노력이 성과로 이어지기까지의
긴 시간을 상담자가 잘 버텨주어야 하기 때문에
상담 중기는 상담자의 역량이 중요한 영향을 미친다.

내담자들은 상담의 초기 과정에서 자신의 고통을 호소하고 상담자와의 첫 대면에서 상담자에 대해 어느 정도 신뢰를 느끼면 상담을 이어가겠다는 마음이 생긴다. 이러한 마음은 상담의 시발점이 되어 그 이후에 상담 목표를 달성하기 위한 중기 과정을 거치게 한다. 중기 과정에서 상담에 대해 긍정적인 생각을 갖게 되고 무엇인가 도움이 되면 변화에 대한 기대와 더불어 부담감을 가지게 된다.

그래서 상담 중기에서는 여러 저항들이 일어나게 되는데 이것을 극복하는 것이 상담 중기에서의 과제다. 또한 상담 중기의 주요 과제는 상담 초기에 설정했던 상담 목표와 전략을 지속적으로 점검하고 필요에 따라서는 목표 수정을 검토하는 것이다. 내담자가 변화를 시작하고 변화를 위한 노력이 성과로 이어지기까지의 긴 시간을 상담자가 잘 버텨주어야 하기 때문에 상담 중기는 상담자의 역량이 중요한 영향을 미친다.

1. 관계 심화

내담자의 변화의 과정에 필요한 것은 상담자와 내담자간의 관계가 깊은 관계로 발전하는 것이다. 그렇다면 어떻게 해야 내담자가 상담자에 대한 깊은 신뢰를 가지게 될까? 일반적으로 상담 관계에 있어 신뢰(rapport) 형성은 기본이라는 것을 알고 있다. 일부 학자들은 상담자와 내담자 사이에 이루어지는 관계 자체만으로도 심리적인 문제의 해결이 가능하다고 주장한다. 즉 특정한 기술이나 방법이 아니라 내담자가 상담자에 대해서 갖는 기대와 쌍방 간에 이루어지는 일반적 관계의 심화만으로도 문제가 해결되고 행동의 변화가 이루어질 수 있다는 것이다. 그러나 일반적으로 신뢰 형성이 단번에 끝나서는 안 되며 상담이 진행될수록 관계가 깊어져야 한다. 상담은 관계로 이루어지기 때문에 상담자와 내담자가 만남이 지속될수록 상담 관계도 그만큼 깊어져야 한다.5)

상담자와 내담자간에 이루어진 관계를 더욱 심화하고, 내담자가 상담자를 신뢰하며 자신의 문제를 해결하기 위해 상담 과정에 적극적인 자세로 참여하게 하려면 여러 가지 요소가 복합적으로 이루어져야 한다. 여러 상담자들의 견해를 종합하여 저자는 다음의 요소들을 관계 심화의 요소로 제시하고자 한다.

1) 일관성 있는 관심

내담자는 상담 장면에서 불안과 걱정, 두려움 및 낮은 자존감 등으로 힘든 상태에 있을 때가 많다. 이럴 때 상담자가 사랑의 마음으로 따뜻하게 관심을 가져주면 신뢰가 깊어질 수 있다. 특히 공감받기 어려운 주제일수록, 역설적으로 더욱 더 따뜻한 관심이 필요하다. 다른 사람한테 받아보지 못한 애정을 상담자에게 받되, 처음부터 일관되게(상담 중기까지) 아무런 비판 없는 관심을 받을 때, 내담자는 상담자를 더욱 더 신뢰하게 된다.

그러므로 상담자는 처음에만 관심을 가지는 것이 아니라 일관된 자세와

---

5) 어떤 내담자는 기본 성격이 긍정적이고 친밀감이 있어서 상담자가 별로 노력을 하지 않아도 금세 신뢰를 하는가 하면, 어떤 내담자는 과거 경험에서 불신과 상처가 커서 상담자와 신뢰를 갖는데 오래 걸리거나 신뢰 형성이 잘 안 되는 경우도 있다. 이런 경우에는 깊은 관계로 나아가기가 힘들다.

함께 지속적으로 따뜻한 관심을 보여주어야 한다. 어떤 내담자는 관심을 부담스러워하는 것처럼 보일 때도 있다. 그러한 경우에도 '당신의 마음이 얼마나 힘든지 계속 이해하고 싶고 계속 돕고 싶다.'는 자세를 보이는 것이 바로 따뜻한 관심이 있는 상담자가 취해야 할 자세다.

2) 수준 있는 공감적 이해

인본주의 상담학자인 칼 로저스(Carl Rogers)는 공감적 이해가 우리 자신을 이해하는 가장 강력한 방법이라고 하였다. 그는 공감적 이해에 대해서 다음과 같이 설명하였다.

> "상담자는 내담자가 경험하는 감정을 정확하게 감지하고 이러한 이해를 내담자에게 전달한다. 최상의 공감적 이해가 이루어지면, 상담자는 내담자의 개인적 세계의 매우 깊은 곳까지 들어갈 수 있어서, 내담자가 알아차리는 것 이상의 더 깊은 수준까지도 알아차릴 수 있게 된다(Rogers, 1980)."

히튼(Heaton, 2006)은 "공감적 이해란 내담자의 입장이 되어 먼 길을 가 본다든가 그들의 눈을 통해서 본다는 것과는 다르다. 그것은 타인의 감정을 정확하게 똑같이 느낀다는 것은 결코 있을 수 없음을 아는 것이다. 또한 우리가 똑같은 상황에 처하더라도 완전하게 동일한 상황을 경험하는 것은 절대로 불가능함을 깨닫는 일이다."라고 하였다. 즉 이 말은 상담자가 내담자의 내적 준거 체계를 마치 그 사람인 것처럼 정서적 요소 및 의미와 함께 정확하게 이해하고자 하지만 '마치 그런 것처럼'

이해한다는 뜻이지, 완전히 이해한다는 뜻은 아님을 의미하는 것이다. 그러므로 상담자는 내담자를 완전히 알 수는 없지만(not knowing) 가능한 온전히 이해하려고 하는 마음으로 내담자에게 집중하려는 자세를 가져야 함을 뜻한다. 이러한 자세로 집중함으로써 어느 순간에 내담자의 삶과 그의 말과 행동과 감정과 사고 패턴 등이 이해가 되는 그런 수준에 도달하게 되는 것이다. 이때 일반적인 수준의 공감이 아닌 높은 수준의 공감적 경청 및 이해가 가능해진다.

3) 상담자의 전문성

내담자는 여러 상황에서 어떠한 결정을 해야 할지 결정하기가 어렵다. 이때 전문성을 가진 상담자가 상황을 전체적으로 설명해주면서 내담자에게 실제적이면서도 도움이 되는 조언을 제시할 때, 내담자는 상담자에 대하여 깊은 신뢰가 일어나서 관계가 깊어질 수 있다. 상담자의 전문성은 상담자로서 갖추어야 할 자질이나 요건 등을 얼마나 잘 갖추고 있는지를 평가하는 것인데 여기에는 책임성과 지적 유능성, 그리고 대화 기술, 그리고 해석 및 개입 능력 등이 필요하다. 또한 상담 자격증이나 학위(대학원 이상) 소지도 전문성의 요소에 속하므로 상담자는 이러한 요건을 충족시킬 수 있도록 해야 한다.

4) 수용 받는 경험

상담자와의 정서적 연결을 통해 상담자에게 긍정적 전이가 일어나게 되면 내담자들은 상담자가 자신을 사랑하고 존중하고 있는 그대로 안아주었듯이 자신에 대해서도 자신의 감정, 경험, 기억, 환상, 감각, 그리고 사고와 행동에 대해서 수용할 수 있는 마음의 여유가 생긴다. 그리고 자신에 대한 수용의 경험은 다른 사람을 수용하는 경험에까지 이르게 된다. 이러한 수용이 이루어지면 변화를 위한 과정에서 많은 진전이 일어날 수도 있다.

'자신은 문제가 있는 사람이며 사랑받을 가치가 없는 사람'이라는 이미지(표상)를 가지고 있던 내담자가 '자신도 사랑받을 수 있으며 문제가 있어도 괜찮다'는 미약한 수준의 수용 능력이 생기게 되면 자신의 모습 그대로를 보는 것이 덜 힘들어 지게 된다.

수용한다는 것은 무엇이든지 있는 그대로를 알아차리고 허용하며 평가하거나 감추려 하거나 없애려 하지 않는 것이다. 또 자신이 바라는 상태가 아닐지라도 있는 그대로의 현실적 상태를 받아들이는 것을 말한다. 로저스는 내담자가 있는 그대로의 자기 자신과 일치할 수 있고, 상담자에게 있는 그대로 수용 받는 경험을 할 때 치료 또는 성장 경험이 된다고 하였다.

상담자로부터 수용 받는 경험은 내담자가 자신을 수용할 수 있게 만드는데 이러한 선순환은 상담자와의 관계 심화뿐 아니라 내담자가 자신에 대해서도 신뢰하게 되며, 더 나아가 다른 사람도 있는 그대로 수용할 수 있는 놀라운 과정으로 이어질 수 있다. 내담자가 자신을 수용하기 위해 필요한 것은 상담자의 수용이다. 내담자가 수용 받는 경험을 하게 되면 내담자도 자신에 대하여 경험되는 모든 것을 수용할 수 있게 된다.

상담 중기에 상담자에 대한 깊은 신뢰가 이어질 때 상담은 효과적으로 진행이 되지만 이 단계에서 관계가 깊어지지 못하거나, 수용받는다는 느낌이 적을 때 다음 단계로 진행되지 못한다. 그러므로 상담자는 내담자가 어떤 이야기를 해도 안전하다는 느낌과 상담자에 대한 전문성과 인격에 대한 신뢰를 가질 수 있도록 노력해야 하며, 내담자에 대해 평가하지 않고 따뜻한 마음으로 돕고 싶어 하는 마음이 잘 전달되도록 진실성을 가지고 관계해야 한다.

2. 탐색

탐색 단계에서는 중요한 두 가지 질문에 관련된 활동이 전개된다. 하나는 '내담자의 문제 해결이나 행동수정을 위해서 어떤 변화가 일어나야 하는가'이고, 다른 하나는 '도달하려는 목표를 성취하기 위해서 어떤 방법이나 절차가 이용될 수 있는가' 하는 것이다. 이 단계에서 상담자는 내담자의 문제, 감정, 사고를 명확하고 구체적으로 밝혀서 자기 자신과 환경에 대해서 보다 정확한 이해를 할 수 있도록 도와주어야 한다. 그리고 문제 해결에 도움이 될 수 있는 사실에 대한 정보를 수집하고, 목표에 도달할 수 있는 방법과 절차를 이야기하며, 이를 위한 과제나 활동을 전개하게 된다.

1) 내담자의 문제 탐색

상담자는 상담 첫 회기에 내담자의 호소 문제를 경청하고 그 중에서도 주 호소 문제가 무엇인지 파악했을 것이다. 상담 중반기에는 내담자의 당면 문제를 파악하면서 내담자가 모르는 내담자의 문제는 무엇인지 파악해야 한다.

내담자의 문제를 파악한다는 것은 문제의 내용을 파악한다는 뜻이다(김환, 이장호, 2008). 문제의 내용을 파악하기 위해서는 문제의 핵심이 무엇인지 철저하게 조사하는 작업이 필요하다. 한두 가지의 이야기로만 문제의 핵심을 파악해서는 안 되며 다각적인 작업을 통해 내담자의 문제를 파악해야 한다. 그리고 내담자의 문제가 얼마나 심각한지, 내담자의 문제 해결 능력이 어느 정도인지를 이해하기 위해서 내담자의 배경에 대한 정보를 물을 수 있어야 한다. 여러 정보를 종합하여 상담자는 문제의 핵심에 대해 나름대로의 가설을 세우고 그 가설이 맞는지, 틀린지 확인해가는 작업이 필요하다. 여러 번의 가설 확인 작업을 통해 문제가 분명해질 때, 그것에 대해 내담자와 확인하는 작업을 거치는 것이 바람직하다.

예를 들어, '아내와 이혼하고 싶다'고 말하는 내담자의 말에 대해 왜 이혼하고 싶은지, 진짜 이혼하고 싶은 것이 맞는지, 만약 이혼을 원하지 않는다면 어떤 이유 때문인지'에 대해 다각도로 접근해야 한다. 그리고 종합된 정보를 가지고 내담자에게 확인하는 작업을 거쳐야 한다. 저자의 경우, 이혼을 하고 싶은 내담자의 이야기를 듣고 아내에 대해 불만은 많지만 정작 이혼할 준비와 마음은 확실치 않다는 생각(가설)이 들어서, 이것을 진솔하게 표현하였다.

"지금 이혼하고 싶은 것이 확실하다고 하셨는데 말씀하시는 것으로 봐서는 아내가 너무 밉고, 불만이 많으시지만, 이혼하려는 생각은 아직 분명하지 않고, 좀 더 고민해봐야 할 것 같은 마음이 있는 것 같으신데, 제 말을 듣고 어떤 생각이 드시는지요?"

이렇게 이혼하고 싶은 것과 이혼하고 싶을 만큼 미운 것하고는 분명히 다름을 상담자가 먼저 인지하고 정리해주면 내담자는 앞으로 좀 더 구체적으로 상담에 임할 수 있다. 그러므로 상담자는 내담자의 문제에 대하여 섣부르게 판단하지 말고 종합적으로 판단하고 정리하도록 해야 한다. 그리고 문제의 핵심에 대해 내담자에게 확인하는 작업을 꼭 거쳐야 한다.

2) 과거 탐색

상담 초기에, 내담자는 현재의 고통과 문제에 집중되어 있기 때문에, 이러한 문제가 어디에서 기인한 것인지 탐색할 여유가 없다. 그러나 자신의 고통과 어려움을 충분히 개방하고 나면 이러한 문제가 도대체 어디서부터 생긴 것인지 알고 싶은 마음이 생긴다. 그러므로 상담자는 상담 중반부로 갈수록 현재의 문제가 과거의 삶과 연관되어 있음을 인지하도록 돕고 자신의 생활방식, 대상관계, 과거의 상처 등에 대해 탐색해보도록 할 필요가 있다.

물론 현재의 당면 문제 해결에만 관심이 있는 경우에는 단기 상담으로 종결할 수도 있다. 그러나 이러한 문제와 증상이 생겨난 그 뿌리를 해결하여 부적응적이거나 역기능적인 사고를 변화시켜 성격의 변화까지를 목표로 하는 장기 상담의 경우에는 현재 문제의 뿌리인 심층적인 문제를 탐색하는 것이 바람직하다. 따라서 상담자는 당면 문제를 자연스럽게 성격 문제로 연결하여 내담자에게 성격 문제를 다룰 필요성을 인식시키는 것이 좋다. 내담자는 자신의 현재 문제가 과거의 삶과 연관되어 있다는 것을 분명히 깨달았을 때 상담을 종결하지 않고 계속하려는 의지를 보인다(김환, 이장호, 2008).

과거에 대한 탐색을 할 때 내담자의 부정적 감정과 긍정적 감정 모두에 대하여 탐색해야 하는데 그 중에서도 내담자가 부정적 감정을 표현할 때 이를 즉각적으로 받아들이고 정리해 주면서 과거와 연결시켜주어야 한다.

예를 들어, "혹시 이전에도 이러한 감정을 느낀 적은 없었나요? 그것에 대해 좀 더 구체적인 사건이 떠오른다면 한 번 이야기 해보시겠어요?"

부정적 감정에는 매우 소중한 정보들이 들어있다. 그러나 내담자는 부정적 감정을 느끼고 생각하는 것 자체가 고통스럽기 때문에 이것을 회피하고 싶어 한다. 그러므로 너무 성급한 태도로 접근한다든지, 억지로 기억해내도록 하면 역효과를 불러일으킬 수 있으므로 기다려주는 태도와 함께 때때로 상담자의 경험을 짧게 개방하는 것이 도움이 되기도 한다.

부정감정을 탐색할 때는 내담자의 마음과 그 말이 내포하고 있는 감정을 진정으로 이해하고 받아들이고 있음을 전해주어야 한다. 상담자는 모든 노력을 다하여 내담자로 하여금 부정적 감정을 표현하는 것이 나쁜 것이 아니며, 그 감정을 표현하는 것이 유익한 것임을 느끼도록 돕고, 부정적 감정과 자신을 동일시하지 않도록 안내해 주어야 한다.

부정적 감정이 표현된 후에는 성장에 도움이 되는 긍정적 감정도 탐색해 볼 필요가 있다. 초보 상담자는 내담자가 긍정적 감정을 표현하고 경험하는 것을 볼 때 굉장히 보람을 느끼고 함께 긍정적 감정을 느낀다. 그러나 긍정적 감정을 받아들인다는 것은 상대방이 말하는 것에 동의하고 칭찬한다는 그런 의미가 아니라 내담자가 느끼는 긍정적인 감정 그 자체를 수용해서 심리적으로 안아준다는 뜻이다. 상담자의 수용은 내담자가 갖고 있는 도덕, 가치, 관습이 좋은 것이든 나쁜 것이든 상관하지 않고 내담자가 느끼는 그대로의 분노, 수치, 자부심, 애정 등의 감정을 이해하고 받아들이는 것이다.

부정적 감정과 긍정적 감정을 있는 그대로 개방할 때 그것을 수용해주면 내담자에게 자기이해 및 자기수용이 일어나면서 자신의 내면 상태에 대한 통찰이 일어난다.6) 내담자는 새로운 시각에서 자기 자신을 보게 되며 이때 새로운 차원의 통찰이 이루어지게 된다. 이러한 통찰이 일어나면 자기이해와 자기수용이 더 깊어지게 되며 그 결과 자신의 부정적인 감정에 대하여 이전에 했던 대로 방어적이거나 저항을 할 필요가 줄어들고 긍정적인 감정도 과대평가할 필요를 덜 느끼게 된다.

3) 역기능적인 사고와 행동 패턴 탐색

과거 경험이 부정적인 사람의 경우 고정된 사고패턴이 끼치는 악영향이 매우 크다. 그들은 현실을 있는 그대로 보고 판단하기보다 자신의 부정

---

6) 내면 심리상태는 상담 이론에 따라 다르게 표현된다. 대상관계이론에 따르면 표상이나 대상관계에 따라, 인지치료나 애착이론에 따르면 자동적 사고나 내적 작동 모델에 따라, REBT에 따르면 비합리적 신념에 따라 자신에 대한 이해가 나타난다.

적인 경험에 근거하여 지각하기 때문에 환경과 올바른 교류를 할 수 없는 경우가 많다. 그래서 긍정적인 사건이 발생해도 그것을 긍정적으로 지각하지 못하고, 고정된 패턴에 따라 부정적 시각으로 처리해 버리기 때문에 좌절 경험이 많아지게 되고, 자신감을 상실하고 우울감에 빠지게 되는 것이다.

이러한 부정적인 사고패턴의 예를 들면 "열심히 해봤자 결과는 뻔해", "어차피 안 될 텐데 뭐", "나에게는 사람들을 끌만한 매력이 없어", "사람들은 모두 나를 싫어해", "내가 하는 일은 항상 제대로 된 적이 없어", "산다는 것은 어차피 아무런 의미가 없어" 등등 수없이 많다.

또한 과거의 행동이 반복되어 습관이 될 때 그것은 행동패턴으로 굳어진다. 예를 들어 냉정한 부모에게서 사랑을 받지 못하고 자란 사람이 그 부모의 사랑을 받으려고 온갖 노력을 다하는 것은 충족되지 못한 애정욕구를 충족 받고 싶어서 나타나는 행동이라 할 수 있다. 이런 경우 항상 착하고 누구에게나 친절하면서 자신의 욕구를 억누르는 등 타인의 요구에만 자기를 맞추는 형식으로 행동이 패턴화 된다.
그러므로 상담자는 내담자의 말을 경청하면서도 내담자가 가지고 있는 역기능적인 사고와 역기능적인 행동 패턴이 발견되면 그 부분에 대해 설명해주어야 한다. 이러한 수준이 되려면 많은 수련 시간이 요구된다.

3. 문제 해결 능력 키우기

상담 목표를 달성하고 내담자의 문제를 효과적으로 해결하기 위해서는 내담자의 상황과 자아기능 등에 맞는 적절한 문제 해결 능력을 키워주도록 해야 한다. 이를 위해서는 다음과 같은 것들이 제공되어야 한다.

1) 변화를 위한 마음 가지도록 돕기

상담 중기는 상담 목표가 어느 정도는 이루어지는 시기여야 한다. 상담이 효과적이라면 내담자는 자신에 대한 깊은 이해와 더불어 변화를 위해 어떤 노력을 해야 하는지 받아들이고 실제로 변화를 이끌어내기 위해 노력한다. 이때 상담자는 내담자가 실천할 수 있는 행동이 무엇인지 탐색하면서 실제로 행동에 옮길 수 있도록 최대한의 지지와 격려를 할 뿐 아니라 내담자가 실천할 수 있는 적절한 대안 및 방법을 찾아주어야 한다.

상담자는 내담자가 변화를 위해서 노력하고 변화를 반복적으로 경험할 수 있도록 적극적으로 도와야 한다. 상담자는 내담자가 변화를 위해 일상에서 어떤 노력을 하고 있는지, 잘하지 못한다면 왜 그런지 다각도로 살펴서 내담자에게 맞는 방법을 구체적으로 지도해 주고 이끌어 주어야 한다. 사람은 삶의 스타일이 모두 다르기 때문에 각 개인의 특성과 성격에 맞는 방법으로 지도해 주어야 한다.

어떤 변화가 일어나든 내용보다는 변화의 시작이 다른 변화를 이끄는

선 순환적이고 연속적인 과정으로 진행되도록 하는 것이 중요하다. 생각의 변화가 행동의 변화를 만들고, 행동의 변화가 습관과 태도의 변화를 이끌어 내담자의 삶이 바뀌는 성공적인 경험을 가지도록 도와야 한다. 이런 성공적인 경험이 다시 내담자의 생각과 감정과 사고에 영향을 주게 된다. 이러한 일련의 과정이 이어지도록 하는 것이 상담자가 해야할 일이다.

이러한 변화는 한 번에 일어나는 것이 아니므로 상담자는 인내심을 가지고 아주 작은 변화라 하더라도 그 변화를 지지하고 격려해주면서 그 변화가 또 다른 변화를 이끌어내도록 도와야 한다. 그리고 그 과정에서 내담자가 변화에 대한 성취감과 보람을 느껴서 앞으로 점점 더 큰 변화가 일어날 것에 대한 기대를 가지도록 이끌어주어야 한다.
처음엔 변화의 과정이 어떻게 시작되는지, 변화가 어떻게 유지되는지, 또한 변화의 효과가 있는지에 대해 의심하지만, 한두 번의 반복적인 변화를 경험하고 나면 내담자들은 자신만의 방법으로 또는 자신에게 가장 적합한 방식으로 변화를 만들어낸다(이수현, 2020).

상담자의 개입이 효과적으로 이루어지고 내담자에게 바람직한 변화의 조짐이 발견되면 상담자는 이 결과를 내담자의 삶 전반으로 확대할 필요가 있다. 예컨대, 내담자의 자기 파괴적인 자기 대화(self talk)가 자기 생산적인 자기 대화로 달라지기 시작하였다면 상담자는 이 과정에 속도를 더하고 그 효과를 자기 대화 전체로 확산시켜야 한다. 아울러 내담자의 다른 존재양식, 즉 느낌과 행동 영역, 대인관계 영역에도 동일한 효과를 파급시켜야 한다.

상담을 통해 얻은 긍정적 결과가 성격 변화로 이어지려면 꾸준한 연습과 훈련이 필요하다. 새로운 지식과 행동의 획득, 통찰, 깨달음 등은 그 자체로서 훌륭한 변화의 기제로 작용할 수도 있지만, 훈련과 연습의 과정을 거침으로써 개인의 삶 속에 스며드는 효과를 가져 올 수 있다. 따라서 상담자는 상담에서 초래한 변화가 일정 수준 생활화되고 습관화될 때까지 내담자를 자극하고 격려하는 역할을 담당해야 한다.

2) 내담자의 자율성과 책임 격려하기

상담자는 상담 관계에서 내담자를 도와주는 입장에 있기 때문에 잘못하면 주도성이 너무 지나쳐서 내담자의 자율성을 해칠 수 있는 위험성이 있다. 상담에서 도움을 받고 있는 사람은 내담자라 하더라도 그 삶의 주인은 내담자다.

내담자는 상담을 통해 일주일에 1-2시간 정도 도움을 받지만 나머지 시간에는 자신이 스스로 책임을 지며 살아가야 한다. 그러므로 상담자는 상담 중에라도 내담자가 자신의 행동에 대해 스스로 책임을 지고 자신의 생각과 감정을 다스려 가면서 방향을 선택할 권리가 있음을 일깨워 주고 존중해 주어야 한다. 이 말은 내담자에게 도움이 되는 어떤 결정이라 하더라도 내담자가 스스로 사고하고 판단하고 결정하도록 도와야지, 상담자가 자신의 견해를 설명하고 주장하거나, 주도권을 가지지 않도록 하는 것을 의미한다.

상담 중기에 이르면, 상담자는 내담자가 어떤 결정을 할지 예측 가능해질 때가 오는데 그것이 과거의 역기능적이거나 부정적 또는 왜곡된 방식으로 결정을 할 것이 예측될 때가 있다. 이때 사랑이 많고 열정이 많은 상담자는 자칫하면 내담자를 위해 어떤 좋은 결정을 내리도록 도와주고 싶을 때가 있다. 이것은 상담자의 통제 욕구일 수 있으므로 내담자가 혹여 잘못된 판단을 하려고 할 때라도 그가 왜 그런 결정을 하려고 하는지, 또 그런 결정을 하게 되면 어떤 결과가 일어날지 예측하게 하는 태도를 취하여, 궁극적으로는 내담자 스스로 결정하고 판단하도록 돕는 자세가 필요하다.

3) 저항 극복하도록 돕기

문제 해결 단계에서는 상담자가 치료와 변화를 이끌어내기 위해서 여러 다양한 전략이 사용되는데 이때 뜻하지 않게 내담자의 저항에 직면할 수 있다. 내담자는 변화를 원하면서도 변화하기 힘든 양가감정을 가지고 있으며, 자신의 문제를 깊이 보거나 수정해야 하는 것이 힘들기 때문에 변화하고 싶지 않은 마음이 생길 수도 있다. 그리고 평소의 생활 방식이 부정적인 사람은 문제 해결 방식에 있어서도 부정적으로 접근하기 때문에 상담이 정체되거나 더 나빠질 수도 있다.

따라서 이 단계에서 문제 해결에 있어 긍정전략을 사용하는지 부정전략을 사용하는지에 따라 변화의 갈림길이 될 수 있다. 이 단계에서 긍정적 전략을 보이는 내담자들은 자신을 사랑하고 존중하며 사고와 감정, 행동을 수용하는 전략을 사용하거나, 주도적인 자세로 문제를 해결해 보려 한다. 그러나 부정적인 전략을 사용하는 내담자들은 자신의 문제나 감정을 억압, 회피하고, 아무렇지 않은 척하며 어떤 기대나 노력도

하지 않는다. 그 결과 변화에 회의적인 태도를 갖게 되어 다음 단계인 변화체험 단계로 진전하지 못하게 된다(유근준, 2008).

이 단계에서 자기와 타인에 대한 수용이 일어나 스스로 달라진 자기를 보고 가족관계가 달라지고, 타인과의 관계에서도 다르게 관계하는 자신을 보게 되는 내담자는 변화에 대한 소망이 점점 더 배가 되어 다음 단계로의 진전에 박차를 가하게 된다. 그러나 이 단계에서 저항을 극복하지 못하고 실패하는 경우 이전 단계로 후퇴하기도 한다. 그리고 상담에 대하여 회의나 부정적인 마음을 갖게 된다. 따라서 이 단계에서는 실패를 하느냐 하지 않느냐보다는 실패했다 하더라도 다시 도전할 마음을 갖는지, 그리고 긍정적인 전략을 사용하는지가 중요한 관건이라고 할 수 있다. 변화와 성장은 쉬운 일이 아님을 일깨워주면서 힘들더라도 그것을 잘 극복해 나갈 수 있도록 상담자는 다양한 방법으로 내담자를 격려하고 이끌어주어야 한다.

4. 효과적인 개입 기술

상담 중기에는 다양한 상담 개입 기술이 사용된다. 상담자는 중기까지 오면서 내담자와 많은 대화를 하게 되며, 이 과정에서 내담자가 호소한 문제 이면의 핵심 문제가 무엇인지 밝혀지게 될 것이다. 그리고 내담자의 심리구조 및 성격에 대한 이해가 깊어지면서 상담 목표 달성을 위한 여러 개입 기술들이 필요하게 된다.

상담 개입 기술은 상담자가 추구하는 상담 이론에 따라 그 방법이 달라진다. 즉 인본주의 상담자는 상담 개입에 있어서도 온정성과 내담자 중심의 공감, 그리고 무조건적 긍정적 존중과 수용을 바탕으로 내담자가 자기를 실현할 수 있도록 도울 것이다. 또한 정신역동 상담자는 무의식에 억압된 것이 무엇인지 밝히고, 무의식을 의식화 시키며, 억압이 상담에서 어떠한 형태의 전이와 역전이로 일어나는지 밝히고 (현실) 자아를 강하게 하도록 할 것이다. 인지치료를 기반으로 하는 상담자라면 비합리적이고 왜곡된 사고, 그리고 잘못된 핵심 신념이 무엇이지 밝혀서 합리적이며 객관적인 사고를 가지도록 교육하고 훈련할 것이다. 그러므로 상담자는 상담 중기에서 내담자의 문제에 따라 적합한 상담 기술을 사용하여 상담이 효과적으로 진행이 되도록 해야 한다.

저자는 절충주의적 접근으로 상담을 하기 때문에 여러 이론들을 상황에 맞게 사용하고 있으며 주로 사용하는 기술은 본 저서에서 자세히 소개해 두었다. 여러 다양한 개입 기술 중에서 무엇보다 내담자가 억압된 자신의 감정을 알아차리고 만나는 것이 중요하다고 생각하여 7장에 감정 반영과 감정 탐색 기술에 대하여 자세히 설명하였다.
또한 8장에서는 내담자가 말하고자 하는 것이 무엇인지 내담자 스스로가 알도록 도와주는 기법인 명료화와 요약 기술, 그리고 지지와 격려 등에 대하여 설명하였다. 그리고 자신에 대한 통찰이 일어날수록 문제 해결이 빨라지고 깊어지기 때문에 통찰에 대하여 설명하였으며, 통찰을 돕는 기법으로 해석을 어떻게 하면 좋은지에 대하여 과정을 설명하였다.

그리고 내담자가 투사를 가지고 있는 경우, 자신의 문제임에도 불구하고 자신의 문제인지 모르고 다른 사람의 문제로 생각하고 문제를 고칠 생각을 하지 않는 경우가 많기에 투사 해결 방법에 대하여 예를 들어 설명하였다. 또한 내담자들은 자신의 문제에 대하여 어떻게 해야 하는지 몰라서 힘들어하고 문제를 해결하지 못할 때가 많으므로 정보제공기술에 대해서도 설명을 하였다.

이 외에도 상담 개입 기술은 엄청나게 많다. 하지만 그중에서도 가장 중요한 기법은 상담자 자신이다. 상담자는 상담 개입 기술을 잘 익혀 내담자에게 적합하게 사용할 수 있어야할 뿐만 아니라 9장과 10장에 설명되어 있는 상담자가 갖추어야 할 민감성과 인격을 잘 숙지하여 내면화시켜야할 것이다.

5장

상담의 종결

상담은 상담자와 내담자의 합의 하에 종결이 이루어져야 하는데
일반적으로는 상담의 목표가 달성되었을 때 종결하는 것이
바람직하며, 종결은 1회에 끝내기보다
2-3회기에 걸쳐 서서히 종결하는 것이 더 좋다.

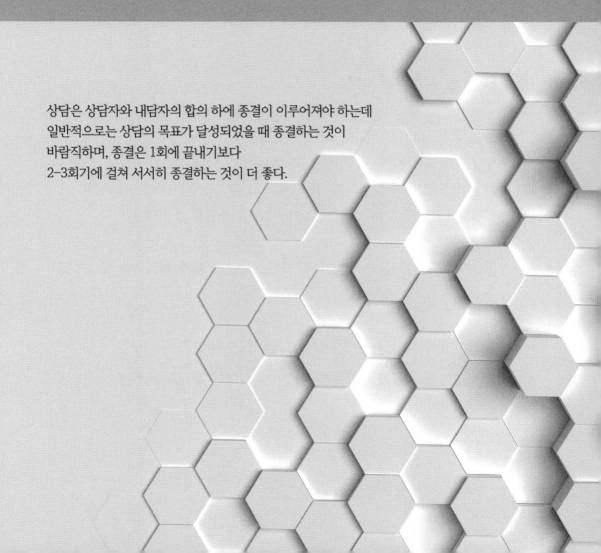

상담은 상담자와 내담자의 합의 하에 종결이 이루어져야 하는데 일반적으로는 상담의 목표가 달성되었을 때 종결하는 것이 바람직하며, 종결은 1회에 끝내기보다 2-3회기에 걸쳐 서서히 종결하는 것이 더 좋다. 그러나 상담의 목표가 달성되지 않고, 처음에 기대했던 해결이나 행동의 변화가 이루어지지 않은 경우, 내담자가 상담을 더 이상 진행할 의사가 없거나, 상담자가 판단하기에 상담을 통해 어떤 유익이나 효과가 없을 때도 종결을 할 수 있다. 이 장에서는 어떠한 경우에 종결을 해야 하는지, 종결의 과제는 무엇인지 살펴보고자 한다.

1. 종결 시점 파악하기

상담이 목표한 대로 잘 진행이 되고 있다면 내담자에게 성장에 도움이 되는 쪽으로 서서히 변화가 일어난다. 그래서 상담이 처음 목표대로 잘 진행되어 성과를 이루었다는 생각이 들 때 종결을 준비해야 한다.

내담자가 다음과 같은 준비가 되었다면 종결할 때가 되었음을 알 수 있다(Heaton, 2006).

① 내담자의 초기 문제나 증상이 감소 또는 제거되었다.
② 내담자가 처음의 단계에서 상담이 필요했던 문제와 패턴을 이해하는 데 충분히 통찰하였다.

③ 내담자의 상황을 고려할 때, 내담자의 대처 기술이 충분하다.

④ 내담자가 계획하거나 생산적으로 일할 능력이 증진되었다.

⑤ 이전보다 합리적 사고와 문제 해결 능력이 증진되었다.

⑥ 자기와 타인에 대한 이해가 생기면서 대인관계 능력이 증진되고 새로운 의사결정과 통합 능력이 커지고 있다.

예정된 종결을 부인(denial)하는 내담자일 경우에는 일시적 위기가 올 수 있다. 이 부인은 회복 과정의 한 부분이기 때문에 점차적으로 사라지게 되며, 회기가 끝나갈수록 내담자는 자신의 공허함이 스스로의 풍부한 자원으로 채워지기 때문에 상담을 끝낼 수 있다고 결정하게 된다. 종결을 한 후 4주, 2개월, 4개월 등의 기간을 두고 추후 약속을 하여 내담자가 원할 때 다시 상담을 할 수 있다는 사실을 말해 줌으로써 안전장치를 마련해 두는 것이 좋다.

심리적 역동은 상담 성과에 굉장히 중요한 영향을 미친다. 예를 들어 의존성이라는 심리 역동이 있는 내담자의 경우에는 다음과 같은 과정을 거치게 되어 있다.

① 관계 형성, 문제 평가 단계에서 내담자의 심리적 역동은 현저히 증가한다.

② 목표 설정 단계에서는 상담자에게 의지하게 된다. 하지만 상담을 진행하면서 내담자의 의존성은 상담자로부터 내담자 자신의 책임으로 옮겨지는 성숙성이 나타나기 시작한다.

③ 개입 및 치료 단계에서는 내담자가 자신의 행동, 태도, 정서의 변화에 대해 책임감을 갖게 되면서 의존성은 줄어들고 독립성이 증가된다.

④ 종결단계에서는 의존성에서 독립성으로 진화하는 최종적인 성취가 일어난다. 내담자가 자기를 스스로 관리할 수 있는 독립성을 갖게 되었다면 상담이 진정으로 성공했다고 볼 수 있다.

이러한 과정이 잘 진행되어 종결단계의 양상이 나타난다면 종결을 고려할 수 있다.

2. 조기 종결 문제

상담이 효과적으로 진행이 되지 않았을 경우, 상담자는 조기 종결을 해야 하는데 이러한 때에는 성공적인 경우와 다르게 종결을 준비해야 한다. 내담자가 다음 회기의 약속 시간에 아무 연락이 없이 나타나지 않아서 상담이 조기에 종결되는 경우가 많다. 어떤 경우에는 내담자가 갑자기 종결을 하겠다고 결정하여 통보하듯 말할 때도 있다. 이러한 경우에도 상담자는 당황하지 말고 무엇 때문에 그런 생각을 하게 되었는지 충분히 다루어야 한다.

내담자가 상담이 만족스럽지 않다고 느끼는 경우, 조기 종결 결과를 알려주거나 이후 상담 약속을 어기면서 상담이 종결될 수도 있다. 이런 경우 내담자의 결정을 받아들여야 한다. 내담자가 조기 종결을 한 이유는 상담자가 내담자에 대하여 충분히 파악하지 못했거나 상담 중의 소통이 효율적이지 않았을 가능성이 있으므로 상담자는 자신에 대해 성찰해보는 시간을 가질 필요가 있다. 그리고 내담자의 생각을 반영하여 다른 상담자에게 의뢰하는 것이 좋은지 물어봐야 한다.

때로 상담자 스스로가 생각하기에 자신의 능력이 부족하다고 판단되는 경우, 또는 내담자의 생각이나 가치관을 받아들일 수 없어서 상담에 진전이 없는 경우에도 조기 종결을 할 수 있다. 이런 경우, 상담자는 내담자의 복지를 위해 책임감을 가지고 다른 상담자에게 내담자를 의뢰하면서 조기 종결을 염두에 두어야 한다.

이처럼 여러 다양한 이유로 상담을 계속할 수 없을 때 상담자는 이러한 현실을 받아들여야 한다. 그리고 다음과 같은 솔직한 태도로 접근하는 것이 바람직하다.

"지금까지 상담해왔지만 상담에 진전이 없는 것 같습니다. 그것은 아마 저의 능력이 부족해서 그럴 수도 있고, 당신이 상담을 계속 하고 싶은 마음이 없어서 그럴 수도 있을 것입니다. 어쨌든 상담의 효과가 없는 것이 사실이므로 이제 상담을 그만두는 것이 좋을 것 같은데 어떻게 생각하시는지요?"

내담자는 상담에 와서 어떤 식으로라도 도움을 받는다는 느낌을 가져야 하는데 그렇지 않다면 조기 종결에 대해, 위의 내용처럼 솔직하게 대화를 나누면서 마무리를 하는 것이 좋다. 호전될 기미가 보이지 않는데도 내담자를 붙잡아두는 것은 바람직하지 않다. 아무리 훌륭한 상담자라 하더라도 항상 상담이 성공할 수는 없다. 그러므로 상담이 조기에 종결되는 것에 대하여 실패감을 가지거나 회피하거나 합리화하지 않도록 마음을 준비할 필요가 있다. 성공적인 종결만큼이나 조기 종결도 상담의 한 과정으로 받아들일 필요가 있는 것이다.

3. 종결의 과제

종결단계에서 해야 할 과제는 다음과 같으므로 상담자는 상담 종결이 2, 3회기 남았을 때 다음의 사항을 미리 염두에 두고 상담을 마칠 준비를 해야 한다.

첫째, 상담을 통해서 성취한 것들을 상담의 목표에 비추어서 평가해 보아야 한다. 만약에 성취되지 못한 목표가 있다면 왜 그렇게 되었는지 내담자와 함께 논의한다. 종료 시에는 상담자가 상담의 전체 과정을 요약할 수도 있고, 내담자로 하여금 요약하도록 요구할 수도 있다.

둘째, 상담의 과정을 되돌아보고 상담자와 내담자가 함께 했던 문제 해결 과정에 대해 기억하면서 복습하고 상담 성과로 나타난 변화를 확인하고 견고히 하도록 한다. 상담자는 내담자에게 지금과 같은 문제가 반복될 수 있지만, 이후에는 그 문제를 내담자 스스로 해결할 수 있을 것이라고 격려함으로써 소망을 갖도록 할 필요가 있다. 새로운 문제가 발생하더라도 상담자와 함께 상담 과정에서 해 왔던 문제 해결 과정을 기억하고 적용할 수 있다고 말해주고. 이것이 바로 상담의 성과임을 상기시켜주는 것이 좋다(이수현, 최인화, 2020).

셋째, 종결단계에서는 상담 성과를 나누기도 하지만 종결 후 남은 과제에 대한 논의, 즉 미해결된 과제들에 대한 논의를 하면서 미래 계획을 세운다. 이번의 상담에서 모든 문제가 해결될 수 없음에 대해 인정하고 상담자는 내담자가 언제든 남은 과제를 위해서 다시 도움을 받을 수 있도록 안내해야 한다(이수현, 최인화, 2020). 또한 종결이 가까워지는데 내담자가 상담 관계를 계속해서 유지하기를 희망하는 경우, 다른 기관이나 상담자에게 의뢰하는 방법도 있고, 추후상담의 가능성을 남겨둠으로써 상담의 종료를 보다 원만하게 할 수도 있다.

넷째, 종결단계에서 나타나는 내담자의 감정에 대해 만나준다. 도움을 받을 필요를 덜 느끼게 되고 상담을 종결해야겠다는 생각을 갖게 되면 내담자는 상담자의 시간을 많이 빼앗아 미안하다고 말하기도 한다. 상담자는 이러한 내담자의 감정, 즉 떠나야겠다는 생각이나 떠나기는 좀 아쉽다는 느낌 등을 수용하고 인정한다. 그러는 가운데 상담의 종결 시기가 자연적으로 정해지고, 성숙하고 건강한 분위기 속에서 상담이 종결될 수 있다.

4. 견고화

견고화는 내담자의 문제에 대한 탐색이 끝난 후 가장 적합한 대안, 방법, 사고, 행동 등을 확정하여 이를 실천해 나가도록 하고 이것이 내담자의 것으로 형성되어 가는 것을 의미한다. 내담자가 상담 이후에도 상담에서 도움받은 것들을 (상담이 끝나더라도) 계속적으로 실천해나가도록 돕는 것이 바로 견고화의 목적이다.

견고화 단계란 그 이전의 단계에서 제시된 많은 대안, 대체될 행동, 감정, 사고 등에서 가장 적합한 것을 선정하여 이를 실제로 적용해 나가면서 내담자가 내면에 견고하게 자리 잡도록 하는 과정 전체를 의미한다. 견고화의 단계는 성공적인 상담의 결실기라고 할 수 있다.

이 단계에서는 상담을 끝맺거나 혹은 계속할 것을 결정할 때 필요한 여러 가지 계획을 수립하고 검토하는 일을 하게 된다. 견고화 단계에서는 내담자의 성장과 행동 변화가 잘 이루어져, 상담 관계를 종료한 이후까지 이루어져야 할 구체적 활동에 대한 계획을 수립하는 것까지 포함한다. 그러므로 견고화의 과정에는 추후상담과 함께 교육 등의 과정이 있으면 참여하도록 하고, 연구소나 교회 및 여러 기관에서의 활동 및 훈련에 참여하도록 권면하는 것이 도움이 될 수 있다.

또한 기독교 상담자는 부담이 되지 않는 선에서 내담자들이 생각날 때 중보 기도하는 시간을 잠시라도 가진다면 내담자의 전인 성장에 기여하는 상담자가 될 것이다. 견고화의 단계는 상당히 긴 시일이 걸리므로 혼자 하기에 힘든 경우에는 보조 상담자의 도움을 받아 시기적절한 도움을 주는 것이 좋다.

6장

상담 대화 기술

상담에서는 대화기술이 굉장히 중요하다.
상담자는 이러한 기본 기술이 갖추어져 있지 않다면
상담자가 될 수 없다고 해도 과언이 아니므로
실제 삶에서 이러한 기술을 익히기 위해 부단히 연습해야 한다.

1. 경청

1) 경청의 개념

경청은 '모든 음성적 자극을 받아들이는 능동적 과정'이라고 할 수 있다. 모든 음성적 자극이란 상대의 말속에 나타나는 신음 소리나 비명 소리와 같은 음성적인 메시지 뿐 아니라 표정이나 제스처와 같은 비음성적 메시지도 함께 듣는 것을 말한다. 경청이란 상대방의 말을 통하여 그의 감정을 듣는 것으로써, 내용을 파악할 뿐 아니라, 상대방의 몸짓·표정·음성의 섬세한 변화까지도 알아차리고 저변에 깔려 있는 메시지를 감지하며, 나아가 그 사람이 말하지 못한 내용까지도 직감적으로 느끼는 것이다(심수명, 2018). 경청을 할 때, 말하는 사람에게 초점을 두면서 가끔 고개를 끄덕이기도 하고, "음음", "아아" 등의 의성어를 통해 장단을 맞추는 것도 필요하다.

경청은 듣는 이가 모든 동작을 중지하고 말하는 이에게 관심을 집중하는 것으로 말하는 사람의 말을 끝까지 따라가며 온전히 그 사람만 주목하는 것이다. 진지한 자세와 시선으로 경청하는 것은 '나는 지금 당신에게 집중하며 당신의 마음을 온전히 듣기를 원합니다.'라는 무언의 메시지를 보내는 것이다. 이러한 태도는 내담자를 사랑받을 가치가 있는 존재로 느끼게 하여 마음을 쉽게 열리게 한다. 경청에서는 무엇보다 감정을 경청하는 것이 그 무엇보다 중요하다. 경청을 할 때 내담자가 말하는 내용과 함께 감정은 어떠한지 파악하면서 듣도록 노력해야 한다. 또한 진정한 경청은 전인적으로 듣는 것이기에 정신적이면서도 육체적인 에너지의 집중이 필요하다. 경청은 힘든 일이므로 다른 영혼을 섬겨야겠다는 각오와 결심이 있어야만 온전한 경청이 이루어진다.

경청에 너무 집중한 나머지 이야기의 뜻을 객관적으로 듣지 못하고 너무 주관적으로 빠져있지 않도록 조심하고, 분별하며 듣고 생각하며 듣는 연습도 필요하다. 내담자가 말하는 이야기를 경청할 뿐만 아니라 그의 경험, 행동, 정서를 객관적으로 관찰하고, 더 나아가 그의 독특한 관점이나 경향까지 경청할 수 있어야 한다. 내담자의 가치관과 생각에 대해 있는 그대로 경청해 주고 공감해 주면서도 사실과 다르게 왜곡하고 있는 경우, 이것에 대해서도 냉철하게 지각하고 있어야 한다.

예를 들어 한 여성 내담자가 실제로는 미인이지만 자신이 못났다고 생각하고 외모에 대한 열등감을 이야기한다면, 그녀가 느끼는 그녀의 경험은 사실이며, 듣는 사람은 이를 경청하고 이해해 주어야 한다. 그러나 그녀의 경험은 사실과 일치하지 않으므로 이것 역시 경청하고 이해해야 한다.

2) 경청의 태도

바람직한 경청의 태도는 다음과 같다(심수명, 2018).

첫째, 말하는 사람을 바라본다. 상대방을 바라보는 것은 '나는 당신과 함께 있습니다. 당신에게 도움이 되고 싶습니다.'라는 뜻을 전달하는 것이다.

둘째, 진지한 자세를 취한다. 팔짱을 끼거나 다리를 꼬고 앉아 있는 것
은 도울 태세가 갖추어져 있지 않은 모습으로 보일 수 있다.

셋째, 이따금 상대방 쪽으로 몸을 기울인다. 상체를 약간 기울이는 것은
'나는 당신이 하는 말에 관심이 많습니다.'라는 뜻을 전달해 준다.

넷째, 좋은 시선 접촉을 유지한다. 내담자와 좋은 시선 접촉을 유지한다
는 것은 '당신에게 관심을 느끼고 있습니다. 당신이 하는 말을 듣
고 싶습니다.'라는 뜻을 전달해 준다.

다섯째, 편안하고 자연스러운 자세를 취한다. 편안한 자세는 조바심하거
나 주의를 흐트러뜨리는 표정을 짓지 않으며 몸짓을 편안하고 자
연스럽게 하는 것이다.

3) 경청의 방해 요인

경청의 방해 요인은 다음과 같다(심수명, 2018).

(1) 선택적 경청

선택적 경청은 말한 사람이 이야기하는 것의 전체를 듣지 않고 일부분
의 내용을 전체로 생각하고 오해하며 듣는 것이다. 이렇게 들으면 말하
는 사람의 내용을 축소시키거나 자기가 듣고 싶은 말만 듣게 됨으로써
오해의 가능성이 커진다. 어떤 사람들은 대화 중 그 맥락을 다 버리고
그 가운데 어떤 단어에만 집착한다. 특히 말꼬리 잡는 것은 골라서 듣
는 것의 대표적인 예이다. 의심이 많고 성미가 급하며 상처받은 마음을

가진 사람들이 이런 실수로 대인관계의 어려움을 겪는다.

(2) 자기중심적 경청

이것은 말한 사람의 의도와는 상관없이 듣는 사람이 듣고 싶은 대로 해석해서 듣는 것이다. 상대방이 말한 맥락이나 중심메시지와 상관없이 어떤 단어나 문장에 집착하여 '저 말이 무슨 뜻일까'라고 생각하면서 열등의식에 사로잡히거나 부정을 확대해석해서 생각하게 되면 관계에 문제가 생길 수 있다. 부부간의 다툼은 대부분 자기중심적으로 해석해서 들을 때 문제가 많이 발생하곤 한다.

(3) 경청 가장하기

듣기는 하지만 다른 생각을 하면서 듣거나 지나친 걱정이나 충격으로 자기감정에 몰두하여 별생각 없이 멍하게 듣는 경우다. 일반적으로 한국의 남성들이 아내가 말을 할 때 듣지 않으면서 듣는 척하는 경우가 많다. 그러므로 들을 때에는 온 마음을 다하여 집중해서 듣고, 들은 내용에 대해서 그 내용을 상대방에게 확인하는 것도 좋은 방법이다. 마음으로 동의할 수 없는데 상대방의 눈치를 보면서 듣는 것은 거짓과 위선으로 사람을 대하는 것이다.

(4) 편견

사람은 누구나 어느 정도의 선입견이 있는데 자신의 선입견을 파악하고 경계하지 않으면 편견을 통제하기 어려우며 자신의 기준으로 남을 평가하게 되어 다른 사람에게 상처를 줄 수 있다. 따라서 자신의 편견을 잘 파악하면 보다 더 자유롭게 다른 사람을 만날 수 있다.

(5) 생리적인 요인

사람은 말하는 것보다 5배로 빨리 듣는다고 한다. 즉 1분에 120단어를 말한다면 듣는 것은 600단어를 들을 수 있는 것이다. 생각하는 속도가 말하는 속도보다 빠르기 때문에 상대방이 하는 말을 들으면서도 그 사람이 지금 하고 있는 말보다 그다음에 할 말을 짐작하게 된다. 또한 이런 차이 때문에 상대방의 말이 지루하거나 분위기가 산만해지면 생각이 딴 곳으로 흘러가 버리기도 한다. 이때 눈치가 빠른 사람은 상대방이 내 말을 듣고 있는지 아닌지 알 수 있다. 따라서 완전히 집중하지 않으면 그 시간에 다른 생각을 할 수 있으므로 경청할 때는 주의 집중이 요구된다.

4) 경청의 내용

경청을 할 때는 말하는 사람의 언어적 메시지와 비언어적 메시지 모두를 들어야 한다.

(1) 언어적 메시지와 경청

말하는 사람의 '이야기' 즉 언어적 메시지를 들을 때에는 그 메시지가 전달하고자 하는 것이 무엇인지 잘 들어야 한다. 메시지 속에는 내담자의 경험, 행동, 그리고 정서가 배어 있다. 만약 직장에서 해고당했다고 말한다면 내담자는 그 경험을 자기가 처한 문제 상황으로 보는 것이며, 담배와 술을 많이 한다고 말하거나 대부분의 시간을 공상으로 보낸다고 말한다면 그는 행동을 자기의 문제 상황으로 보는 것이다. 또한 약혼자와 말다툼을 한 뒤 얼마나 우울했는지 말한다면 그는 문제 상황과 연루

된 자기감정에 대해 이야기하고 있는 것이다. 이때 듣는 사람은 내담자가 말하려고 하는 것, 문제 상황을 기술할 때 드러내는 경험과 행동과 감정, 그리고 무엇을 보태고 무엇을 빼려고 하는지 주의 깊게 경청해야 한다(Egan, 1992).

- **경험**(일어난 일)
  내담자가 실직되었다고 이야기한다면, 그는 경험의 측면에서 자기의 문제 상황을 이야기하는 것이다.

- **행동**(실패했거나 성취한 일)
  내담자가 미성년자와 싸움을 하였다고 이야기할 경우, 그는 자기의 행동으로 발생된 문제 상황을 이야기하는 것이다.

- **정서**(행동이나 경험으로 인해 생겨난 감정이나 느낌)
  내담자가 아내와 재정적인 문제에 대해 이야기를 나눌 때마다 분노가 폭발한다고 이야기하면, 그는 자기의 문제 상황과 관련되어 있는 감정을 이야기하는 것이다(Egan, 1992).

(2) 비언어적 메시지와 경청

내담자는 비언어적 행동을 통해서도 메시지를 전달하므로 이러한 메시지를 왜곡하거나 확대하지 않고 읽는 방법을 학습할 필요가 있다. 경우에 따라 내담자의 얼굴 표정, 몸의 움직임, 목소리의 톤, 신체적 반응이 말보다 더 많은 메시지를 전달한다. 매러비안(Mehrabian)의 연구에 따르면 사람들은 의사소통에서 말은 7%밖에 사용하지 않는 반면에 목소리는 38%, 얼굴 표정은 55%나 사용한다고 한다. 또 얼굴 표정과 말이 일치하지 않을 때 사람들은 말보다 얼굴 표정을 더 신뢰한다고 한다. 뿐만 아니라 비언어적 메시지는 마침표, 물음표, 느낌표와 같이 언어적 메시지를 수정하거나 강조하는 역할도 한다.

비언어적 메시지는 다음과 같은 특징이 있다.

첫째, 비언어적 메시지는 말로 표현한 것을 반복해 주거나 확인시켜준다. 예를 들면, 당신이 내담자의 의도를 잘 파악했다면 내담자가 눈이 빛나며(얼굴 표정), 몸을 조금 앞으로 기울이고(몸동작), 생기 있게(목소리 특성) "그래요, 나는 당신 말이 옳다고 생각해요."라는 말과 함께 비언어적으로도 의사소통이 잘 되고 있음을 확인시켜주는 것이다.

둘째, 비언어적 메시지는 언어적으로 한 말을 부인하거나 당황하는 것을 나타낸다. 내담자가 직면을 받을 때 당황하지 않는다고 말하면서 얼굴이 붉어지고(자율적 신체반응), 목소리는 더듬으며(목소리의 특성), 입술은 경련이 일고 있다면(얼굴 표정) 그의 비언어적 메시지는 언어로 한 말을 부정하고 있는 것이다. 또한 내담자가 화가 나 있으면서 미소 짓고 있다면 그녀의 비언어적 행동은 그녀의 언어적 메시지와 모순된다. 그녀의 미소는 "나는 당신에게 화가 나 있지만 당신에게 상처를 입히거나 소외시키고 싶진 않다."라는 뜻을 의미하거나 "나는 화가 나 있지만 그걸 당신에게 말하기는 불편하다."라는 뜻이다.

셋째, 비언어적 메시지는 언어적으로 한 말을 강화하거나 강조해 준다. 상담자가 내담자에게 아내와 함께 의논하는 것이 좋겠다고 제안했을 때 "오 맙소사, 나는 그렇게 하는 걸 생각만 해도 소름이 끼쳐요!"라고 말하면서 얼굴이 붉어지고 손으로 얼굴을 가린다면 그의 비언어적 행동은 언어적 메시지를 더욱 강조하는 것이다(Egan, 1992).

(3) 내담자가 처한 상황의 경청

인간의 행동은 언어적 메시지와 비언어적 메시지로 다 이해할 수 있는 것은 아니다. 상대방을 깊이 경청한다는 것은 그가 '살아가고, 움직이며, 몸담고 있는' 상황이 미치는 영향까지도 경청하는 것을 말한다(Egan, 1992). 예를 들어, 그 사람의 자녀가 병들어 고통 중에 있다면 그 상황을 짐작하여 경청할 때 그 사람의 고통을 더 잘 이해할 수 있게 된다.

실습

경청을 제대로 하려면 무엇보다 내담자(말하는 사람)가 말하고 있는 것을 제대로 요약할 수 있어야 한다. 이를 위해 요약 기술이 필요한데, 요약은 메시지의 내용을 정확하게 압축해서 반사하는 과정으로, 말하는 사람의 말을 약간 사용해 가면서 명료하게 정리하는 것이다.

다음의 예를 잘 보고 경청의 방법을 배워 보자.

내담자(말하는 사람)

"저는 초등학교 2학년 때 처음으로 담임선생님의 사랑을 받았습니다. 그 선생님은 저를 매우 귀여워해 주셨고, 칭찬도 많이 해주셨습니다. 저는 이러한 사랑을 처음 받아보았기에 너무나 기쁘고 행복했지만 한편으론 놀랍기도 하면서 그 사랑이 믿어지지 않기도 했습니다."

상담자

① 요약: "초등학교 2학년 때 담임 선생님이 칭찬도 해주시고, 당신을 매우 귀여워해 주셨군요. 이런 사랑이 기쁘기도 했지만 한편 받아들이기가 힘드셨군요."

② 점검: "제가 잘 이해했습니까?"

③ 더 표현하도록 유도: "혹시 더 말씀하실 것이 있습니까?"

경청 연습에서 중요한 것은 자신의 생각을 멈추고 말하는 사람의 마음과 생각에 집중하여 그가 말하고 있는 내용에 귀 기울여 듣고 그에게 초점을 두어 표현해 보는 것이다. 또한 요약하는 사람은 화자의 언어적 메시지와 비언어적 메시지, 그리고 그 사람이 처한 상황까지 고려하면서 듣고 말해야 한다.

두 사람이 한 조가 되어 한 사람은 오늘 하루를 지내면서 (또는 일주일간 기억나는 사건을 중심으로) 떠오르는 이야기를 하면, 다른 사람은 그의 이야기를 듣고 요약하는 연습을 해보자.

2. 공감

1) 공감의 개념

사람은 누구나 상황을 느끼는 정도가 다르고 소화해 낼 수 있는 심리적 능력이 다르며, 상처의 내용 또한 다르다. 게다가 현재의 고통은 지금 여기의 것으로만 느끼거나 지각되는 것이 아니라 과거의 상처와 연결되어 있다. 따라서 그 사람을 이해하고 알아주기 위해서는 그 사람의 마음과 심리 상태가 어떠한지 이해하면서 들어주는 것이 필요하다. 이러한 마음으로 들어주는 것이 바로 공감의 자세다.

공감이란 '즐거워하는 자들과 함께 즐거워하고 우는 자들과 함께 울라(롬 12:15)'는 것으로, 말하는 사람과 듣는 사람이 같은 수준에서 느끼는 것을 의미한다. 상대방의 눈으로 보고, 그가 느끼는 대로 느끼며, 그 사람 속으로 들어가 그의 생각이나 말하는 구조로 세계를 보는 것이다. 뿐만 아니라 그가 깨달은 대로 이해할 수 있는 의사소통 방법이며 그의 감정과 행동을 알게 되는 능력이다(심수명, 2018).
이러한 공감은 '남의 신을 신고 걸어본다'는 의미를 가지고 있다. 남의 신을 신고 걸어 보기 위해서는 우선 자신의 신발을 벗어야 한다. 즉 자신의 입장, 고집, 편견을 벗어버리고 내담자의 상황 속으로 들어가서 내담자의 눈으로 세상을 보면서 상담에 임하는 것이 바로 공감의 정신이다. 이때 내담자가 상담자로부터, 또는 개인이 다른 개인으로부터 존엄성을 느끼게 된다. 이러한 존엄성을 바탕으로 한 체험이 공감인 것이다. 공감은 인간 생존을 위한 심리적 영양소이며(Kohut, 1978) 심리적

산소로서, 사람은 공감이 있는 곳에서 자유롭게 숨 쉴 수 있다.

코헛(Kohut)은 공감이야말로 인간의 정신을 치유하고 성숙을 위해 가장 중요한 요인이라고 하였다. 공감의 모습은 갓난아기를 돌보는 엄마의 자세와 비슷하다. 위니컷(Winnicott)은 이런 어머니의 마음을 유아의 모든 것을 수용할 수 있도록 안아주는 환경으로서의 '충분히 좋은 어머니(good-enough mother)'라고 불렀다. 공감은 어머니가 아기의 모든 입장을 자기 것으로 동일시하여, 마치 자기가 아기인 양 아기의 상태를 충분히 이해하고 받아주고 만족시켜 주는 것이라고 할 수 있다.

상담 과정에서 공감은 상담자의 경험자아와 내담자의 자아가 만나는 장이라고 할 수 있다. 이러한 만남은 상담자의 퇴행을 필수로 한다. 여기서 퇴행한다는 것은 상담자가 잠시 자신의 관찰자아의 작용을 유보시키고 자아의 경계를 허문 채 내담자가 하는 이야기에 빨려 들어가 온몸으로 느끼면서 귀 기울이는 것을 말한다. 즉 상담자의 경험자아가 전면에 나서서 내담자의 입장이 되어 그의 생각과 느낌을 비판 없이 함께 느끼고 따라가는 것이다(이만홍, 황지연, 2007).

이런 마음과 자세로 내담자의 내면 깊은 곳에 있는 감정을 만나고(알아차리고) 그의 문제 상황에 주의를 집중하고, 그 상황과 관련된 경험 및 감정, 그리고 행동을 구체적으로 이해해 줄 때 진정한 공감이 일어난다. 이것이 바로 상담자가 지녀야 하는 공감적 이해의 능력인 것이다. 공감적 이해를 통하여 내담자의 문제 상황을 명료화하면 할수록 상담자는 내담자의 필요에 어떻게 대처할 것인지 더 분명하게 파악할 수 있게 된다(오성춘, 1993).

이런 맥락에서 공감은 상대방에게 침투해 들어가는 '도구'로 정의되기도 하고, 성장을 촉진하는 '분위기'로 정의되기도 한다. 상대방이 숨겨 놓은 진실한 감정을 알기 위해서는 상대방이 설치한 방어기제의 장막을 넘어서 금기된 영역 안으로 침투해 들어가야 하는데 이것이 가능하도록 돕는 수단이 바로 공감이다. 공감은 침투의 도구이자 무기다(박성희, 이동렬, 2005).

일반적 의미에서 공감이 감정을 정확하게 파악하거나 정서적 의도를 지각하는 수준이라면, 기독교적 관점에서의 공감은 인간의 마음속에서 샛별처럼 빛나는 긍정적이고 가능성 있는 내면적 동기를 찾아내어, 그 동기가 현실 세계에서 발휘될 수 있도록 그의 마음에 임재하여 격려, 자극하는 것이다. 성자는 공감해 주는 에너지가 100%에 이르는 사람이라고 할 수 있다.

2) 공감 사례

(1) 달과 공주
이 이야기는 옛날 초등학교 교재에 실렸던 내용 일부를 정리한 것이다 (박성희, 이동렬, 2005, 재인용).

옛날 어느 나라에 어린 공주가 살고 있었다. 공주는 왕과 왕비의 사랑을 듬뿍 받으며 아름답고 건강하게 잘 자라고 있었다. 그러던 어느 날, 공주는 하늘 높이 금빛을 내며 떠 있는 달을 보고 갑자기 그 달을 가지고 싶은 마음이 들었다. 공주는 부모님께 달을 따다 달라고 보채기 시작했고 왕과 왕비는 공주에게 달은 따올 수 없는 것이라고 열심히 타일렀다. 그러나 공주는 들은 체 만 체하며 여전히 달을 따다 달라고 졸랐다. 공주가 쉽게 물러서지 않자 왕은 유명하다는 학자들을 불러들이고, 의원도 불러들이는 등 온갖 노력을 다하였다. 그들은 한결같이 공주에게 달은 따올 수 없는 것이라고 말하였다.

"공주님, 달은 너무 멀리 있어서 가까이 다가갈 수도 없습니다. 달을 따온다는 것은 불가능합니다."

"공주님, 달에 대해 너무 많이 생각하셔서 병이 든 것 같습니다. 제발 더 이상 달 생각은 하지 마십시오."

그러나 공주는 자기의 뜻을 굽히지 않았다. 달을 따 달라는 요구를 들어주지 않자, 드디어 공주는 단식 투쟁에 들어섰다. 왕과 왕비는 설득과 협박을 반복했지만 소용이 없었다. 공주는 서서히 말라가기 시작했다. 이때 공주와 친하게 지내던 광대가 나타났다. 전후 사정을 잘 알고 있는 광대는 공주를 만나자 몇 가지 질문을 던졌다.

광대: "공주님, 달은 어떻게 생겼나요?"
공주: "달은 동그랗게 생겼지 뭐."
광대: "그럼, 공주님! 달은 얼마나 큰가요?"
공주: "바보, 그것도 몰라? 달은 내 손톱만 하지, 손톱으로 가려지잖아."
광대: "그럼 달은 어떤 색인가요?"
공주: "황금빛이지."
광대: "알겠어요, 공주님, 제가 가서 달을 따올 테니 조금만 기다려주세요."

공주의 방을 나온 광대는 왕에게 아뢰고, 손톱 크기만 한 동그란 황금 구슬을 만들어 공주에게 가져다주었다. 공주는 뛸 듯이 기뻐했다. 단식투쟁까지

하면서 그렇게 원하던 '달'을 드디어 손에 넣은 것이다. 기뻐하는 공주를 바라보며 광대는 슬그머니 걱정이 되었다. 달을 따왔는데 오늘 밤 달이 또 뜨면 공주가 뭐라고 할까. 염려가 된 광대가 공주에게 말을 건넸다.

광대: "공주님, 달을 따왔는데 오늘 밤 또 달이 뜨면 어떻게 하지요?"

공주: "이런 바보, 그것을 왜 걱정해. 이를 빼면 새 이가 또 나오지? 그것과 같은 거야, 달은 하나를 빼오면 또 나오게 되어 있어. 그리고 달이 어디 하나만 있나? 달은 호수에도 떠 있지, 물 컵에도 떠 있지, 세상 천지에 가득 차 있어. 하나쯤 떼어 온다고 문제 될 게 없지."

이 예화에는 공감적 이해의 기초이자 본질에 관한 문제가 담겨 있다. 예화에서 왕과 왕비는 물론 초청받은 학자나 의원들이 한결같이 공주가 말하는 '달'을 으레 자신이 생각하는 '달'과 같은 것이라고 판단하였다. 공주의 '달'이 자기네가 생각하는 '달'과 다를 수 있다는 의심조차 해 보지 않았다. 그러니까 달에 대한 자신의 입장 위에 굳건히 서서 공주를 설득하고 협박하는 일로 일관할 수밖에 없었던 것이다. 그 사람들은 자신이 가지고 있는 달에 대한 준거의 틀을 벗어나지 못한 것이다. 사람의 내면에 있는 주관 세계는 그야말로 그 주관 속으로 뛰어들어야 이해가 가능한 법인데, 자신의 준거틀(또는 참조 체제)이 전제됨으로써 이해의 여지가 사라지게 된 것이다.

정확한 공감적 이해를 하려면 그만큼 상대방이 사용하는 낱말의 의미, 그 낱말에 담겨 있는 개인적 분위기 등을 정확하게 파악하여야 한다. 그렇게 해야 상대방이 전제하는 논리를 따라잡는 것이 비로소 가능해진다(박성희, 이동렬, 2005).

(2) 남자와 파리

이 예화는 조금 우스운 예화이기는 하나 내담자의 심리를 그대로 공감
하며 존중하는 상담자의 태도가 무엇인지 엿볼 수 있는 글이다(박성희,
이동렬, 2005, 재인용).

한 번은 어떤 남자가 나를 만나러 왔다. 그는 자기 뱃속에 파리 두 마리가
들어가 있다는 환상에 시달리고 있었다. 그는 입을 벌리고 자는 버릇이 있
는데, 그 틈에 파리가 뱃속으로 들어갔다고 생각하고 있었다. 그리고 파리
는 그의 뱃속에서 윙윙거리며 날고 있었다. 그는 줄곧 걱정에 시달린 나머
지, 한 자세로 가만히 앉아 있을 수도 없었다. 그는 계속 이쪽저쪽을 왔다
갔다 하며 "그놈들이 이쪽으로 왔습니다. 이젠 저쪽으로 갔습니다."하고 말
했다. 그는 거의 미칠 지경에 있었다.
그는 여기저기 의사를 찾아가 보았지만 도움이 되지 못했다. 그들은 한결
같이 웃음을 터뜨리며 "그것은 당신의 상상일 뿐입니다."하고 말했다. 그러
나 불행한 상상에 빠져 있는 사람에게 그렇게 말하는 것은 전혀 도움이
되지 못한다. 왜냐하면 그는 실제로 고통받고 있기 때문이다.

"그렇군. 그놈들이 여기에 있다." 내 말을 듣고 그는 매우 기뻐했다.

"당신은 제 고충을 알아주는 유일한 분입니다. 지금까지 용하다는 의원은
거의 다 만나보고 온갖 방법 등을 다 써 보았지만 그들 모두가 어리석었
습니다. 그들은 똑같은 말을 되풀이했습니다. 그래서 나는 그들에게 이렇
게 말했습니다. 여보시오, 약이 없으면 없다고 말하시오. 왜 자꾸 내가 환
상에 빠져 있다고 말하는 것이오? 이제 제 고충을 알아주는 분을 만났습
니다. 당신은 아시지요?"

내가 말했다.

"나는 알 수 있다. 분명히 파리가 그대 뱃속에 있다. 나는 이런 문제를 다루는 데에는 전문가이다. 그대는 사람을 제대로 만났다."

계속해서 내가 그에게 말했다.
"자, 여기에 누워 눈을 감아라. 내가 그대에게 눈가리개를 하고 그놈들을 꺼낼 것이다. 입을 벌려라. 그러면 내가 주문을 외워 그놈들을 불러 낼 것이다."

그는 기뻐서 어쩔 줄 몰라 했다. 그가 말했다.
"진작 이런 조치가 취해져야 했습니다."

나는 그의 눈에 가리개를 씌우고 입을 벌리라고 말했다. 그는 파리가 밖으로 나오기를 기다리고 있었다. 그를 그런 상태로 놔두고 나는 재빨리 집안으로 뛰어 들어갔다. 파리 두 마리를 잡기 위해서였다(인도에는 파리가 많다). 나는 가까스로 파리를 잡을 수 있었다. 그가 눈을 떴을 때, 나는 병속에 갇힌 파리 두 마리를 보여주었다.

그가 말했다.
"이 병을 제게 주십시오. 그 바보들에게 가서 보여주어야겠습니다."
그 후 그는 완전히 회복되었다.

위의 예화에서 보듯이 어떤 사람(혹은 내담자)이 혼자서 해결이 불가능한 난관에 부딪쳐 도움을 요청했을 때 반대 논리로 설득하면 오히려 문제가 해결되지 않는 것을 볼 수 있다. 이것이 바로 일상적인 문제 해결 전략이다.

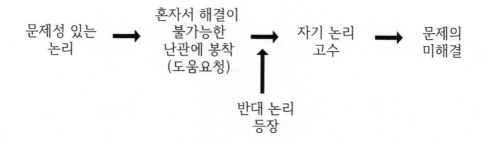

〈그림-4〉 일상의 문제 해결 전략(박성희, 이동렬, 2005)

그러나 같은 상황에서 오히려 내담자의 마음을 공감해주자, 내담자는 자신의 논리를 확대하고 발전시켜 스스로 논리를 수정함으로써 문제를 해결하는 것을 볼 수 있다. 이것이 바로 공감적 이해에 따른 문제 해결 전략이며 도식으로 나타내면 아래와 같다.

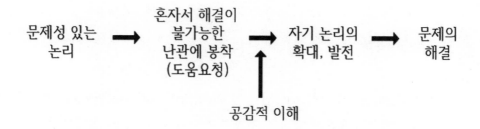

〈그림-5〉 공감적 이해에 따른 문제 해결 전략

이처럼 공감적 이해 전략을 상황에 적합하게 사용했을 때는 내담자의 사고와 행동에 변화가 일어남을 알 수 있다.

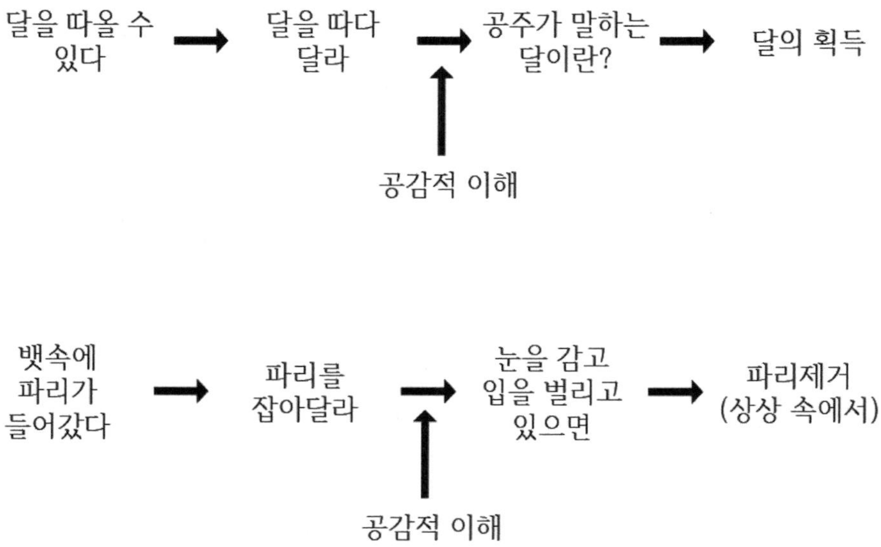

달을 따올 수 있다 → 달을 따다 달라 → 공주가 말하는 달이란? → 달의 획득

공감적 이해

뱃속에 파리가 들어갔다 → 파리를 잡아달라 → 눈을 감고 입을 벌리고 있으면 → 파리제거 (상상 속에서)

공감적 이해

〈그림-6〉 공감적 이해전략의 적용(박성희, 이동렬, 2005)

3) 잘못된 공감

공감(empathy)은 순간적으로 잠깐 남의 입장이 되어주지만(퇴행) 자신은 지킬 수 있는 자기조절 능력을 포함한다. 그러나 잘못된 공감은 상대방과 완전히 동화되어 내담자의 정서적 고통의 무게를 내 것으로 가지고 와서 객관적 시각을 놓치고 그를 돕지 못하게 된다. 저자는 좋은 공감과 잘못된 공감을 비교하기 위하여 공감과 동감으로 표현하여 설명하고자 한다.

잘못된 공감=동감	좋은 공감
객관적인 성찰 없이 상대방 속에 감정적으로 몰입되어 방향 없이 함께 울고 웃으며 그의 세계 속에 깊이 빠져버리는 것이다.	자기 안에 있는 자아의 객관적 기능과 주관적 기능을 잘 구분하여, 객관적 기능은 자기와 상대방의 감정을 성찰하고 분별하여 치료적 방향으로 이끌어 주고, 주관적 기능은 상대방의 마음속에 들어가서 함께 울고 웃는다.
내담자를 단순히 불쌍히 여기는 것, 상담자가 내담자의 감정과 일치하여 자기의 감정을 조절할 수 없다.	내담자의 감정을 공감하여 깊은 만남이 일어나며 치료적 관계뿐 아니라 문제 해결이 일어난다.
대화 중 거론되는 사람이나 사건에 초점을 두어 그를 비난하거나 두둔하여 내담자의 마음을 만나지 못한다.	사람이나 사건을 거론해도 내담자의 심정에만 관심을 가진다.

〈표-3〉 좋은 공감과 잘못된 공감 비교

상담자는 공감을 통해서 내담자에게 깨달음의 기회를 제공할 수 있다. 공감이란 상담자가 내담자의 감정과 경험을 정확하고 민감하게 이해하는 것을 말한다. 대개 내담자는 자신의 생각이나 느낌을 분명하게 알지 못하는데, 상담자가 이를 공감해 줌으로써 자신의 생각과 느낌을 명확하게 알게 되면 내담자는 자신의 억압된 욕구를 자각할 수 있게 되고, 억눌렸던 과거의 경험 등을 떠올릴 수 있게 된다.

예를 들어, 한 여학생이 상담자에게 와서 주저하는 태도로 머리를 푹 숙인 채 "부모님이 이혼을 하게 되었어요."라고 말했다고 하자. 상담자는 내담자의 말과 태도, 표정을 통해 그 여학생이 외로워졌고 거부당하고 버림받았다고 여기며 우울해졌다는 것을 느낀다.

이때 상담자는 "이번 일은 너에게 매우 충격이 크겠구나. 부모님이 너를 돌보지 않은 채 떠나 버릴 것 같아 불안한가 보구나."라고 반응한다. 내담자는 상담자의 말을 듣고 자신이 부모님의 이혼에 대해 얼마나 심각하게 느끼고 있는지를 깨닫게 된다. 내담자는 상담자의 공감을 통해서 자신의 감정과 욕구에 대하여 더 깊게 통찰할 기회를 얻은 것이다. 내담자는 홀로 남아 있게 된다는 것이 자신에게 얼마나 두려운 것인지를 깨닫게 되어 자신의 마음에 대하여 이야기할 수 있게 된다(김환, 이장호, 2008).

4) 공감 전략

공감을 효과적으로 사용하기 위해서는 다음의 공감 전략에 따라 연습하면 도움이 될 것이다.

첫째, 상대방이 이야기하는 구체적인 내용은 물론 손짓, 몸짓, 신체적인 접촉, 시선의 접촉, 그리고 얼굴 표정 등과 같은 비언어적 표현에도 최대한의 주의를 기울인다. 비언어적 요소가 자신을 더 진실하게 나타내는 경우가 많기 때문이다.

둘째, 상대방이 알아듣기 쉬운 말로 이야기한다. 예를 들면 초등학교 1학년 어린이와 이야기를 할 때는 초등학교 1학년 어린이가 알아들을 수 있거나, 그들의 경험 세계를 나타내는 쉬운 말로 이야기한다.

셋째, 상대방이 말할 때의 목소리와 비슷한 목소리로 말한다. 상대방이 작은 목소리로 부끄러운 사실을 이야기하고 있는데 너무 큰 소리로 이야기한다면 상대방은 불안하게 되어 더 이상 이야기하고 싶은 마음이 생기지 않을 수도 있다.

넷째, 상대방이 말할 때는 물론이고 그 외 어떤 행동의 변화가 있을 때마다 반응한다. 상대방이 말을 하거나 비언어적 표현이 있는데도 즉각적으로 반응하지 않으면 자신이 무시당하거나 거부당하고 있다고 생각하여 더 이상 자신에 관한 이야기를 하지 않을 수 있다.

다섯째, 상대방이 표현하지 않은 내용, 즉 속마음을 알아내려고 주의를 기울인다. 실제 말로 표현한 내용보다도 말로 표현하지 않은 내용이 더 중요할 수 있기 때문에 그 내용을 알려주면 상대방은 자신이 깊이 이해받고 있다고 생각하여 마음속 깊은 곳에 있는 내용까지도 이야기할 수 있다. 핵심 메시지에 대한 선별적 반응이 필요하다. 내담자가 하는 모든 말에 다 공감해 줄 수는 없다. 따라서 내담자의 말을 들으면서 핵심 메시지를 찾아 반응해야 한다.

여섯째, 생각할 시간을 가진다. 지나치게 빨리 말한다는 것은 핵심 메시지를 찾기 위해 상대방이 한 말을 생각해 볼 시간을 가지지 않는다는 뜻이다.

일곱째, 말보다 상황에 대해 반응해야 한다. 좋은 공감적 반응은 내담자의 직접적인 말이나 비언어적 행동에만 토대를 두는 것이 아니라 내담자가 놓인 상황, 즉 내담자를 '둘러싸고' 있고 내담자의 말에 스며있는 모든 것을 고려해야 한다.

여덟째, 상대방에 맞게 반응을 하되 자기 자신을 지켜야 한다. 이것은 내담자가 자기 삶에서의 실패와 성공을 말할 때 내담자의 반응에 휘둘리지 않으면서 합리적인 방법으로 내담자와 정서적인 느낌을 나눈다는 뜻이다.

아홉째, 상담자의 공감이 정확한 것인지 부정확한 것인지에 대해서는 내담자의 확인을 통해 알 수 있는데 부정확한 경우엔 수정을 통하여 새로운 공감을 해나가도록 한다.

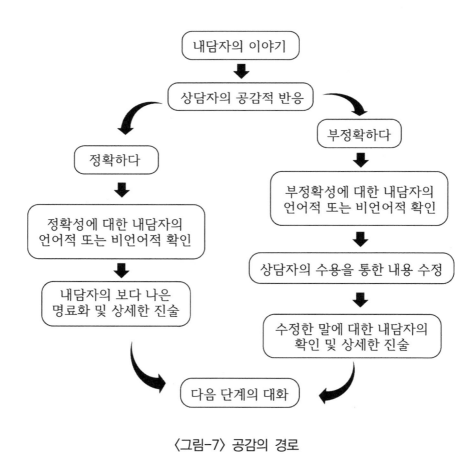

〈그림-7〉 공감의 경로

위의 〈그림-7〉은 두 가지 경로를 보여준다. 하나는 상담자의 공감적 반응이 정확했을 때이고 하나는 부정확했을 때 수정한 경우다.

실습

세 사람을 한 조로 하여 한 사람은 지금-여기에서 자기의 희로애락 중 제일 큰 감정을 진솔하게 이야기한다. 이때 다른 한 사람은 이야기를 듣고 공감하는 역할(공감자)을 하고 나머지 한 사람은 평가하는 사람(평가자)의 역할을 하도록 한다.

시계방향으로 역할을 바꾸어 각 역할을 모두 실습한다. 공감 연습을 모두 마친 다음에는 어떤 생각이 들었는지 진솔하게 나눠보자.

실습 후의 느낌 및 통찰

3. 질문

1) 질문의 중요성 및 효과

상담 및 심리치료의 과정에서 내담자를 더 깊게 이해할 수 있는 방법이 질문이다. 질문은 상담에서 중요한 기법이다. 질문을 통해 상담자는 내담자의 여러 측면에 대해 살펴볼 수 있고, 효과적인 질문은 내담자의 자기 탐색을 촉진한다.

그러나 어떤 질문을 어떻게 하느냐가 중요하다. 상담에서 모든 질문이 반드시 유용한 것은 아니며, 질문의 유용성에는 한계가 있다. 질문을 할 때 내담자의 자기 탐색을 방해하지 말아야 한다. 상담자가 자신의 궁금증을 충족하기 위해 질문을 하다 보면 자칫 내담자의 자기 탐색을 방해할 수 있다. 상담자가 질문을 하면 내담자는 상담자의 질문에 대답해야 하기 때문에 자신이 말하고 싶은 것을 멈추어야 한다. 그리고 상담자가 너무 많은 질문을 하면 내담자는 마음이 더 복잡해지고 수동적이 될 수 있다. 내담자는 상담에서 점차 방어적인 태도를 취하게 되고 상담자가 질문하지 않을 경우에 섣불리 자신이 먼저 이야기를 꺼내지 않게 될 수도 있다.

질문에는 긍정적 효과와 부정적 효과가 있는데, 질문의 긍정적 효과는 다음과 같다.

① 상담(면접)의 방향에 대한 체계적인 틀을 제시해 준다.

② 상담이 순조롭게 진행되도록 한다.

③ 내담자의 관심사를 정확하게 알려주고 명료화하며, 내담자가 자기 탐색을 하는 데 도움을 준다.

④ 내담자의 세계에 대한 진단과 평가를 가능하게 해 준다.

반면, 다음과 같이 부정적 효과도 있으므로 주의해야 한다.

① 질문이 마치 경찰의 심문처럼 여겨질 수 있다.

② 내담자의 이야기를 통제할 가능성이 있다.

③ 특히 동양권에서 상담자가 질문을 많이 하면 공격적으로 여겨져 내담자는 방어적인 태도를 가질 수 있다(홍경자, 2001).

2) 질문의 종류

(1) 개방형 질문

개방형 질문(open question)은 내담자의 명확한 답보다 내면에서 일어나는 것들을 탐색하도록 격려하는 것으로써, 내담자가 자신의 생각과 느낌을 명확히 하거나 탐색하도록 격려하는 것이다. 상담자는 내담자의 반응을 "예 / 아니오" 또는 한 두 마디의 대답으로(혹 내담자가 그런 식으로 반응할지도 모르지만) 끝나지 않도록 주의하면서 질문해야 한다. 내담자가 자신의 생각과 느낌을 명확히 하고 탐색하도록 하는 질문이 바람직한 질문이다(Hill & O' Brien, 2001).

이를 위해 다음과 같이 질문할 수 있다.

- who: 내담자는 어떤 사람인가? 내담자의 개인적 배경은 어떠한가?

- what: 문제가 무엇인가? 어떤 일이 일어났는가?

- when: 문제는 언제 발생했는가? 언제부터 시작되었는가?

- where: 문제가 발생한 장소는 어디인가?

- how: 내담자는 그 문제에 대해 어떻게 느끼는가?

- why: 그 문제가 일어난 이유는 무엇인가?

- what else: 그 외에 빠뜨린 사항 또는 언급되지 않은 이야기는 무엇인가?

다음은 개방적 질문의 예다.

- **탐색 격려하기**: "오늘은 무엇에 대하여 이야기하고 싶으세요?"

- **기대 탐색하기**: "오늘 상담 시간에 기대하고 있는 것이 있다면 무엇인지요?"

- **문제의 다른 부분 탐색하기**: "이 상황이 당신이 겪었던 다른 경험들과 어떻게 다른지 말씀해 주시겠어요?"

- **의미 탐색 및 탐색 요구하기**: "그 말이 무엇을 의미하지요?", "그것에 대하여 좀 더 이야기해 주세요."

- **사고의 탐색 격려하기**: "당신은 그때 무슨 생각을 했는지 좀 더 이야기해 주세요.", "당신이 그녀에게 주고 싶은 메시지는 무엇입니까?"

- **감정 탐색 격려하기**: "당신이 그때 어떤 감정을 느꼈나요?"

- **예를 요구하기**: "이런 당황스러운 감정을 느낀 최근의 예를 들어주시 겠어요?"

(2) 직접 질문과 간접 질문

직접 질문은 직선적으로 물어보는 것이며, 간접 질문은 넌지시 물어보는 것이다(김환, 이장호, 2008).

- **직접 질문**: "낮에 일하고 밤에 공부하는 것은 고된 일입니다. 그렇지 않습니까?"
  간접 질문: "낮에 일하고 밤에 공부한다는 것은 확실히 고된 일일 겁니다."

- **직접 질문**: "당신은 그런 상황에 대해 어떻게 생각하십니까?"
  간접 질문: "당신이 그런 상황에 대해 어떻게 생각하시는지 궁금합니다."

- **직접 질문**: "우리가 상담을 시작한 지 30분이 지났습니다. 지금까지 한 이야기 말고 하고 싶은 이야기가 더 있습니까?"
  간접 질문: "우리가 상담을 시작한 지 30분이 지났군요. 그밖에 다른 것에 관해서 하고 싶은 이야기가 있을 것 같은데요."

3) 질문의 유의사항

너무 많은 질문을 하는 것은 내담자를 당황하게 만들 수 있으므로 조심해서 사용해야 하며 다음은 질문 사용에 있어 유의해야 할 점들이다.

① 폐쇄형 질문은 상담자의 질문에 생각 없이 단순히 대답하도록 만들기 때문에 가능한 개방형 질문으로 내담자 자신이 실제로 느끼는 감정이나 생각을 표현하도록 한다.

② "~하게 생각하지 않으십니까?"와 같이 상담자가 자신의 의견을 진술하면서 그것을 질문의 형태로 전하는 경우는 바람직하지 못하다.

③ "왜"라는 질문은 내담자가 공격을 받는다는 느낌을 준다. 그리하여 내담자를 방어적이고 불편하게 만들 수도 있다.

④ 질문을 하는 사람이 주로 대화를 주도해 나가기 마련이므로, 자칫하다가는 질문을 던지는 상담자의 의도대로 상담의 주제가 다루어진다는 점을 유념하자.

⑤ 이중적인 질문, 즉 길게 두세 가지 답을 한꺼번에 하도록 묻는 질문은 피하도록 한다.

실습

세 사람을 한 조로 하여, 한 사람은 일주일 동안 있었던 사건 중에서 자기 탐색이 필요한 사건을 진솔하게 이야기한다. 다른 한 사람은 이야기를 듣고 질문하는 역할을 하고, 나머지 한 사람은 평가하는 사람의 역할을 한다.

한 번의 역할이 끝나면 시계방향으로 역할을 바꾸어 차례로 실시한다. 연습이 끝나면 어떤 질문이 더 깊은 자기 탐색이 이루어지게 했는지, 조별로 솔직하게 평가하는 시간을 갖는다.

실습 후의 느낌 및 통찰

4. 직면

1) 직면의 개념

직면이란 사람을 돕고자 하는 선한 동기를 가지고 상대방이 미처 보지 못하고 있는 자신의 문제를 볼 수 있도록 깨우침을 주는 것이다. 즉 정직한 일깨움을 통해 자기의 문제 상황에 묶여 성숙한 삶을 살지 못하게 하는 기존의 문제 사고와 행동 양식을 변화시킬 수 있도록 하는 것이다. 이것은 자신에게 도전하게 하는 것으로 기독교인은 하나님의 자녀로서 온전하신 예수님의 모습을 닮도록 돕는 과정이라 할 수 있다(심수명, 2018).

직면은 사람들이 자신의 문제 상황에 대해 더욱 객관적 시각을 가지도록 서로 권하며(롬 15:14), 지혜로 피차 가르치며 권면하는 것이다(골 3:16). 그래서 일관되지 않거나 불일치한 행동을 교정하여 스스로 자기 삶을 책임지게 하는 것이다. 직면이 필요한 인간의 행동에는 역기능적 정신 자세, 자기 제한적인 내적 행동, 그리고 외적인 문제 행동 등이 있다. 이러한 것들이 바로 맹점이다. 맹점이란 내담자가 보지 못하거나 보려고 하지 않는 자기 제한적인 사고 및 행동 양식을 말한다.

이러한 문제들을 고치고 변화시키기 위해서는 다음과 같이 해야 한다.

첫째, 내담자가 가지고 있는 '구태의연하고 자기 제한적인 정신 자세와 역기능적 시각'을 고쳐야 더 자유롭고 성숙한 삶을 살 수 있음을 일깨워주어야 한다.

둘째, 내담자로 하여금 자기 제한적이고 자기 패배적인 '내적 행동'들을 바꾸는 것이 더 바람직함을 알게 해주어야 한다.

셋째, 내담자로 하여금 자기 패배적인 '외적 행동'들에 대해 도전하고 변화시키도록 해야 한다.

직면이 필요한 이유는 아주 다양하지만 여기에서는 신앙적 관점을 통합하여 4가지로 제시하고자 한다(심수명, 2018).

첫째, 사람은 타락하여 본성적으로 악한 면이 있다. 사람은 그 자신이 아무리 선과 진실을 추구하고 싶어도, 자기 자신도 모르게 자신의 악을 숨기는 기만성과 간교함, 그리고 방어기제가 있다. 그러므로 자신이 보지 못하는 그림자를 볼 수 있도록 도움을 주어야 한다.

둘째, 사람은 자기의 경험을 가지고 남을 투사하면서 타인의 삶을 판단하는 어리석음이 있다. 타인을 향한 우리의 해석이나 판단은 단지 자신의 기준일 뿐이다. 그러므로 개인의 경험을 절대화하여 남을 비판하지 않도록 절대적 원리인 성경의 가르침 앞에 낮아져야 한다.

셋째, 사람들이 자신의 문제에 대해서는 객관적 시각을 놓쳐버리고 감정적으로 행동하는 경향성이 있으므로 주관적인 감정에 따라 행동하지 않도록 지도와 권면(직면)이 필요하다.

넷째, 동정심만으로는 진정한 삶의 변화를 일으키지 못한다. 그러므로 진실한 사랑의 마음으로 권면하여 연민과 부정적인 정서, 그리고 잘못된 사고와 행동 패턴에서 벗어나도록 도와야 한다.

2) 잘못된 직면

직면은 사람을 성숙시키는 면이 있지만 잘못하면 오히려 기분만을 상하게 하는 경우가 많다. 그러므로 잘못된 직면이 무엇인지 알고, 올바른 직면이 되도록 해야 한다.

(1) 비판

비판은 직면이 아니다. 비판하는 사람은 자신의 악은 덮고 자신의 문제를 전혀 보지 못하는 경향이 있다(마 7:1-5).[7] 비판하는 사람의 심리 저변에는 자기 의와 우월감이 가득 차 있다. 비판은 율법(도덕)주의에 빠질 가능성이 많다. 율법주의는 평가하고 판단하고 비판하고 지적하며 모든 것을 옳고 그름의 이원론적 시각으로 정죄한다. 판단의 기준이 자기 자신이며, 특히 자신의 감정과 기분이 판단의 근거가 된다. 그래서 자기 기분에 합당하면 수용하고 자기 기분에 합당하지 아니하면 배척해 버린다.

율법(도덕성)과 율법(도덕)주의는 다르다. 율법은 선과 악의 기준이 하나

---

7) 1. 비판을 받지 아니하려거든 비판하지 말라 2. 너희가 비판하는 그 비판으로 너희가 비판을 받을 것이요 너희가 헤아리는 그 헤아림으로 너희가 헤아림을 받을 것이니라 3. 어찌하여 형제의 눈 속에 있는 티는 보고 네 눈 속에 있는 들보는 깨닫지 못하느냐 4. 보라 네 눈 속에 들보가 있는데 어찌하여 형제에게 말하기를 나로 네 눈 속에 있는 티를 빼게 하라 하겠느냐 5. 외식하는 자여 먼저 네 눈 속에서 들보를 빼어라 그 후에야 밝히 보고 형제의 눈 속에서 티를 빼리라(마 7:1-5)

님이 주신 객관적이며 절대적 기준인 말씀이지만 율법(도덕)주의는 선과 악의 기준이 자기 자신이다. 율법(도덕)주의는 자기를 스스로 높이고, 자기의 판단만이 절대적으로 옳다고 생각하면서 자기 나름의 도덕 절대주의에 빠지기 때문에 여기에 사랑과 긍휼이 있을 수 없다.

기독교는 도덕과 규범 그 자체도 중요하게 생각하지만, 사랑을 보다 더 중요하게 생각하는 사랑의 종교이다. 사랑이 믿어지고 느껴질 때, 직면을 받는 그 순간은 수치스럽고 불안하지만, 대체적으로 편안하게 직면을 수용할 수 있게 된다.

(2) 훈계와 충고

훈계와 충고는 직면이 아니다. 훈계는 위에 서서 타인을 내려다보며 가르치고 지적하는 것으로써 이것은 상대방을 존경하고 섬기는 태도가 아니다.

최후의 만찬에서 가룟 유다에게 보인 주님의 태도를 보라. 그것은 사랑의 권고요, 돌이킴을 위한 호소며 책임을 촉구하는 사랑의 말씀이다(마 26:21-25).[8] 직면을 한다고 하면서 도발적인 말을 하거나 언성을 높이거나 삿대질을 하거나 눈을 부라리는 것은 비인격적인 태도다. 언제까지나 사랑의 말과 사랑의 태도여야 한다.

---

8) 21. 그들이 먹을 때에 이르시되 내가 진실로 너희에게 이르노니 너희 중의 한 사람이 나를 팔리라 하시니 22. 그들이 몹시 근심하여 각각 여짜오되 주여 나는 아니지요 23. 대답하여 이르시되 나와 함께 그릇에 손을 넣는 그가 나를 팔리라 24. 인자는 자기에 대하여 기록된 대로 가거니와 인자를 파는 그 사람에게는 화가 있으리로다 그 사람은 차라리 태어나지 아니하였더라면 제게 좋을 뻔하였느니라 25. 예수를 파는 유다가 대답하여 이르되 랍비여 나는 아니지요 대답하시되 네가 말하였도다 하시니라(마 26:21-25)

3) 직면의 어려움

인간은 기본적으로 자기중심성과 함께 유아적인 마음을 가지고 있기 때문에 직면 받는 것을 힘들어한다. 사람들은 '나를 사랑한다면 나의 잘못을 무조건 수용해 주고 덮어주어야지, 지적하는 것은 사랑하지 않는 거야.'라는 왜곡된 심리를 갖고 있다. 그래서 직면을 받으면 자신을 사랑하지 않는다는 생각이 들면서 마음이 힘들어진다.

또한 자기애적 욕구가 있는 사람은 자신이 부족함이 없는 완전한 존재이기를 바라는 심리가 있다. 그렇기에 미처 생각하고 있지 못한 부족한 모습에 대해 직면을 받으면 지적받는 부분만 잘못되었다고 생각하는 것이 아니라 자신의 존재 자체가 잘못되었다고 해석을 하여 직면을 힘들어한다.

그러므로 완벽주의적[9] 사고를 가지고 있는 사람(자기가 성취한 일로 자신과 남을 평가하는 사람), 과도한 인정욕을[10] 가지고 있는 사람(인정욕구에 인생의 전부를 걸고 인정을 받을 때 존재감을 느끼는 사람), 통제욕구가[11]

---

[9] 완벽주의의 저변에는 완전하지 않으면 수용될 수 없다는 생각이 자리 잡고 있는데, 그것은 열등의식과 자신감의 결여 때문이다. 이들은 끝없는 완전에의 욕구를 가지고 있으며, 그 내면에는 자신의 부족을 인정하지 않으려는 마음이 가득하다. 따라서 직면 받을 때 엄청난 저항이 있고, 더 나아가 직면 내용이 인정되면 '내가 무엇을 또 잘못했나? 내가 이 정도밖에 안되나' 라고 자신에게 실망한다. 인간은 완벽한 존재가 될 수 없음을 인정하고 완벽하지 않더라도 수용할 수 있는 통합능력을 키우기 위해 노력해야 한다.

[10] 다른 사람의 인정을 기대하고 살면 끊임없이 남의 인정에 집착하며 살게 된다. 타인의 인정에 집착하는 것은 삶의 주도권을 타인에게 주고 사는 것과 같다. 인정욕구가 강한 사람은 직면을 받아들이지 못한다. 타인에 대한 인정욕을 버리도록 노력하고 스스로 자신을 인정하는 훈련과 함께 타인의 직면을 수용하는 노력이 필요하다.

[11] 통제욕이 강한 사람은 자기가 통제할 때만 기쁨을 느낀다. 따라서 지도자로 있기 원하고 다른 사람이 자기의 말을 따라주지 않을 때 좌절하고 거절감을 느낀다. 통제욕은 권력욕으로 나타나는데 꾸준히 훈련하여 남을 통제하려는 욕구를 버리고, 반대로 상대방의 말을 수용하는 연습이 필요하다.

많은 사람(타인을 신뢰할 수 없기 때문에 타인을 자신이 원하는 대로 통제하려는 사람)은 직면을 받는 것이 나를 거절하거나, 나를 인정하지 않는 것이 아님을 알고 직면이 얼마나 유익한지 인식하는 연습이 필요하다. 때로 상담자가 직면을 하지 못하고 회피할 때가 있는데, 그 이유는 다음과 같다.

첫째, 남에게 상처를 주지 않고 '너도 편하게 살고 나도 편하게 살자'는 피상적이면서도 안이한 대인관계 양식을 가지고 있기 때문이다. 인간은 자신의 문제를 스스로 고치기 어렵기 때문에 사랑의 직면은 성장을 위한 고통의 과정임을 인식해야 한다.

둘째, 내가 다른 사람을 직면하면 나 또한 직면 받을 수 있다는 두려움을 가지고 있기 때문이다. 다른 사람을 직면한다면 그가 나를 좋아하지 않을 것이라는 염려 때문인데 이것은 사람들의 인기에 영합하려는 마음이므로 비소유적 사랑의 연습이 필요하다.

셋째, 직면을 하다가 다른 사람에 대한 부정적 생각이나 공격성이 넘쳐흐르거나 어설픈 직면으로 사람에게 상처를 주거나 피해를 주지 않을까 우려하기 때문이다.

4) 직면의 내용

직면의 내용은 여러 가지가 있을 수 있으나 다음과 같은 직면이 효과적인 직면이 될 수 있다.

(1) 불일치의 모습

첫째, 과거에 한 말과 지금 하는 말의 내용이 다를 때이다. 사람들은 성장과 변화를 위해 노력하겠다고 약속하지만, 도중에 마음이 바뀌거나 불편한 일이 생기면 약속과는 다른 행동을 하거나 말을 할 때가 있다. 이럴 때 그 차이를 알려줌으로써 그의 진정한 의도나 속마음을 노출시킬 수 있다.

둘째, 말과 행동이 불일치할 때이다. 누구나 그렇듯이 자신의 말과 행동이 일치하기란 쉽지 않다. 그래서 이것을 대수롭지 않은 것으로 무시할 수도 있지만, 문제 해결 능력이나 성숙을 위해서 말과 행동을 일치시키는 것은 매우 중요하다.

셋째, 말한 내용과 그 내용에 대한 느낌이 다를 때이다. 사람들은 자신의 심리적 상태를 제대로 자각하지 못할 때가 많으므로 그가 말한 내용과 느낌은 서로 다를 수 있다. 이때 그것을 알려준다.

(2) 부정직한 모습과 숨기려 하는 것

사람들은 자기기만에 빠져서 불편을 느끼지 못하고, 잘하고 있다고 생각하면 이러한 행위를 계속하려고 할 것이다. 변화를 두려워하는 자신의 악이나 잘못을 숨기려고 연막을 칠 수 있다. 이러한 행위는 의도적일 수도 있고 비의도적일 수도 있으나 대부분의 사람은 자신을 속이려 하는 경향성이 있다. 그러므로 이것을 인정하고 버리도록 도와주어야 한다. 또한 변명하는 태도를 보일 수 있다. 변명은 게임이나 왜곡과 마찬가지로 생활 속에서 긍정적으로 활용되기도 하지만 여기에 속아주어서는 안 된다.

5) 직면의 과정과 방법

직면은 내담자에게 도전하는 것이고, 내담자의 생각의 흐름을 끊고 모순이 있다고 지적하는 것이기 때문에 매우 신중하게 준비해야 한다. 직면을 할 때는 내담자가 직면을 받을 준비가 되어 있는지 살펴보아야 한다. 즉 상담자는 내담자가 직면을 감당할 만큼 상담 관계가 신뢰롭고 튼튼한지 살펴보아야 한다. 내담자가 안전하게 느끼는지, 오늘 기분이 좀 괜찮은지, 감정이 차분한지, 상담자를 믿고 따르는지를 살펴보아야 한다. 그리고 던져놓고 끝내는 것이 아니라 사후관리를 잘해야 한다. 즉 내담자가 그 직면을 잘 수용할 때까지 부드럽게 후속 대응을 해 줘야 한다. 저자는 직면의 과정과 방법으로 다음의 5단계를 제시하고자 한다.

● **1단계: 관찰과 정보**(보고 들은 것이 무엇인가?)

직면을 할 때는 첫 단계로 내담자를 잘 관찰해 보아야 한다. 내담자에게 있는 모순과 불일치가 어떤 것인지 꼼꼼히 체크해 본다. 내담자가 자신의 입으로 양가감정이 있다거나 모순이 느껴진다거나 혼란이 느껴진다고 말하는 것(정보)을 가지고 직면을 한다. 내담자의 방어나 비합리적인 생각을 주의 깊게 관찰하고 경청하면서 직면하고픈 욕구가 있어도 일단 증거가 모일 때까지 기다려야 한다. 그러면서 언제 이야기할지 타이밍을 기다려야 한다. 내담자의 준비 정도를 고려해서 어떻게 직면을 제시하는 것이 적절할까를 정해야 한다. 직면을 위한 충분한 증거, 기초자료가 모여 있더라도 내담자의 준비 정도를 점검하지 않으면 안된다.

● 2단계: 상담자의 사고(어떻게 생각하는가?)

내담자가 한 말이나 태도나 행동에 대한 상담자의 생각을 솔직하게 표현한다. 즉 직면을 제시할 때는 상담자가 가지고 있는 생각을 분명하고 솔직하게 표현해야 한다. 이때 직면은 비판적이 되어선 안 되고, 내담자 스스로 자신의 불일치를 탐색할 수 있고 그것을 관찰하는 것을 격려할 수 있는 방식으로 제시해야 한다. 그래서 상담자는 예의바르고 신중한 방식으로 직면을 해야 하며, 내담자가 이를 어떻게 느끼는지 후속 반응을 관찰해야 한다. 가끔은 직면했을 때 내담자가 얼른 알아차리지 못할 수도 있는데, 이런 경우에는 조금 다른 방식으로 시도하여 내담자가 알아차릴 수 있게 해 주어야 한다.

● 3단계: 상담자의 감정(어떻게 느끼는가?)

내담자에게 직면하고자 하는 내용에 대해 상담자의 생각과 함께 어떤 감정이 드는지 감정을 포함하여 직면을 제시한다. 이때 부정적인 감정이 들었을 때 나 메시지("저는 이러한 느낌이 들었습니다.")로 표현하며 가능한 이 감정이 잘 전달되도록 명확하게 표현하는 것이 좋다. 애매모호한 표현은 속으로 더 부정적이 되게 할 수 있다.

● 4단계: 소망 제시와 반응 관찰하기

내담자에게 원하는 것, 바라는 것, 고쳤으면 하는 점을 솔직하게 표현한다. 직면은 내용보다 형식이 중요하다. 상담자는 잘못된 것을 꼬집는 태도가 아니라, '이런 부분은 한 번 검토해보면 좋겠다.'는 식으로 부드럽고 예의바르며 신중하게 전달해야 한다. 어떤 상담자는 직면할 때 내담자가 화를 낼 까봐 미안한 태도로 전달하는데 이러한 태도는 바람직하지 않다. 과학자처럼 중립적이고 담담한 마음으로 제시를 해야 하고, 완곡하게 돌려서 이야기하지 말고 결단력 있게 제시하는 것도 중요하다 (김환, 이장호, 2008).

그리고 직면을 받은 내담자의 반응이 어떠한지 관찰해야 한다. 내담자는 상담자의 직면을 곰곰이 생각해 볼 수도 있고, 수용을 못하여 화를 낼 수도 있다. 내담자가 부정적이면서도 강한 반응을 보이더라도 상담자는 놀라지 말고 부정 반응을 인정하고 수용해주는 태도를 보여야 한다. 상담자는 직면이 옳은 것이기 때문에 당신이 받아들여야 한다고 강요해서는 안 되며, 그 직면에 대해서 내담자가 어떻게 반응하는지 살펴 내담자의 생각과 느낌에 공감하려는 자세로 재빨리 전환해야 한다.

● 5단계: 자기 관찰

마지막으로 직면을 한 다음에는 상담자는 자기 자신에 대해 살펴보아야 한다. 즉 자신이 왜 직면을 하려고 하는지를 살펴봐야 한다. 직면을 통해서 상담자는 무엇을 이루고자 하는지, 혹시 상담자 자신이 짜증나서 그런 것은 아닌지, 내담자에게 화가 났거나 기분이 나빠서 그런 것은 아닌지를 살펴보아야 한다. 직면이나 해석과 같은 적극적인 개입은 상담자 자신도 모르게 내담자를 공격하는 수단이 될 수 있다. 상담자는 자신에게 도전하는 버릇없는 내담자에게 직면을 핑계 삼아 야단치려는 것은 아닌지 늘 자기 성찰을 해야 한다.

위와 같은 직면의 과정과 방법을 통한 예를 들면 다음과 같다.

상황: 자꾸 모임에 지각하면서 주변 사람들에게 불편을 주는 어떤 분이 있었다.

● 1단계(관찰과 정보)

당신이 다섯 번의 모임 중 3번을 약 10-30분 정도 늦게 오면서 약간 화가 난 모습으로 모임 장소에 들어오는 모습을 보았습니다.

● 2단계(나의 생각)

제게는 당신의 그런 모습이 시간 관리를 잘못하는 것으로 보이고 부정적인 감정을 다른 사람에게 전해주어 다른 사람에게도 불편감을 주는 것으로 이해가 되었습니다.

● 3단계(나의 감정)

그래서 저는 당신에 대해 불편한 마음과 함께 판단하는 마음이 들면서 당신의 행동이 모임을 방해하는 것으로 생각되어 부정적인 마음이 들었습니다.

● 4단계(소망/반응 관찰)

저의 바람은 당신이 바쁘시더라도 시간을 잘 지켜 주셨으면 좋겠고, 혹 늦게 오시더라도 부정적인 감정으로 분위기를 해치지 않았으면 좋겠다는 것입니다. 그러면 당신이 더 멋있어 보일 것 같고, 오히려 늦게 와도 불편한 마음이 작을 것 같습니다. 제 이야기(또는 직면)를 듣고 어떤 심정이 드시는지요? 혹 불편하지는 않으신지요?

● 5단계(자기 관찰)

자신의 마음은 어떠한지, 자신에 대한 심리를 관찰한다.

다음 과정에 따라 내용을 작성해보고 직면을 실습해보자.

---

1) 타인에 대해 관찰한 내용(행동패턴, 사고패턴, 경험한 사실 등의 정보)은?

---

2) 그것(행동)에 대한 나의 생각은?

---

3) 나의 감정은?

---

4) 바라는 것(소망, 기대)은 무엇이며. 직면을 받은 사람의 반응은 무엇인지?

5) 특별히 왜 이 사람을 직면했는지 자신의 내면의 동기를 탐색해 보면?

상담 슈퍼비전 시간 외에도 가족이나 가까운 사람들과의 관계에서 도움을 받거나 도움을 줄 때 어떤 방식으로 관계하는지 적어보고, 얻은 깨달음이 있다면 적어 보자.

7장

상담 개입 기술 I

상담 개입 기술 중 감정 반영 및 감정 탐색은 중요한 작업 중 하나이다.
감정 반영은 내담자의 언어적, 비언어적 반응에서 보이는 감정을
상담자가 내담자에게 거울을 비추듯 표현해 주는 것이다.
상담자는 매 순간 내담자의 감정이 어떠한지
탐색하기 위해 노력해야 한다.

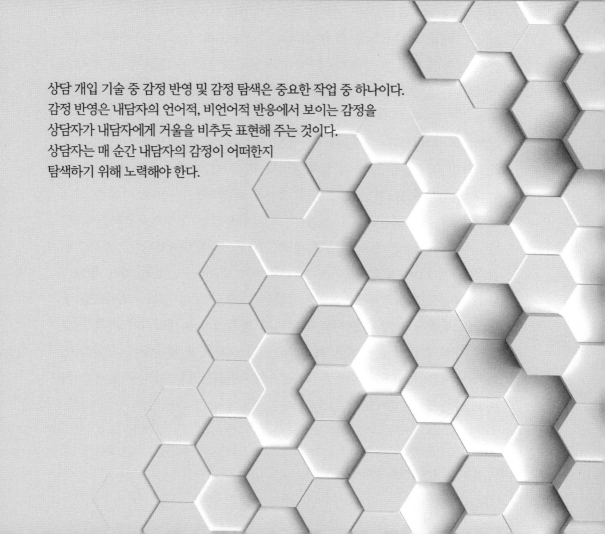

1. 감정 반영

1) 반영의 중요성

반영(mirroring) 기법은 감정 반영이라고도 하는데 이것은 내담자의 언어적, 비언어적 반응에서 보이는 감정을 상담자가 내담자에게 거울을 비추듯 표현해 주는 것이다. 감정 반영의 목적은 첫째, 말하고 있는 내담자로 하여금 지금 자신이 하고 있는 말을 좀 더 잘 인식하도록 하기 위하여, 둘째, 내담자가 느끼고 있는 느낌을 상담자가 알고 있다는 사실을 그에게 의사소통해 주기 위해서다(이형득 외, 2003). 상담자가 내담자의 말이나 마음을 반영해 주면 내담자는 자신의 느낌을 좀 더 분명히 자각하는 데 도움이 된다.

대부분의 사람들은 부정적인 감정을 느끼는 것을 힘들어한다. 그런데 부정적인 감정을 표현하지 않으면 부정적 감정은 해소되지 않은 채 무의식에 저장되고, 그것과 연관된 사건도 부정적으로 남아 미해결 과제로 내담자를 괴롭힌다. 그 결과 여러 부적응적인 문제가 나타날 수 있다. 과거와 비슷한 사건이 현재에 재현되면 실제 상황보다 더 부정적인 감정이 생기고(억압된 부정감정까지 합해지기 때문에), 이것이 계속 쌓이다 보면 폭발적으로 화를 낸다거나 슬픔에 사로잡힐 수 있다. 그러므로 상담자는 부정적 감정을 느끼고 표현하기 힘들어하는 내담자가 자기도 모르게 자신의 감정을 표현할 때 그것을 잘 포착하여 내담자가 자신을 이해하는 시간이 되도록 순간순간 나타나는 미묘한 감정까지도 잘 알아차리고 반영해 주어야 한다.

2) 반영의 방법

상담자가 감정 반영을 잘하기 위해서는 언어적 메시지와 비언어적 메시지를 함께 경청할 수 있어야 한다. 이런 점에서 경청과 함께 공감을 잘하는 경우 감정 반영을 잘 해 줄 수 있다. 반영은 내담자가 전달하고자 하는 메시지와 감정을 그가 전달한 그대로 다시 알게 해주는 것으로, 거울처럼 비추어준다는 점에서 경청이나 공감과는 차이가 있다.
이때 내담자가 말한 것을 그대로 반영해 준다고 해서 내담자의 말을 그대로 되풀이하면 안 된다. 효과적인 반영은 내담자가 느끼는 감정을 가장 적절한 단어로 표현해 주면서, 내담자의 정서적 정화를 고무시키고 내담자가 상담자의 반영을 통해 자신의 감정을 스스로 명료화하고 이해할 수 있도록 해야 한다. 그래서 내담자가 전하고자 하는 메시지에 집중하면서도 그 메시지와 함께 느낌도 이해하고 있다는 사실을 알려주는 것이 바람직하다.

상담자가 감정 반영 기술을 사용하기 위한 전제조건은 내담자가 언어적이든 비언어적이든 감정을 표현해야 한다는 것이다. 그러나 감정을 표현하는 것은 생각보다 쉽지 않다. 긍정적인 감정이 아닌 부정적인 감정을 표현하는 것은 내담자에게 매우 부담스러운 일이다. 특히 중요한 대상(부모님이나 가족)과 관련된 부정적 감정을 표현하는 과정에서 내담자들은 상당한 딜레마를 경험한다(이수현, 최인화, 2020). 가족에 대하여 부정적인 감정을 표현할 때 뭔가 불편하고 뭔가 미안하고 죄책감을 느끼기도 한다. 그래서 표현하고 싶어도 억압하고 잊어버리거나 피상적으로 처리해버리고 일반화('남들도 다 힘든데 뭐⋯⋯.')하고 싶은 마음이 든다.

그래서 상담자는 내담자가 부정적인 감정을 좀 더 편안하게 표현할 수 있는 마음을 가질 수 있도록 노력해야 한다. 예를 들어, 내담자에게 사랑하는 가족에 대하여 부정적인 감정을 표현하는 것은 가족을 비난하고 나쁘다고 말하는 것이 아니라 자신이 느끼고 경험한 바를 표현함으로써 내가 얼마나 힘이 들었는지, 그리고 나에게 어떠한 영향을 미쳤는지 알기 위한 과정일 뿐, 가족을 나쁘게 보려는 것이 아님을 친절하고 부드럽게 (여러 번) 설명해 주는 것이 좋다.

2. 감정 탐색

1) 감정의 중요성

상담자에 따라 각기 다른 상담 이론을 적용해서 상담을 하지만, 내담자의 감정 탐색을 통해 많은 것들을 알아낼 수 있기 때문에 감정 탐색은 중요한 작업에 속한다. 상담을 할 때 상담자들은 내담자가 말하는 내용뿐 아니라 감정이 어떠한지 잘 경청해야 한다. 내용에 집중하느라 감정을 놓치게 되면 많은 것을 놓치게 되므로, 상담자는 매 순간 내담자의 감정이 어떠한지 집중하고 탐색하기 위해 노력해야 한다.

상담자가 감정을 잘 탐색하기 위해서는 언어적 메시지와 비언어적 메시지를 함께 경청할 수 있어야 한다. "정말 화가 나 미치겠어요. 그 인간은 사람도 아녜요."와 같은 언어적 표현에서는 내담자의 분노감정을 쉽게 알아차릴 수 있다. 그러나 비언어적 반응, 즉 갑자기 아무 말도 안하거나, 숨이 가빠지거나, 얼굴이 상기되거나, 목소리가 변하는 경우에는 이러한 반응이 무슨 감정을 나타내는지 모르고 지나갈 수가 있다. 이러한 비언어적 메시지에 대해 상담자는 주의 깊게 관찰하고, 상담자가 느낀 것에 대해 확인을 하는 작업을 거쳐야 한다. 즉 "아까 남편과 이혼하고 싶다고 하셨을 때, 잠시 침묵하시고 목소리가 가라앉으셨는데, 이혼은 하고 싶지만 아직 불안하거나 정리되지 않은 감정들이 있는 건 아니신가 하는 생각이 들었는데요. 어떤 마음이신지요?" 이러한 피드백을 통해 겉으로 표현되지 않은 자신의 감정을 탐색하도록 도와주어야 한다.

또한 감정은 마음으로 느껴지기도 하지만 몸으로도 체험되기 때문에 신체 내에서 어떤 변화들이 있는지 탐색하는 것도 필요하다. 다양한 신체 및 생화학적 변화(호흡과 맥박이 빨라짐, 근육수축, 혈액순환이 빨라지고 체온 급상승, 신체의 흥분, 혈액으로 아드레날린이 방출, 경각심 증대)가 일어나는 것은 감정의 신호라고 할 수 있다.

2) 감정 만나기

일반적으로 의사소통을 하는 두 사람 사이에 순간적으로 발생할 수 있는 네 가지 방향의 감정이 있다.

① 나 스스로에게 느끼는 기분

② 내가 상대에게 느끼는 기분

③ 상대가 나에게 느낄 것이라고 추측되는 기분

④ 상대가 스스로에게 느낄 것이라고 추측되는 기분

자신의 감정과 기분을 느끼고 그것을 말로 표현하는 것만으로도 마음이 시원해지고 억압된 것이 풀리는 경험을 할 수 있다. 그러나 감정 표현이 억제되어 심리적으로 과묵하든지 자신을 억압하게 되면 자신도 어색할 뿐 아니라 대인관계나 하나님과의 관계에까지 어려움을 갖게 된다. 또한 이로 인해 생리적인 문제뿐 아니라 심인성 질환으로까지 발전하기도 한다.

유교 문화는 감정을 억압하는 것이 바람직하다는 가치관을 가지고 있어서 유교문화의 지배를 받는 한국인의 경우, 원망과 분노가 많다. 억압은 정서를 무감각하게 만든다(그래서 정서적 한센병이라 부르기도 한다). 억압된 감정은 아무런 문제가 없어 보이지만 나중에 억압을 뚫고 나오면 본래의 감정보다 강하게 표출되는 경향이 있다. 그래서 억압하고 쌓아둔 감정은 후에 더 큰 문제로 나타나곤 한다. 즉 억압하며 참고 있다가 어느 순간 자기도 모르게 한꺼번에 분노가 폭발하여 한순간에 관계를 단절하거나 적대적이 되곤 한다. 이처럼 감정 억압은 관계를 파괴시키는 역할을 한다.

사람들은 대부분 생각과 감정을 구별하지 않고 혼용하고 있다. 가령 어떤 내담자가 무표정하고 담담하게 아래와 같이 이야기했다고 하자.

"제가 교통사고로 아내를 잃은 지 넉 달이 됩니다. 그런대로 직장생활은 잘 하고 있는데 두 달 전부터 웬일인지 불면증과 식욕부진에다 직장일에 집중하기 힘든 문제가 생겼습니다. 정신이 멍하고 딴 데가 있습니다. 제가 유령 같은 느낌이 들어요. 가사 일은 저의 어머님이 꾸려주시고 아들도 그런대로 무난하게 지냅니다."

이 경우처럼 감정 표현에 서투른 내담자를 대할 때 상담자는 먼저 내담자의 생각에 공감해 주고 나서 그다음에 감정을 읽어주는 것이 필요하다.

"선생님께서는 아내를 잃고 나서 그런대로 적응하는 줄 알았는데, 식욕부진, 수면장애, 주의집중이 안 되는 문제가 생겼다고 생각하시는군요." 라고 요약해 주고 나서 "선생님께서 정상적인 생활을 하고 있는 것 같지만 이러한 신체 증상이 생기는 것은 아마도 아내를 잃은 충격으로 마음속에 큰 슬픔이 쌓여있을 것입니다. 몇 달을 울어도 풀리지 않고 아마도 몇 년은 지나야 슬픈 감정에서 헤어 나오실 수 있을 것입니다." 라고 덧붙여 줄 수 있다.

상담자는 내담자에게 감정을 인식하고 표현하는 작업의 중요성에 대해 충분히 설명해 주어야 한다. 다음과 같은 내용을 언급하면 도움이 될 것이다.

"인간은 희로애락의 감정을 느끼고 살아갑니다. 일이 잘 안될 때에는 누구나 화가 나고 속이 상하기 마련이지요. 자기가 느끼는 감정을 인식하고 표현하는 것이 정신건강에 유익하고 정상적입니다. 그러나 자신의 감정을 억압하면 자신에게 해로우며 인간관계에도 피해가 가게 됩니다. 희로애락의 감정을 표현하되 파괴적으로 하지 않고 그 감정에 지배되지 않는 것이 중요합니다. 상담 시간에는 그간 억압해 왔던 자기의 감정을 먼저 인식하고 표현하도록 도와줄 것입니다. 그래서 마음의 평화와 감정을 조절하게 해 줄 것입니다. 다른 사람과의 관계에서 감정 표현을 적절하게 하여 관계를 회복하며 좋은 방향으로 대인관계를 맺는 기술도 알려드릴 것입니다. 그래서 앞으로 상담시간에 저(상담자)는 가끔씩 당신(내담자)의 느낌을 확인해 볼 것입니다. 그리고 당신이 자기감정의 인식과 표현에 익숙하도록 안내할 것입니다. 그것이 상담에서 얻게 될 소득 중의 하나거든요(홍경자, 2001)."

사람들은 대부분 부정적인 감정에 대해서는 표현하거나 인정하는 것 자체를 매우 힘들어한다. 그러나 건강한 삶은 현재 일어나는 자신의 감정을 매 순간 알아차리며 다스리는 것이다. '생각'은 우리의 길을 이끌고, '감정'은 우리 삶의 동력으로써 온전한 삶을 사는 데 필요한 에너지를 준다. 이 때문에 감정을 회피하고 감정을 억압하면, 대개 삶의 활력을 잃어버려 우울증이나 심인성 질환 등 각종 질병으로 발전하게 된다.

감정을 느끼며 산다는 것은 나의 감정이 느껴지는 대로 말하며 "내 멋대로 살자."와 같은 슬로건 아래 감정에 지배당하는 삶을 살라는 뜻이 아니다. 기독교적 입장에서 감정을 표현한다는 것은 자신의 감정을 있는 그대로 인정하고 충분히 느낀 다음, 자신의 신앙 규범에 따라 감정을 다루어가는 것이다.

3) 감정 탐색의 과정

내담자가 다음과 같은 말을 했을 때 어떻게 감정을 탐색하면 되는지 단계별로 설명해보면 다음과 같다.

"제가 생각해도 저는 웃기는 녀석입니다. 의지도 무척 약하고요, 매년 한두 번씩 금주, 금연하겠다고 결심하고서는 사흘이 못 가서 다시 술 먹고, 담배 피우고 합니다. 사내 녀석이 의지가 굳어야 하는데…. 이제는 친구를 사귀기 위해서는 술, 담배가 필요한 것이라는 쪽으로 생각이 바뀌어 가고 있습니다. 사실 직장 생활을 하면서 술 안 마시면 친구 사귀기 어렵고 담배 안 피우면 손님 접대하기 참 어렵지 않습니까?"

첫째, 상대방이 표면적으로 이야기하는 내용을 듣고 사실을 확인한다.
"매년 한두 번 정도는 금주, 금연하겠다고 결심하고서는 사흘도 못 가서 다시 술 먹고, 담배를 피운다구요? 그리고 이제는 친구를 사귀기 위해서는 술, 담배가 필요한 것이라고 생각이 바뀌어간다는 이야기군요."

둘째, 상대방 이야기의 내면에 담겨 있는 의미를 알아듣는다.
"매년 금연, 금주하겠다고 결심을 하고서도 의지가 약해서 이제 술, 담배가 필요하다는 쪽으로 생각이 바뀌어간다는 이야기군요."

셋째, 상대방 이야기에 담겨있는 기분을 공감하고 수용한다.
"적어도 남자라면 의지가 굳어야 된다고 생각하는 데 금주, 금연을 하겠다고 결심을 하고는 사흘도 못 지키는 자신에 대해 참으로 실망되고, 내가 왜 이리도 의지가 약한가. 속이 상하고 답답하고, 창피한 느낌이 드시는군요. 그런데 실제로 사회생활 속에서 술, 담배를 하지 않고는 관계를 맺기가 쉽지 않다는 경험까지 하면서, 이제는 사회생활을 하려면 술, 담배를 해야만 되지 않겠는가라고 스스로 합리화 시키려는 자신의 모습이 못마땅하면서도 변명하고 싶기도 하고, 혼란스러운 모양입니다."

넷째, 상대방 이야기에 담겨있는 상대방의 성격을 확인한다.

"○○님의 이야기로 볼 때, 직장에서 맡은 손님들에 대한 접대를 중요하다고 생각하는 것으로 보아 직장인으로서 책임감도 강하고, 그러면서도 다른 사람들과의 관계를 중요하게 여기는 사회성도 있으신 것 같습니다. 또 한편 지속적으로 술, 담배를 끊어보려고 시도하는 것을 보면, 주변 사람들과의 약속도 중요하게 생각하는 분 같고, 본인 스스로 절제하고 통제하려는 욕구가 큰 분으로 보이는군요."

다섯째, 상대방 이야기에 담겨있는 숨은 뜻과 숨은 기분을 받아들인다. 또는 칭찬과 지지를 한다.

"○○님이 말씀하시는 걸 보면, 참 솔직한 분이라는 생각이 듭니다. 또 인간관계를 소중히 여기며, 사회성도 있으시고, 자신한테 중요하다고 생각되는 게 있어도 관계에 있어서 필요하다면 자기 것을 양보하고, 허용할 수 있을 정도로 융통성도 있으시고, 개방적인 면이 정말 ○○님의 남다른 점인 것 같습니다."

이러한 과정을 통해 자신의 감정을 탐색하도록 돕되 그 밑에 숨겨져 있는 핵심 감정이 무엇인지 찾도록 해야 한다. 일반적으로 사람들이 가지고 있는 핵심 감정은 대부분 다음과 같은 감정이 두드러지게 나타난다.

첫째, 두려움과 불안의 감정이다.

어린 시절, 상처받은 사건을 통하여 생기는 감정들은 보통 두려움과 불안이 지배적이다. 어렸을 때 우리에게 상처를 입힌 사람들은 성인들이었으며 그들은 힘을 가진 사람들이었다. 그때 그들을 두려워하는 것은 자연스러운 일이었으며, 그러한 두려움은 종종 오늘날의 우리가 경험하는 상황에도 영향을 준다. 그러나 현재는 내가 그를 감당할 수 있는 성숙한 존재임을 자각하고 두려움과 불안에 맞서야 한다. 이러한 감정은 대상도 없고 실체도 없는 하나의 감정에 지나지 않기 때문이다.

둘째, 죄책감과 수치심이다.

죄책감은 우리가 무슨 행동을 했는지에 관련이 있고, 수치심은 우리가 누구인지에 관련이 있다. 뭔가 잘못을 범하고 그것에 대해 기분이 좋지 않을 때, 그것은 죄책감이다. 잘못을 범했기 때문에 나는 문제가 많은 사람이라고 결론을 내린다면 그것은 수치심인 것이다. 때때로 자신의 행동을 뒤돌아보는 건강한 죄책감은 필요하다. 그러나 존재를 거절하는 느낌을 주는 수치심을 자극하면 인격적이며 성숙한 삶을 사는 데 어려움을 겪게 된다.

셋째, 분노의 감정이다.

우리가 고통스런 일을 겪으면 생기는 분노의 감정과 그러한 상처로 인해 생겨난 두려움, 죄책감, 수치심과 같은 감정들을 인식하기 시작할 때, 대개 오래지 않아 분노가 표면으로 끓어오른다.

따라서 자신의 감정과 연관된 감정이 두려움과 불안이라면 맞서 싸우는 용기가 필요하며, 죄책감이라면 건강하게 자신의 행동을 반성하는 기회로 삼아야 하고, 수치심은 자신의 행동과 존재를 분리하는 성숙함이 필요하다. 그리고 분노의 감정이라면 앞에서 언급한 것처럼 건강하고 긍정적으로 표현하는 연습이 필요한 것이다.

4) 감정을 표현하도록 돕는 과정

내담자는 기본적으로 감정을 억압하는 습성이 있으므로, 감정을 표현할 때는 다음의 내용을 설명하면 도움이 될 것이다.

첫째, 자기 안에 있는 감정을 있는 그대로 보고 받아들이도록 한다. 사소한 감정, 유치한 감정일수록 더 세심하게 신경을 써서 받아들이고, 불쾌한 감정이 있으면 그것을 억누르지 말고 있는 그대로 인정하도록 한다. 감정은 억누르면 억누를수록 격해지고 끝내 폭발하고 만다.

둘째, 부정적 감정일수록 더욱 더 용기를 내어 겉으로 표현할수록 그 감정을 해결할 수 있다고 설명하도록 한다. 부정적인 감정이라 해도 거부하지 않고 인정해 주고 소중하게 다루면 긍정적 힘이 될 수 있다.

셋째, 부정적 감정과 자신을 동일시하지 않도록 설명한다. '불같이 화가 난다 해도 그 화가 나 자신은 아닙니다. 내 안에 큰 슬픔이 있다 해도 그 슬픔이 나의 일부 감정일 뿐 나 자체는 아닙니다.'라고 설명해주면 자신을 부정적으로 생각하지 않으면서도 부정 감정을 표현할 수 있을 것이다.

5) 감정의 단어

감정의 단어는 굉장히 많은데 사람들은 감정을 소홀히 생각하는 경우가 많다. 여기에 나와 있는 감정의 단어를 보면서 자신이 주로 느끼는 감정에는 어떤 것들이 있는지 찾아보면 도움이 될 것이다(김형태, 2003).

(1) 기쁨에 대한 감정

가슴 벅차다	명랑하다	자신이 있다
가슴이 뭉클하다	몸 둘 바를 모르겠다	자유롭다
감격스럽다	반갑다	잘했다
개운하다	뽕 간다	좋다
쾌활하다	뿌듯하다	즐겁다
괜찮다	산뜻하다	짜릿하다
굉장하다	살 맛 난다	최고다
기똥차다	삼빡하다	캡이다
기분이 째진다	상쾌하다	태평하다
기분좋다	상큼하다	편안하다
기쁘다	생기있다	평온하다
끝내준다	시원하다	평화롭다
날아갈 듯하다	신난다	행복하다
흥겹다	신명난다	활기차다
짱이다	신바람난다	황홀하다
뛸 듯하다	안심된다	훈훈하다
마음이 가볍다	입이 찢어진다	훌륭하다
마음이 확 열린다	원이 없다	흐뭇하다
만족스럽다	유쾌하다	흡족하다

(2) 사랑, 정, 관심에 대한 감정

가까움을 느낀다	반했다	묘한 심정이다
감미롭다	보기 좋다	온순하다
감사함을 느낀다	사랑받은 느낌이다	온화하다
고맙다	사랑스럽다	우호적이다
관대하다	사랑을 느낀다	유혹받은 느낌이다
깨물어 주고 싶다	상냥하다	이해심이 있다
낙관적이다	애정을 느낀다	인정받은 느낌이다
다정하다	소박하다	자비심이 있다
도와주고 싶다	순수하다	자상하다
애착이 간다	아름답다	정을 느낀다
따뜻함을 느낀다	안아주고 싶다	존경받은 느낌이다
멋있다	친숙하다	진실하다

(3) 자신감, 능력에 대한 감정

가소롭다(우습다)	성공감	자신감을 느낀다
감 잡았다	성실하다	자신 있다
강력하다	쉽다	자유스럽다
강한 느낌이다	신난다	재능 있다
건강하다	신뢰할 만하다	존경스럽다
낙관적이다	신중하다	중요하다
내가 필요함을 느낀다	씩씩하다	충실하다
능력있는 느낌이다	안전하다	튼튼하다
대단한 느낌이다	어른이 된 느낌	할 수 있다
대담하다	영웅적이다	협조적이다
마음이 든든하다	용감하다	확신하다
뭔가 이룬 듯하다	용기 있다	활발하다
믿음직하다	의기양양하다	훌륭하다

뿌듯하다	이겼다는 느낌이다	희망을 느낀다
살맛난다	자랑스럽다	힘을 느낀다

(4) 수치감, 죄의식에 대한 감정

창피하다	쑥스럽다	쥐구멍을 찾고 싶다
멋쩍다	어이없다	마음이 무겁다
미안하다	죄스럽다	죄책감을 느낀다
바보스런 느낌	한심하다	죄의식을 느낀다
부끄럽다	캄캄하다	아무도 만나고 싶지 않다
수치스럽다	죽고 싶다	치욕스럽다
모욕감을 느낀다	내 탓인 것 같다	

(5) 경악과 놀라움에 대한 감정

감격스럽다	당한 느낌이다	몸둘 바를 모르겠다
곤혹스럽다	당혹감을 느낀다	아찔하다
골 때린다	당황스럽다	어지럽다
골치 아프다	대단하다	정신이 번쩍 든다
기가 막힌다	덫에 걸린 느낌이다	충격받았다
기죽인다	뒤통수친다	판단받은 느낌이다
긴장을 느낀다	막다른 골목에 선 느낌	평가받은 느낌이다
길 잃은 느낌	머리칼이 곤두서다	화끈거린다
끔찍하다	멍해진다	흥분된다
놀랍다	모르겠다	피가 끓어오른다

(6) 분노, 증오에 대한 감정

개같은 느낌이다	미치겠다	서운하다	원망하다
거부하다	밉다	섭섭하다	유감스럽다
경멸을 느낀다	반감을 느낀다	성질난다	자포자기하다
고통을 느낀다	반발하다	세상이 싫다	저주하다
골치 아프다	밥맛 떨어진다	속상하다	저항하다
공격적이 된다	밥알이 곤두선다	귀찮다	떫다
괘씸한 느낌이다	방해를 느낀다	숨막힌다	나쁘다
구역질 난다	배반당한 느낌이다	신경질난다	죽겠다
속이 부글부글 끓는다	배신감이 든다	싫다	증오심
그저 그렇다	배척하다	심술부리다	지겹다
조종당한 느낌이다	부정적으로 보인다	쌀쌀하다	질투하다
눈에 핏발이 선다	분개하다	아프다	짜증난다
도전받은 느낌이다	분노를 느낀다	안 좋다	토할 것 같다
독기를 느낀다	분노가 끓어오른다	약이 오른다	핏대가 선다
적개심을 느낀다	분통이 터진다	얕보다	학대하다
마음에 안든다	불만이다	억울하다	한이 맺히다
마음 닫고 싶다	불쾌하다	역겹다	혐오감을 느낀다
모욕스럽다	뽀로통한 느낌이다	열받는다	화난다
무시당한 느낌이다	뻗친다	욕해주고 싶다	환멸을 느낀다
뭔가 저지르고 싶다	사람이 싫다	울분이 터진다	흥분된다

(7) 근심(걱정), 슬픔, 비애에 대한 감정

가슴 아프다	불쌍하다	혼자인 기분이다
가슴이 저린다	불안하다	앞이 안 보인다
가슴이 찢어진다	비관하다	애처롭다
가엾다	비난 받는다	억압되다
감정이 상하다	비참하다	염려하다

고독하다	비탄에 찬	외롭다
고민하다	상처받았다	우울하다
공허감이 든다	서럽다	울적하다
괴롭다	소외감이 든다	절망스럽다
그립다	속 썩는다	제외된 느낌이다
근심하다	슬프다	좌절감을 느낀다
낙담하다	실패감이 든다	착잡하다
눈물나다	쓰린다	처량하다
뒷전에 물러나고 싶다	쓸모없다	처참하다
모욕당한 느낌이다	쓸쓸하다	측은하다
미어진다	아련하다	침통하다
방황하다	아린다	캄캄하다
버림받은 느낌	아무 소용 없다	한스럽다
보잘 것 없다	안됐다는 느낌이다	허전하다
부서지다	안쓰럽다	혼란스럽다
불만족스럽다	안타깝다	

(8) 공포, 두려움, 불안에 대한 감정

간이 콩알만 해졌다	무시무시하다	전율을 느낀다
겁난다	벼랑에 선 느낌이다	절망적이다
겁에 질리다	부자연스럽다	쩔쩔매다
공포를 느낀다	불안하다	조바심나다
공포에 사로잡히다	섬뜩하다	조심해야겠다
긴장하다	소름끼친다	주눅이 들다
놀라다	소심하다	주저하다
당황하다	아찔하다	질린다
두렵다	안절부절못하다	초조하다
떨리다	압박감이 든다	큰 일 날 것 같다
몸이 떨린다	위협을 느낀다	피하고 싶다

무섭다	자신이 없다	흥분하다

(9) 의아한 감정

걱정스럽다	미궁에 빠졌다	잘 될까 걱정스럽다
기분이 묘하다	미칠 지경이다	왠일일까 하는 느낌이다
꼬였다	부담감을 느낀다	의심스럽다
감정을 잘 모르겠다	불안하다	의아스럽다
담담하다	불확실하다	이상하다
뒤가 켕긴다	양다리 걸친 느낌이다	이해할 수 없다
뒤틀린 느낌이다	생소하다	정리가 안 된 느낌이다
마음이 불편하다	마음이 급하다	조심스럽다
마음이 이상하다	아리송하다	혼란스럽다
막막하다	안개속이다	안심이 안 된다
뭔가 나를 막는다	안정감을 못 느낀다	확신이 안 선다
뭔가 틀렸다는 느낌이다	뭐가 뭔지 모르겠다	

1. 하향 화살표 기법

자기의 핵심 감정과 가치관을 파악하기 위해 하향 화살표 기법으로 탐색해
보자.

> 나는 불안하다. 불안하면 남편에게 무조건 전화를 건다.
> 이것은 무엇을 의미하는가?

↓

> 그것은 내가 남편에게 의지하고 싶다는 뜻이다.
> 내가 남편의 말을 들으면 안심이 된다는 뜻이다.

↓

> 남편의 말을 들으면 어떻게 안심이 되는가?
> 그것은 무엇을 의미하는가?

↓

> 그것은 남편이 나를 사랑하고 있다는 것을 확인하는 것이다.

↓

> 나는 남편의 사랑을 항상 확인하려고 한다.
> 나는 남편의 사랑을 믿지 못하는 것 같다.

↓

> 남편의 말을 듣고 있지 않으면 남편의 사랑을 믿지 못하는 것 같다.

↓

> 그것은 무엇을 의미하는가?

↓

> 나는 남편의 사랑을 받을 자격이 없는 사람이라고 생각한다.
> 아무도 나를 사랑해 주지 않을 것 같아 나는 불안하다.

나의 경우, 평소에 외면하고 억압하고 무시하고 표현하기 힘들었던 모습들을
떠올려 보고 하향 화살표 기법으로 부정적 감정과 연관된 것을 찾아보자.

↓

↓

↓

↓

↓

↓

↓

2. 감정과 연관된 사건 나누기

자신의 인생에서 기쁨이나 행복을 느낀 사건과 수치심이나 죄책감, 분노, 두려움을 느낀 사건을 떠올려 보고, 그것을 그림으로 표현해 본다.

긍정적인 감정:

부정적인 감정:

8장

상담 개입 기술 II

상담 개입 기술은 예술 작업과도 같이 어려운 일이지만
아름답고 고귀한 일이다.

1. 명료화와 요약

상담에서 내담자의 문제가 무엇인지, 내담자가 생각하고 느끼는 것이 무엇인지, 내담자가 원하는 것이나 원하는 관계는 무엇인지에 대해 구체적이면서도 명확하게 정리할 필요가 있다. 그렇지 않으면 상담의 목표를 달성하기가 쉽지 않다. 그래서 상담자는 내담자가 말하고자 하는 것이 무엇인지 정확하게 정리하고 확인하는 작업이 필요한데 이것을 명료화라고 한다.

명료화는 대개 다음과 같은 말로 표현이 된다.
"당신이 말하고 싶은 내용이 이것이군요. 이런 느낌이시군요?"
"지금 말씀하신 내용을 정리해보는 것이 유익할 것 같은데요. 지금 말씀하신 내용은 바로 ……인 것 같은데(또는 정리할 수 있을 것 같은데) 맞는지요?"

내담자: 이번에는 상담 오는 것이 너무 힘들고 귀찮더라고요. 상담에 가서 이야기해도 도움 되는 것 같지 않고, 왜 힘든 얘기만 계속 해야 하지? 이런 생각이 들어서 많이 갈등이 되었어요.

상담자(명료화): 상담을 해도 도움 되는 것 같지도 않고, 와서 매번 힘든 얘기만 해야 하니까 상담을 별로 하고 싶지 않았다는 그런 말씀이시죠?

이처럼 명료화는 내담자가 한 말의 핵심을 좀 더 분명하게 정리해주기

때문에 내담자가 자신이 말하고 있는 바를 상담자가 명확하게 이해하고 있다는 느낌을 줄 수 있다. 명료화기법의 장점은 내담자가 상담자의 요약된 표현을 통해, 자신의 마음을 분명하게 알 수 있다는 점이다. 또한 적절한 명료화는 내담자의 마음을 정리해주어 방향을 잃지 않고 갈 수 있도록 한다. 그러나 명료화기법은 너무 자주 사용하면 내담자는 상담자가 너무 단편적으로 자신의 말을 따라한다는 느낌이 들 수 있으므로 조심해서 사용해야 한다.

요약은 상담회기의 일부나 전체에서 이야기되었던 것을 정리해주고 종합하는 과정이다. 요약하기는 상담 과정 중에 어떤 일이 일어났고 달성된 것이 무엇이고, 아직 달성되지 않은 채로 남아 있는 것이 무엇인지 등에 관한 주요 사항들을 종합하는 것이다.

요약을 적절하게 함으로써 얻을 수 있는 효과는 다음과 같다. 즉 내담자를 준비시키거나, 흩어져 있는 생각과 느낌을 한 곳으로 모으거나, 특정 주제에 대한 계속된 논의를 마감하거나, 특정 주제를 더 철저하게 탐색하도록 자극을 주는 것이다. 대개 흩어져 있는 요소를 함께 모을 때 내담자는 '큰 그림'을 명확히 보게 된다. 그래서 요약 반응은 새로운 조망을 얻을 수 있도록 도움을 준다. 때때로 내담자가 직접 상담 과정 중에 일어났던 일이나 논의되고 있는 내용을 요약해보도록 하는 것도 효과적이다. 이렇게 함으로써 상담자는 내담자의 관점을 더 잘 이해하도록 할 수 있고 내담자도 상담 과정에서 어떤 진전이 이루어졌는가를 알게 된다(노안영, 송현종, 2006).

2. 지지와 격려

지지는 상담자가 내담자의 느낌과 생각, 행동에 대하여 인정을 표현하는 것이다. 지지는 일종의 동의와 같은 의미로 사용될 수 있다. 또한 상담자가 내담자를 지지한다는 것은 상담자가 내담자의 변화 가능성을 믿고 신뢰하는 것, 내담자의 변화 의지를 격려하는 것, 그리고 내담자가 행동 변화를 지속할 수 있다고 믿고 내담자에 대한 희망을 전달하는 것을 포함한다(이수현, 최인화, 2020).

상담자가 내담자에게 '나는 당신이 당신의 문제를 해결할 수 있도록 믿고 신뢰하며 응원하고 지지한다.'는 메시지를 전해 줄 때 내담자도 이 메시지를 자기 것으로 받아들이면서 자신을 믿고 신뢰할 수 있게 된다. "나는 잘하는 것이 아무 것도 없어서, 사람들이 나를 싫어하는데, 나도 사람들이 나를 싫어하는 것이 이해가 된다."고 말하는 내담자에게 "잘하는 것이 없으니 사람들이 당신을 싫어한다고 생각할 수 있지만 이렇게 상담을 온 것 자체가 당신은 변화할 가능성이 있다는 증거이며, 자신의 문제를 알고 있고 고치고 싶어 하는 것 자체가 참으로 대단한 일입니다."라고 지지해 줄 수 있다. 자신을 믿어주고 지지해주는 상담자의 마음이 내담자에게 긍정적으로 전이가 될 때 내담자가 자신을 믿어주고 문제를 해결해 나가고자 하는 변화의 동기가 될 수 있다.

지지가 내담자에게 동의해주고 믿어주는 것이라면 격려는 용기를 북돋아주고 힘이 생기도록 하는 것이며 자신감을 가지도록 돕는 것이다. 내담자는 힘든 문제를 가지고 상담에 오지만 과연 문제를 어느 정도 해결할 수 있을까하는 의구심을 가지거나 자신감이 없을 때가 있다. 그런데 상담자가 "잘할 수 있다. 당신은 문제를 해결해 나갈 수 있는 힘이 있다."고 격려해주게 되면 자신에 대한 확신이 없고 자신감이 없는 내담자에게 힘이 될 수 있는 것이다. 이처럼 지지와 격려는 내담자에게 변화에 대한 소망을 갖도록 자극제가 될 수 있기 때문에 상담 과정을 촉진하고 변화를 이끄는 기초적인 작업이 될 수 있다. 지지와 격려는 상담 초기와 중기, 그리고 상담을 마칠 때에도 사용할 수 있다.

그러나 지지와 격려를 너무 자주하거나 칭찬을 자주 하게 되면 이것은 역효과를 불러일으킬 수 있다. 의존심리가 높은 내담자에게 지지와 격려와 함께 칭찬을 많이 사용하면 의존도가 더 커질 수 있다. 한국적 상황에서 상담자에 대한 내담자의 의존도는 서구에 비해 좀 더 큰 편인 것 같다. 그래서 상담자가 내담자를 지지하고 격려해 줄 때 문제를 해결해 가는 과정에서 긍정적인 요인이 될 수 있지만, 삶의 주체가 자신이 되지 못하고 계속해서 상담자를 의존하게 된다면 이것은 문제가 될 수 있다. 상담자가 자신을 좋게 봐주기를 바라는 마음이 크거나, 상담자의 눈치를 보는 내담자라면 이것은 또 다른 부정적 관계 패턴이 될 수 있으므로 조심해서 사용해야 한다. 반대로 너무 자율성이 강한 내담자는 지지와 격려에 대해 부정적인 마음이 들면서 자신을 아이 취급한다는 느낌을 가질 수도 있으므로 민감하게 접근해야 한다.

3. 통찰

1) 통찰의 중요성

통찰(insight)은 사물의 관계를 꿰뚫어 보는 새로운 관점이다.[12] 그것은 복잡했던 관계를 간단명료하게 만들어 복잡한 문제를 단순하게, 어려웠던 문제를 쉽게 만든다. 한마디로 기존 생각과는 다른 생각을 함으로써 표면 아래 숨어있는 진실을 찾아내는 것이다(신병철, 2008). 이런 의미에서 상담의 과정에서 통찰이 일어나도록 하는 것은 굉장히 중요한 일이다.

통찰이 일어나는 가장 놀라운 순간이 바로 문제를 재해석하는 순간이다. 사람들은 대부분 자기가 생각하는 것과 전혀 다른 해석을 듣게 되면 처음에는 깜짝 놀란다. 그렇지만 그 새로운 해석이 이치에 훨씬 잘 맞으면 감동하기 마련이고 나중에는 설득되기까지 한다. 그래서 통찰을 얻는 가장 중요한 방법이 바로 문제의 핵심을 정확하고 새롭게 해석하는 것에서 시작된다.
문제를 재해석할 때, 문제의 재해석이 제대로 이루어졌는지 아닌지를 파악하는 것이 중요하다. "A인줄 알았는데, 알고 보니 B였구나!" 또는 "A인 줄 알았는데 가만히 생각해보니 B가 더 타당하네."라는 반응이

---

12) 인터넷 백과사전인 위키피디아는 통찰을 '감추어진 핵심을 직관적으로 파악하는 일'로 정의한다. 즉 '한눈에 알아보는 기술'이라고 말할 수 있다. 이렇듯 통찰의 정의를 살펴보면 대체로 '발견, 파악, 살펴보는 일'로 간추릴 수 있다. 즉 '통찰이란 이전에 없던 새로운 것을 만들어내는 것이 아니라, 이미 있던 것들을 다른 관점으로 살펴보고 그 관계의 의미를 재조합해내는 일'이라고 이해할 수 있다.

나오면, 문제의 재해석, 즉 새로운 해석이 이루어지고 있는 것인데, 이 때 새로운 해석이 타당한 지에 대한 검증 과정이 필요하다.

통찰적 정보, 즉 새로운 방식으로 해석이 일어나면 우리 뇌는 우선 놀란다. 그리고 그 놀라움을 안정시키려고 기존 정보와 새로 들어온 정보를 재해석하기 시작한다. 우리 뇌에서는 서로 떨어져 있는 정보들 사이의 빈틈을 메우기 위해 추론하는 양이 늘고 결국 여러 기억들과 정보들이 하나로 합쳐지게 된다. 이것이 잘 이루어지면 기억 체계가 더 정교해진다. 이를 그림으로 나타내면 다음과 같다.

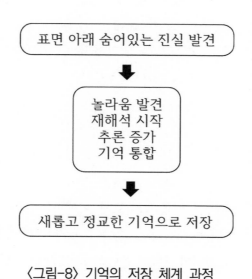

〈그림-8〉 기억의 저장 체계 과정

같은 일도 다른 관점에서 보고 해석하면 전혀 새로운 결과를 낳게 된다. 물은 99도까지는 물이지만 100도가 되면 기체가 된다. 반대로 1도까지는 액체이지만 0도가 되면 고체가 된다. 전혀 다른 방향으로 내용을 해석해서 이전에 없던 새로운 느낌을 전달할 때 놀라움과 재해석, 그리고 추론이 발생하게 되는 것이 바로 통찰의 효과다.

새로운 해석을 하게 되면 고정관념에서 벗어나 새로운 관점으로 보게 되는 것인데, 이것은 매우 어려운 일이다. 사람들은 자신이 생각하는 것보다 훨씬 더 고정관념에 따라 살아간다. 머리 쓰지 않고 힘들이지 않고 살고 싶기 때문이다. 이미 널리 자리 잡힌 고정관념을 따르면 인지적 자원이 덜 들기 때문에 더 편하다. 그러나 고정관념을 벗어나야 새로운 관점으로 문제를 재해석할 수 있고 그래야 통찰력이 생긴다. 통찰이 되면 놀라운 결과가 일어나는데, 그것은 현재 힘든 문제가 어떻게 해서 생긴 것인지에 대한 핵심을 알아차릴 수 있으며, 원인을 알았기에 해결 방법도 새롭게 찾을 수 있다.

2) 깊은 통찰의 효과

통찰의 핵심은 증상의 원인을 머리로만 이해하는 것이 아니다. 깊은 수준의 통찰을 얻기 위해 내담자는 증상의 원인이 나에게 어떻게 영향을 미치게 되었는지를 머리와 가슴, 온몸으로 깨달아야 한다. 이것을 한자로 하면 '대오각성(大悟覺醒)'이라고 하며, 영어로는 'aha experience'라고 표현하기도 한다. 뭔가 깨달았을 때 우리가 '아하!'하고 말하는 것을 떠올리면 이해하기 쉬울 것이다(김환, 이장호, 2008).

통찰이 일어나면 다음과 같은 반응이 일어난다(Elliott 등, 1994).

첫째, 새로운 관점으로 자신을 보게 된다.

둘째, 관련시킬 수 있거나, 패턴, 연계성, 이유, 원인 등에 대한 이해가
깊어진다.

셋째, 갑작스러움, 놀라운 느낌 혹은 모든 것이 한꺼번에 합쳐진 듯한
'아하'를 경험하게 된다.

넷째, 새로움 혹은 같은 방법으로 생각한 것보다 새로운 느낌을 경험하
게 된다.

이와 같이 내담자가 통찰을 경험하면, 새 방법이나 새 관점으로 볼 수
있고 사건들 사이의 관련을 짓거나 그러한 일이 왜 일어났는지 이해할
수 있다(Hill & O' Brien, 2001).

통찰은 상담 과정에서 내담자가 자기 자신에 대한 인식이 넓어지는 것
이다. 그래서 자신이 모르고 있던 어떤 부분, 혹은 알았더라도 인정하
지 않던 부분을 이해하게 되는 경험을 하게 된다. 이를 통해 자신에 대
해 더 알게 되고, 이전에는 모르고 행동했던 것이 왜 그랬는지 깨닫게
되며, 이제까지 나를 끌고 가면서 힘들게 에너지를 소모하게 만들던 핵
심적인 역동을 분명히 이해하게 된다.

다른 측면에서 통찰은 자신의 대인 관계 방식을 객관적으로 보고 깨닫
는 것이라고 할 수 있다. 그러므로 통찰이 이루어지면 이전과는 다른

각도에서 자신의 대인관계를 바라보게 된다. 이와 같이 자신의 대인관계 방식에 대해서 깊이 깨닫게 될 때 문제의 초점을 타인이 아닌 자기에게 두게 된다. 이때 다른 사람의 입장을 이해하고 포용하려는 마음이 일어나면서 새로운 각도에서 관계를 생각하게 되며 이로 인해 과거의 삶이나 오랜 갈등을 새로운 차원에서 바라보며 해결하게 된다.

내담자의 이해는 심도 깊은 뼈저린 통찰이 아니라 머리 수준으로 이해하는 표면적인 통찰일 경우가 많다. 이런 통찰 수준은 내담자의 증상해소에 별로 도움이 되지 않는다.

예를 들어, 목의 통증이나 두통을 호소하는 내담자는 자신이 어렸을 때부터 책임감이 너무 강하고 예민한 점이 있기 때문에 이런 신체적인 증상을 겪는 것이라고 막연하게 이해하고 있다. 그러나 이런 수준의 막연한 이해는 자신의 증상을 호전시키지 못한다.

그런데 어느 날, 상담을 하면서 내담자는 자신이 어렸을 때 부모님이 서로 싸우시던 날을 기억해 냈고, 어머니가 자신을 남겨 두고 떠나던 장면이 떠올랐다. 내담자는 갑자기 부모님 사이의 긴장감이 자신을 늘 옭아매고 죄어 왔음을 느꼈고, 큰 소리 한 번 내지 못한 자신의 어린 시절의 경험이 현재 늘 긴장하며 사는 모습과 연결됨을 이해하게 되었다. 상담 후 내담자는 마음이 편해지고 여유가 생겼으며, 좀 더 적극적으로 자기주장을 하게 되었다. 목의 통증이나 두통이 좋아졌음은 당연한 일이다. 내담자는 자신에 대한 피상적인 수준의 통찰에서 좀 더 깊은 수준의 통찰을 얻은 것이다(김환, 이장호, 2008).

3) 정서적 통찰

상담심리학에서는 통찰을 지적 통찰(intellectual insight)과 정서적 통찰 (emotional insight)로 구분한다. 지적 통찰이란 자신에 대하여 지적이고 논리적인 깨달음을 얻게 되는 피상적인 통찰을 의미한다. 반면에 정서적 통찰은 정서적인 반응을 수반하는 깊이 있는 통찰을 의미한다. 상담에서 중요시하며 추구하게 되는 통찰은 정서적 통찰이다. 정서적 통찰이 없이는 진정한 치유가 일어나지 않는다. 그러므로 자신의 문제에 대해서 한 번 깨닫는 것만으로 문제가 다 치유되었다고 할 수 없으며, 그렇게 되었다 해도 다시 몇 번이고 반복적으로 같은 문제에 맞닥뜨리면서 마침내 그 문제에 얽힌 자신의 감정을 깊이 느끼게 되어 그 동안 알고 있던 사실에 대한 정서적인 이해가 체험될 때에야 치료가 이루어진다(이만홍, 황지연, 2007).

우리의 목표는 내담자가 새로운 이해를 얻을 수 있도록 내담자를 돕는 것이다. 상담자가 통찰을 제안할 때조차도 내담자가 맹목적으로 받아들이는 것보다 내담자가 좀 더 주도적으로 자신의 관점을 새롭게 통찰해 나가도록 돕는 것이 바람직하다. '아하(aha)'의 경험은 매우 귀중하지만 내담자가 발견하고 경험해야 더욱 도움이 된다(Hill & O' Brien, 2001).

4) 통찰 시기 및 내용

통찰은 상담자가 아니라 내담자가 통찰해야 그 효과가 크다. 내담자가 스스로 깨닫도록 도와야지, 억지로 통찰하게 하면 도움이 안 된다. 만약 상담자가 내담자에게 통찰을 주고 싶어서 급급해하는 자신을 잘 다루지 못한다면 이는 초보적 수준의 상담자인 것이다. 흔히 초보 상담자는 이 점을 잘 이해하지 못하고 조급하게 혹은 억지로 내담자에게 통찰을 얻게 해 주려고 해석을 너무 서둘러 하는 경향이 있다.

상담자는 통찰을 줄 때도 다음과 같은 주의사항을 알아야 한다(이만홍, 황지연, 2007).

첫째, 자연스럽게 하라. 내담자가 감정을 표현하도록 억지로 하지 말라. 보아야 할 것을 못 보게 하는 장애물만 제거하라.

둘째, 쉬운 말, 내담자가 사용한 쉬운 말을 써라. 지적인 용어, 전문용어를 사용하지 말라.

셋째, 내담자가 한 말을 공감하고 시인해 주라.

넷째, 너무 상담 목표가 거창할 때는 그가 중요하게 생각하고 당장 해결 받고 싶은 것이 무엇인지 확인하고 그것부터 해결하고(통찰해주고) 넘어간다.

다섯째, 확실하지 않으면 설명하지 말라.

여섯째, 상담자가 피드백한 내용이 잘 전달되었는지 궁금할 때는 내담자의 느낌이 어떤가 물어보라. 그 표현에 감정이 실려 있는가 보라. 내담자가 새로운 관점에서 보는 것이 진보적이고 처음과 다를 때 해석과 통찰이 잘 된 것이다. 피드백한 내용을 수용하지 못할 때 놀라지 말라. 나중에 다시 수용할 수도 있다.

통찰의 내용은 아주 다양한데 다음은 내담자가 상담에서 깨달을 수 있는 내용이다(김환, 이장호, 2008).

① 자신의 과거가 현재에 영향을 미치고 있다는 점

② 무의식적인 욕구가 행동에 영향을 미치고 있다는 점

③ 서로 관련이 없어 보였던 행동이나 감정이 실제로는 서로 연관되어 있다는 점

④ 생각하는 방식이 나의 행동에 영향을 미친다는 점

⑤ 자신의 생각이 참 부정적이고 극단적이었다는 점

⑥ 그토록 두렵고 무서워했던 것이 실제로는 아무것도 아니었다는 점

⑦ 결국 문제의 뿌리는 나에게 있었다는 점

⑧ 또는 반대로 내 문제라고 생각했던 것이 실제로는 내 책임이 아니었다는 점

⑨ 자신이 참으로 외롭고 불행한 인생을 살고 있었다는 점, 그러면서도 그것을 지금까지 인정하지 않고 외면하고 살고 있었다는 점

이 외에도 내담자가 깨달을 수 있는 내용은 여러 가지가 있다. 깨달음의 내용은 내담자 문제의 속성이나 내담자의 성격에 따라 다를 수 있다 (김환, 이장호, 2008).

5) 통찰 방법

통찰 방법은 크게 두 가지가 있다.

첫째는 상담자의 설명을 통해 내담자가 통찰을 얻는 것이고, 둘째는 상담자의 질문이나 공감의 도움을 받아 내담자가 스스로 통찰을 하게 되는 것이다.

대개의 경우, 상담자는 전문적인 심리학적 지식을 가지고 있고, 또한 다양한 상담 경험을 가지고 있으므로 내담자가 하는 이야기를 잘 들어보면 내담자의 문제가 왜 생겼는지, 어떤 것이 문제의 원인인지를 어느 정도 이해할 수 있다. 따라서 상담자는 적절한 시기에 내담자에게 문제의 원인을 직접 설명해 줄 수 있다(김환, 이장호, 2008).

또 한 가지 중요한 점이 있다면 그것은 설명의 타이밍이다. 경험이 풍부한 상담자는 내담자의 심리에 대해서 잘 이해할 뿐만 아니라 그것을 언제 전달해야 되는지 안다. 내담자가 전혀 받아들일 준비가 안 되었는데도 "당신의 증상은 이것 때문이오.", "그래서 당신이 그렇게 느끼는 겁니다."라는 식의 설명을 해 봤자 아무 소용이 없다. 통찰은 머리로 이해하는 것만이 아니라 가슴으로, 온몸으로 깨닫는 것이 중요하기 때문이다. 그런 통찰이야말로 사람을 변화시킬 수 있다.

온몸으로 깨닫기 위해서 내담자는 상담자의 설명을 진심으로 수용하고 받아들여야 한다. 만일 비판적인 태도로 설명해 주거나 또는 부적절한 시기에 설명을 제공한다면 내담자가 당장에는 "아! 그렇군요."하고 고개를 끄덕이며 돌아가겠지만, 내담자의 행동이나 인생을 전혀 변화시키지 못할 것이다. 적절한 타이밍에 진심 어린 설명을 전할 때 내담자는 '정말 내가 그랬구나. 그것이 문제였구나.'하고 깨달으며 인생을 되돌아보게 되고 자기 자신을 되돌아보게 될 것이다. 어떤 사람은 눈물을 펑펑 흘리기도 한다. 마음에 맺힌 게 풀어지면 자신을 더 사랑하면서 살려고 노력하게 되며 행동도 바뀌게 될 것이다(김환, 이장호, 2008).

통찰 단계에서 상담자가 가장 빈번하게 사용하는 기술은 경청, 재진술, 개방형 질문, 감정 반영 등이다. 상담자는 통찰 단계에서 탐색을 계속 하는데, 이때 여러 기술을 사용하여 보다 깊은 수준으로 탐색을 하게 된다. 여기에는 도전, 해석, 자기 개방, 즉시성이 있다. 통찰 기술은 배우기도 어렵고 사용하기도 어렵기 때문에 이 기술을 상담 상황에서 적합하게 사용하기 위해서는 많은 시간과 연습이 필요하다(Hill & O' Brien, 2001).

Rhodes 등의 연구(1994)에서는 상담 관계에 만족하는 내담자에게 관계에 문제가 생겼을 때 상담자가 어떻게 했는지를 물었다. 상담자는 혹시라도 내담자의 감정을 상하게 하거나 실수를 한 것이 있다면 사과를 했다. 그리고 관계에 있어서 자신의 문제가 무엇인지 인정하였다. 이러한 상담자의 태도를 통해 내담자는 실수를 어떻게 처리하고 타인을 어떻게 대하는지 경험할 수 있게 된다. 상담자는 내담자의 행동이 다른 사람에게 어떤 영향을 주는지를 내담자로 하여금 깨닫게 하기 위해, 관계에 대한 상담자의 감정을 말할 수 있다. 또한 내담자가 감정을 드러낸 것을 상담자는 격려하도록 한다. 치료적 관계를 처리하는 과정은 괴롭고 어렵지만 이를 통해 내담자는 긍정적인 것과 더불어 부정적인 감정도 드러낼 수 있다는 믿음을 갖게 된다(Hill & O' Brien, 2001).

6) 신앙과 통찰

심리적인 문제와 영적인 문제는 서로 영향을 준다. 통찰의 과정을 통해 내담자는 신앙에 있어서도 통찰이 일어나는데 그때 자신에 대해서도 깊은 통찰이 일어난다.

첫째, 하나님 앞에서 내가 어떤 존재인가에 대한 통찰을 얻을 때, 하나님이 어떤 분이신지도 더 잘 알게 된다.

둘째, 자신에 대해 통찰이 일어나면 자신과 하나님 사이의 관계를 새로운 각도에서 바라보게 된다. 내 욕구를 충족시켜 주기 위해 있는 하나님, 내가 좌지우지하던 하나님, 내 욕구대로 바라보고 해석하던 하나님에서 벗어나, 이제는 왕이신 하나님으로 바라볼 수 있게 된다. 하나님과의 관계가 통찰의 과정을 거치면서 현실적이며 현존하는 하나님과의 관계로 재정립된다.

셋째, 깊은 통찰은 진정한 자유를 누리게 해준다. 깊이 통찰하여 깨닫고 그 안에 작동하던 핵심 감정을 방어할 필요가 없어지게 되면 거기에 쏠렸던 에너지가 풀어지게 됨으로써 자유로움을 느낀다. 이것이 곧 진리이신 예수님께서 우리에게 임할 때 우리가 진정으로 자유로워지게 되고 평강을 느끼는 수준이 되는 것이다(이만홍, 황지연, 2007).

4. 해석

1) 해석의 의미와 효과

해석(interpretation)은 내담자가 자신의 문제를 새로운 각도에서 이해하도록 그의 생활 경험과 행동의 의미를 설명하는 것이다. 또한 새로운 방향으로 살아갈 수 있도록 하기 위하여 내담자의 인식, 생각, 감정 등에 새로운 의미와 원인, 설명을 제공하는 상담자의 중재 활동이 바로 해석이다(Hill & O' Brien, 2001).

상담에서 해석은 내담자에게 매우 좋은 통찰을 줄 수 있는 상담 기술 중의 하나다. 일반적으로 인간은 잘못된 것인데도 불구하고 자동적인 해석과 자기 틀에 갇힌 생각을 가지고 살아간다. 그러므로 자신의 문제를 새로운 각도에서 바라보고 새로운 방향으로 해석할 수 있도록 도와야 한다.

원하는 대로 좋은 대학에 합격하였으나 공허감이 드는 내담자의 사례를 보자. 그는 부모님의 조언을 따랐기 때문에 성공적인 인생을 살고 있다고 생각했지만, 상담자는 그가 부모님에게 중요한 인생의 선택을 맡긴 채 주체적인 삶을 사는 것이 아니라고 해석해 주었다. 이때 내담자는 독립적인 성숙의 길로 나아갈 수 있는 새로운 틀을 가질 기회를 얻게 된다.

이처럼 내담자가 잘못된 생각을 가지고 있을 때, 상담자의 적절한 해석을 내담자가 받아들이기만 하면 많은 변화가 일어난다. 그렇다면 해석은 어떠한 효과가 있을까? 그것은 다음과 같다.

- 해석은 책임감과 자기통제를 촉진하는 효과가 있다.
  '이 문제가 바로 그것 때문이었구나. 그래서 그랬구나.'하면서 깨달음을 얻게 되면, 내담자는 현재의 문제에 대해서 다른 사람을 비난하던 것에서 자신의 행동에 책임이 있었고 자신에게 원인이 있었음을 받아들이게 된다. 이것은 결국 성격과 행동의 변화로 이어지고, 인간적 성숙의 밑거름이 된다(김환, 이장호, 2008).

- 해석은 내담자의 심리를 재구조화 시키는 효과가 있다.
  좋은 해석은 심리적 내적 구조를 새롭게 세우고 통합하는 데 도움을 준다. 위의 경우에서, 부모에게 의지하기를 바라는 내담자에게 "당신의 삶의 주인은 부모님이 아니라 당신이 되어야 된다고 생각합니다."라고 새롭게 해석을 해주면 내담자가 자신의 삶을 주체적으로 세워갈 수 있는 기회를 갖게 된다. 이러한 해석을 받아들일 때 내담자의 성장과 성숙에 도움이 된다.

- 적절하고도 자연스러운 해석은 내담자가 편안하게 자신을 이해하게끔 하는 효과가 있다.
  내담자의 상황에 맞게 구체적이고 상세하게 제공될 때 내담자가 자신에 대해 편안하게 이해하고 받아들이도록 한다. 상담자가 일반적이고 모호하게 해석할 때 그 해석은 도움을 주기 어렵다. 해석은 단순하고 직접적이며 명쾌한 해석이 가장 좋다. 상담자가 어떻게 해서 그런 관찰에 도달하게 되었는지를 내담자가 이해할 수 있도록 도와주는 것이 바람직하다.

● 해석은 내담자에게 새로운 참조 체제를 제공하는 효과가 있다.

사람은 자신의 행동과 생활방식에 대해 어떤 식으로든 이해하고 있는 방식이 있는데, 상담자가 그와 다른 새로운 이해의 틀을 제공할 때 변화가 시작된다. 그러므로 상담자는 해석의 근거가 되는 정보가 합리적이며 타당한지 판단하여 내담자의 행동과 생활방식 중에 무엇이 문제이며 어떻게 변화하는 것이 좋은지 구체적으로 언급할 필요가 있다.

해석이 내담자의 변화에 많은 도움을 주기 때문에 해석의 방법 및 타이밍, 그리고 과정에 대하여 배우고 적절하면서도 예술적으로 자연스러운 해석이 될 수 있도록 많은 기간의 수련이 필요하다.

2) 해석의 방법

상담자의 해석은 내담자가 현재 자신의 의식 수준을 한 단계 넘어서서 통합할 수 있도록 돕는 것이다. 내담자가 해석을 긍정적으로 받아들이면 당연히 치료적 관계도 좋아지고 자기 자신에 대해서도 새로운 탐색을 할 수 있게 된다. 그렇지만 상담자가 권위적으로 해석을 제시하여 내담자가 억지로 받아들인다면 당연히 부정적인 결과를 낳게 된다. 내담자가 상담자의 해석이나 직면을 너무 부담스럽게 느낄 때는 다음 상담시간에 나타나지 않을 수도 있다. 대개 이런 경우 내담자는 전화로 "선생님, 저 상담을 조금 쉬고 싶어요.", "오늘 아파서 못 갈 것 같아요."라고 말하기도 한다(김환, 이장호, 2008). 그러므로 해석을 할 때는 내담자의 반응이 어떠한지 살피면서 해야 한다.

상담자는 해석을 제시할 때 내담자가 깊이 생각하고 호기심을 가지고 협력적인 탐색에 참여하도록 초청할 수 있는 여유가 필요한데(Bauer, 2007) '직접적인 진술, 가설적인 진술, 그리고 질문을 통한 해석' 중에서 어느 것이 내담자가 편안하게 받아들일까 생각해 볼 필요가 있다.

직접적인 형식으로 해석하는 경우, "당신이 이런 증상을 느끼는 것은 아버지에 대한 죄책감 때문입니다."라고 말하는 것이다. 직접적인 해석은 굉장히 강한 느낌을 준다. 상담자의 말 한마디 한마디에는 굉장한 권위가 들어있기 때문이다.

가설적인 형식으로 해석을 제시하는 경우, "당신은 늘 실패할까봐 두렵다고 하셨는데 이것은 어머니를 실망시키지 않고 기쁘게 해드려야 하는 것과 어떤 관련이 있는 것 같은데요."와 같이 가설을 제시하듯이 말할 수 있다. 가설적인 방식으로 제시하는 것은 직접적인 방식보다 내담자에게 덜 부담을 줄 수 있다. 상담자가 자신의 참조 체제를 강요하려는 느낌을 좀 덜 주기 때문이다.

질문을 통한 해석도 있다. 예를 들면, "아버지와 사이가 좋지 않다는 것만으로 당신을 가치 있는 사람이 아니라고 생각하는 건 아닌가요?"라는 질문을 통한 해석은 가설적인 형식의 제시와 마찬가지로 내담자에게 부담을 덜 주며, 상담자가 제시한 해석에 대해 내담자가 한 번 더 생각해 볼 수 있게 유도한다.

해석은 어떤 형식이든 간에 내담자에게 새로운 측면을 바라보라고 주문하는 것이기 때문에 내담자가 부담을 많이 느낄 수 있다. 따라서 될 수 있으면 부드럽고 비위협적인 방식으로 제시하는 것이 좋으며(김환, 이장호, 2008) 내담자가 어떻게 받아들일지 염두에 두면서 해석해야 효과적이다.

해석은 가능한 아끼고 절약해야 한다. 최적의 상황이라면 상담자는 내담자에게 꼭 필요한 최소한의 도움을 주고, 내담자 스스로 자기 행동의 의미를 발견하도록 애써야 한다. 상담자의 궁극적인 과업은 부모 앞에서 아이가 놀 수 있게 하듯이, 선생님 앞에서 음악도가 연습하게 하듯이, 상담자 앞에서 내담자가 자기 자신을 치료할 수 있도록 허용하고 격려하는 것이다. 내담자가 치료를 자신의 것으로 볼 수 있다면 치료 과정에 대한 저항은 줄어들고 자신의 삶에서 일어나는 일에 대해 책임을 질 수 있게 된다.

해석을 너무 많이 하면 내담자의 내적 동기는 감소하고 수동성이 촉진되므로 내담자의 자율성과 주도성을 해치지 않도록 해야 한다. 내담자는 너무 훌륭하고 유능한 상담자 때문에 쉽게 위축될 수 있다. 상담자의 수많은 해석적 시도는 안 그래도 이미 부적절하고 '뒤처진' 느낌을 가진 내담자로 하여금 모든 것을 아는 강력한 상담자 앞에서 더욱 주눅들게 할 수 있다. 이때 내담자가 상담자와의 관계를 '가진 자'와 '못 가진 자'로 생각한다면 강한 질투심이 유발될 수 있다. 이런 질투심은 저항과 방어가 증가하도록 하며 극단적인 경우는 치료를 파괴하고 망치는 형태로 나타날 수 있다.

3) 해석의 타이밍

해석에 대한 두 가지 견해가 있다. 일찍 해석하는 것이 좋다는 견해와 너무 성급하게 해석을 하는 것이 좋지 않다는 견해가 있다. 적절한 타이밍에 즉시 깊은 수준의 해석을 하지 않으면 내담자를 도울 길도 놓칠 수 있다는 사람은 '신중하게 해석하라!'고 하며, 또 다른 사람은 '의심스러울 때 바로 해석하라!'고 한다. 그러므로 상담자는 해석에 있어 이 두 가지 견해를 염두에 두고 의식에 떠오르는 바로 그 순간의 자료를 가지고 깊이 있는 해석을 하기 위해 노력해야 한다.

바른 해석을 찾아냈을 때에라도 내담자에게 해석해 줄 수 있는 적절한 순간을 기다려야 한다. 해석을 찾아내자마자 내담자에게 던져주기 보다 적절한 타이밍인지 한 번 더 생각해보는 것이 좋다. 해석의 타이밍은 역동적 기법의 핵심적 요소다.

해석은 지금 해석되고 있는 사건과 관련된 정서에서 내담자가 어느 정도 적절한 거리를 두고 있을 때 더 잘 잘 수용된다. 이 말은 내담자가 정서적 반응에 너무 압도되어 있을 때는 해석하지 않는 것이 좋다는 뜻이다.

반대로 현재 내담자의 정서가 상담자가 탐색하려는 갈등과 동떨어져 있을 때 해석의 효과는 미미하다. 그래서 해석에서는 타이밍이 중요한 것이다.

해석의 적절한 타이밍은 현재의 내담자-상담자 관계는 어떠한지, 과거에 대한 탐색이 충분히 이루어졌는지, 내담자가 해석을 받아들일 준비가 되었는지, 내담자의 인지수준이나 기능은 어떠한지, 내담자가 해석에 대한 긴장을 견딜 만큼 충분히 강한지 등을 고려하면서 하는 것이 바람직하다.

해석은 강한 치료적 동맹이 있을 때 가장 잘 수용된다. 만성적이고 지속적인 부정적 전이의 틀 안에서 이뤄지는 해석은 수용되기 어렵다. 내담자가 상담자를 위협하고 벌주는 부정적인 대상으로 경험하고 있을 때는 방어가 유발될 것이다. 상담자가 실제로 내담자에게 화가 나 있을 때는 특히 그렇다. 그런 경우의 해석은 내담자를 공격하는 것이 되기 쉽고, 내담자는 상담자가 무슨 말을 하든지 '화가 나서 하는 말'이라고 정당화 하면서 받아들이지 않을 것이다.

또한 내담자가 준비되지 않았을 때 하는 성급한 해석은 자신의 신념을 고수하고자 하는 내담자의 방어와 고집을 강화할 수 있다. 이때 방어는 충분히 존중하면서 접근해야 하며, 아무 생각 없이 방어를 벗겨내는 행위(상담자는 내담자의 방어를 벗기는 것이 잘하는 것이라 생각하면서 해석을 강행하는 행위)를 해서는 안 된다.

상담자가 너무 오래 해석을 유보하는 경우도 기회를 놓칠 수 있으므로 조심해야 한다. 내담자가 다른 주제로 넘어갈 수도 있고, 혹은 전이 해석에서 내담자의 감정(사랑이나 적개심)이 너무 쌓여 상담자가 무슨 말을 해도 내담자가 더 이상 귀를 기울이지 않게 될 수도 있다.

4) 해석의 과정

해석의 과정은 직면의 과정과 비슷하다.

첫 번째 단계는 준비 단계로써 해석을 위한 기초자료를 수집하는 단계다. 상담자는 내담자가 했던 말들을 하나씩 살펴보고 과거력을 살펴보면서 연결점을 찾아야 한다.

두 번째 단계는 해석을 제시하는 것이다. 협력적이고 부드러운 자세로 해석을 제시하며, 간혹 내담자에게 먼저 해석해 보라고 기회를 줄 수도 있다.

"그것하고 이것의 관련성을 어떻게 생각하시나요?"라든지, "지금 혼란스럽다고 하셨는데, ○○씨의 문제를 다른 관점에서 보게 되었다는 건가요?"라고 말하여 내담자가 먼저 해석해 보도록 기회를 주는 것이다.

세 번째 단계는 해석을 한 후 내담자의 반응을 살피는 것이다. 해석이 잘 되었을 경우 내담자는 '아하!'하고 통찰을 얻게 되고, 해석이 잘 안 되었다면 부작용이 생길 수 있다. 그래서 해석을 철저히 규명하고 그 후속 반응을 관찰하는 것이 반드시 필요하다. "제가 말씀드린 것을 어떻게 이해하셨는지 궁금하군요."라고 말하면서 해석에 대한 내담자의 반응을 살필 수 있다. 내담자는 상담자의 해석을 거부하면서 화를 내거나 못마땅해 할 수도 있고, 표정의 변화 없이 침묵을 지킬 수도 있다. 상담자는 이런 내담자의 반응에 주목하면서 내담자가 그 해석을 받아들인 이후에 느끼는 감정이나 생각들을 더 이해하고 싶다는 자세를 전달해 주어야 한다(김환, 이장호, 2008).

마지막으로 해석을 제시한 후에 (또는 하기 전에) 상담자는 자기 점검을 꼭 해 봐야 한다. 만약에 자신의 능력을 과시하려고 해석을 한다면 그것은 잘못된 시도다. 해석을 하기 전이나 또는 한 후에 잠시 상담자 자신과 내담자에 대해서 생각해 보고, 이 해석을 왜 전달하려고 하는지 재점검해야 한다.

─ 실습 ─

1. 초기 가정 그리기를 통한 해석 훈련

편안한 마음과 분위기로 가능한 한 최초의 어린 시절 살았던 집을 그려보고
생각해 보자.

● 저자(심수명)의 사례

① 초기 가정 그림

② 초기 가정에 대한 설명

2~3살 먹은 어린아이가 떠올랐다. 그 아이는 집에서 일어나 무서워하면서 밖으로 황급히 걸어간다. 낮잠을 자다가 일어나 보니 집 안에는 아무도 없었기 때문이다. 아이가 집밖으로 나가 살펴보니 저 멀리 놀고 있는 형이 보여서 그쪽으로 다가가다가 작은 고랑에 거꾸로 빠졌다. 머리가 박혀서 허우적거리며 '이렇게 죽는구나'라고 생각하고 있는데 어떤 청년이 어린아이를 건져 주고는 가버렸다. 어린아이는 입이 찢어져 피가 흐르는데도 누구에게 도움을 호소해야 할지 몰랐다. 아이는 집으로 돌아갈 수도, 형에게 갈 수도 없었다.

③ 저자의 해석

그림을 해석해보니 나는 가정이 없는 사람으로 해석할 수 있었다. 어린 시절, 힘들었을 때 나를 도와준 사람이 가족이나 가까운 사람이 아니라 모르는 사람이었으며 그마저도 건져주고 가버렸기 때문에 이 어린 아이는 힘들 때 가족의 도움을 바라는 마음이 없을 것이다. 그래서 그 이후에도 힘들 때 가까운 사람의 도움을 받는 것이 무의식적으로 힘들 것이라고 해석할 수 있다.

④ 저자의 감정

이 그림을 그리면서 처음에 떠오르는 감정은 가슴에 무엇인가 꽉 막히는 것을 느꼈다. 그것은 삶과 존재에 관한 원초적인 두려움과 현재와 미래에 대한 허무주의적 정서였다. 나는 답답하여 어찌할 줄 몰랐고 정서적인 어두움이 간헐적으로 나를 흔들었다.

⑤ 통찰

가정을 위해 헌신하는 것이 어려운 이유를 이 그림을 통해 통찰할 수 있게 되었다.

● 나의 사례

① 초기 가정 그림

② 초기 가정에 대한 설명

③ 해석

④ 감정

⑤ 통찰

5. 투사 해결

1) 투사의 개념

투사는 인정하고 싶지 않은 개인감정이나 소망, 태도, 성격 특징을 자신에게 속한 것이 아닌, 다른 사람에게 속한 것이라고 지각하는 것이다. 이러한 투사는 자신의 욕구나 감정을 자신의 것으로 자각하고 접촉하는 것을 두려워한 나머지 그것에 대한 책임 소재를 타인에게 돌리는 것이다. 사람들이 투사를 하는 이유는 받아들이기 힘든 부분을 부정해 버리고, 그것을 타인의 것으로 돌려버림으로써 심리적 부담을 덜 수 있기 때문이다. 그래서 이 기제를 사용하는 사람들은 자신의 결함이나 결점을 인정하지 않으려고 자신의 잘못을 다른 사람에게 전가한다. 이렇게 사람들은 삶 속에서 빈번히 투사를 사용하고 있는데 잘 모르고 있는 경우가 많다.

일반적인 투사의 예로는 어떤 사람에 대한 미움의 감정이 있을 때 그 사람이 자신을 미워하기 때문에 그를 미워할 수밖에 없다고 정당화하는 것으로, 며느리가 너무 미워서 독살하고 싶은 시어머니가, 오히려 며느리가 자신을 독살하려 한다고 말하는 경우를 예로 들 수 있다.

이러한 투사기제를 아주 심하게 사용하는 경우, 다른 사람의 무의식에 지나치게 민감하게 되고, 편견, 의심, 오해, 책임전가, 현실 왜곡 등이 나타나게 된다. 투사는 정신증적 상태나 망상증후군에서 많이 발견되지만 정상상태에서도 아주 널리 사용되는 기제다. 자신이 타인에게 애정이나 적개심을 가지고 있으면서 오히려 타인이 자기에게 애정이나 적개심을 가지고 있다고 보는 등, 일상생활에서 빈번히 볼 수 있는 모습이다. 따라서 자신이 남에게 투사하고 있는 것을 알지 못하면 자신의 것을 남에게 뒤집어씌우면서도 자신은 전혀 잘못이 없다는 무서운 오류를 범할 수 있다. 따라서 상담자는 자신이 누구에게, 어떤 내용을, 어떤 형태로 투사하고 있는지 발견하여 그러한 투사는 바로 자신의 것임을 자각하고 이해함으로, 내담자의 문제를 객관적으로 볼 수 있도록 해야 한다.

만약에 상담자가 자신의 투사가 해결이 되지 않은 채 상담을 하게 된다면 내담자의 부정적 투사에 휘말리거나 조종당할 수 있다. 깊은 상담 관계에서 상담자와 내담자는 전이와 역전이에 휩싸이기도 한다. 대상관계이론으로 설명하면, 상담자와 내담자는 부모-자녀 관계에 해당한다. 사람은 부모와의 관계양식을 통해서 자신과 타인을 이해하며, 관계를 맺어간다. 자녀는 어머니와의 긍정적 경험과 부정적 경험을 자신의 자아에 내면화한다(유근준, 2014). 그런데 어머니는 어떤 때는 자녀를 잘 돌보아주기도 하고, 또 다른 경우에는 자녀를 거부하기도 한다. 이때 자녀는 어머니에 대한 생각 또는 이미지(내적 표상 혹은 대상)가 모순되는 경험을 하면서, 인지적 불일치와 불안을 느낀다. 자녀는 이런 불안을 처리하기 위해 내적 대상인 어머니를 좋은 면과 나쁜 면으로 분리하고, 그것들을 각각 상상의 대상으로 만들어 낸다. 그러면 모순이 감소되고 평정을 느끼게 된다.

이러한 분리가 불안을 감소시키기 때문에 자녀는 동일한 방법(기제)으로 자신의 자아 중 불일치하거나 모순되는 모습을 자신으로부터 분리한다.

그리고 타인에 대해서도 같은 방법으로 수용할 수 없는 (나쁜) 자아와 이상화된 (좋은) 자아를 분리하여 타인에게 투사한다. 따라서 다른 사람들의 모습 속에서 좋지 않은 모습을 보게 되면 이것은 실제로는 투사된 자신의 부정적인 속성인 셈이다. 상담자가 내담자의 부정적인 투사 대상자가 될 때 내담자는 이것이 투사인 줄 모르고 상담자를 미워할 수 있다. 이처럼 현재의 인간관계는 지금 여기에서의 실제적인 대상과의 관계라기보다 그들 자신이 내면에 투사하고 있는 이미지를 가지고 관계하는 경우가 많다.

따라서 상담자는 내담자가 과거의 대인관계 양식을 자동적으로 반복하는 것을 그치도록 돕고 지금-여기에서 새로운 관계양식을 맺도록 함으로써 의식적이고 합리적인 관계를 할 수 있도록 도와주는 것이 그 무엇보다 중요한 과제라 할 수 있다. 이를 위해서는 상담자가 먼저 자신의 무의식적 투사가 무엇인지 알고 해결하는 기나긴 훈련의 과정이 필요하다.

2) 투사 발견 및 해결

(1) 부정적 투사 발견 및 해결
부정적 투사는 자신의 모습 중 부정적인 면을 상대방에게 돌리는 것이다.

어떤 내담자는 상담자에게 "당신은 나를 너무 몰아붙이고 여유를 주지 않는 것 같습니다. 나는 그러한 점이 못마땅해서 몰아붙이는 느낌이 들 때마다 그러지 않았으면 좋겠다는 생각이 들면서 마음으로 거부감이 일어납니다."라고 공격적으로 말하였다. 이때 상담자는 그의 말을 수용하고 자신에게 그러한 면이 있음을 인정하였다.

그 후 그에게 "지금 저에게 보인 모습을 다른 사람에게서도 발견하신 적이 있을 수 있다는 생각이 듭니다. 그리고 혹시 자신에게도 이런 모습이 있을 수도 있는데 이 점에 대해 어떻게 생각하시는지요?"라고 조심스럽게 표현하였다. 그 내담자는 다른 사람이 이러한 모습을 보이면 너무 싫었던 경험과 함께 자신의 모습에 대해서도 편하게 고백하였다. 이렇게 자신의 부정적 모습을 인정하게 된 것은 상담자가 자신의 부족을 편안하게 인정한 것에 영향을 받았을 수 있다.

"가만히 생각해 보니 저에게도 이런 모습이 있어요. 제가 집안에서 아이들이나 남편에게 내 마음에 안 드는 행동을 할 때마다 닦달하고는 그런 내 모습이 너무 마음에 안 들어서 '다음부터는 그러지 말아야지'라고 다짐했던 것이 떠오르네요. 그래서 속상하고 자신이 미워져 이런 모습을 보고 싶어 하지 않았던 것이 느껴지네요."라고 말하였다.

상담자는 이런 것들이 투사임을 설명하면서 인간은 누구나 투사를 하는 면이 많기 때문에 다른 사람의 모습 중에서 보기 싫거나 싫어하는 모습이 자신의 일부일 수 있다고 설명하는 것이 도움이 될 수 있다.

(2) 긍정적 투사 발견 및 해결
긍정적 투사는 자신에게 있는 긍정적인 점을 상대방의 것으로 돌리는 것이다. 자기존중감이 매우 낮은 내담자에게 상담자는 자연물 중에서 돌에 대해 가능한 한 긍정적인 면을 많이 찾고 진술해보라고 말했다. 그러자 그 내담자는 돌의 속성으로 "단단하며 안정감이 있고, 세월이 지나도 항상 그 자리에 있어서 신뢰롭고, 여러 곳에 쓰일 수 있기 때문에 유용하며, 어떤 돌들은 매우 아름답고 신비롭기도 하다."등의 표현을 하였다.

이때 상담자는 다시 내담자에게 '나는' 이라는 말을 그 형용사들 앞에 붙여서 말하도록 시켰는데, 내담자는 이 실험을 하고 난 뒤, 자기 자신에게도 그러한 속성이 있음을 발견하고 매우 기뻐했다.

이 내담자는 이제까지 자신은 좋은 점이 하나도 없고, 부모도 자기를 싫어하고 심지어 자기 자신도 자신이 너무 싫은데, 남들은 얼마나 자기가 싫겠냐고 하면서 부정적인 자기 인식이 많았던 내담자였다. 그런 내담자를 상담자가 자연물을 통해 자신의 장점을 찾아보도록 함으로써 자기 자신의 장점을 다른 사물이나 사람들에게 투사하고 있음을 발견하도록 도와준 것이다. 이 내담자는 자기는 쓸모없는 사람이라고만 생각해 왔는데, 돌에게 자신의 장점을 투사한 사실을 발견하고서 자신의 내면에 이렇게 긍정적인 모습이 있음을 찾아내게 된 것이다.

6. 정보제공하기

많은 경우에 내담자에게 필요한 정보를 제공해주는 것만으로도 내담자는 많은 도움을 받을 수 있다. 특히 내담자가 자신의 문제와 직접 관련된 실질적인 정보를 원한다면, 그러한 정보를 즉시, 분명하고도 간결하게 제공해주어야 한다(노안영, 송현종, 2006). 초보상담자들은 가능한 한 충고와 제안을 하지 말라고 배웠기 때문에 정보를 주는 것에 대해 꺼리기도 하는데, 실제 상담현장에서 내담자는 인간관계, 부부관계, 부모자녀관계, 직장이나 사회생활에 대해 잘 모르거나 왜곡되어 알고 있는 경우가 많다. 이럴 때는 내담자의 입장을 공감하면서도 적절한 정보를 제공해줄 때 좋은 결과를 얻을 때가 많으므로, 상담자는 각각의 상황에 맞게 시기적절하고 정확한 정보를 제공할 수 있어야 한다.

내담자가 정보를 필요로 하고 들을 준비가 되었을 때, 상담자는 내담자의 정신적 상태와 실제 삶에서 어떤 것을 원하는지 살피면서 정보를 제공해야 한다. 그런데 정보를 제공할 때 주의해야 할 점은 상담자가 일방적으로 가르쳐주듯이 하지 말고 내담자와 상호작용하면서, 즉 내담자의 생각과 견해를 묻기도 하고, 내담자와 협력하는 방식으로 정보를 제공하는 것이 바람직하다. 상담자는 정보를 제공할 때 내담자를 참여시키는 것에 대하여 신경을 써야 한다(Hill & O'Brien, 2001). 상담자는 정보를 제공할 때 무엇이 이 특정 순간에 정보를 주고 싶도록 동기화하였는지, 이 정보가 얼마나 유용한지, 내담자에게 정보를 제공하는 것이 과연 적절한 것인지에 대하여 주의깊게 생각해야 한다.

또한 상담자는 내담자가 정보를 요구할 때 관계에 있어 역동상의 문제를 자각해야 한다. '내담자가 당신을 전문가로 느끼도록 만들려 하는가? 내담자는 탐색이나 통찰을 회피할 목적으로 정보를 요구하지는 않는가? 정보를 주는 것이 내담자를 더 의존적이 되도록 하지는 않는가? 내담자는 당신에게 문제에 대한 질문에 답하고, 진단을 내리며, 치료를 해주는 전문가를 기대하는가?' 상담자는 요구되어진 정보를 줄 것인가 결정하기 전에 이러한 질문에 스스로 답할 필요가 있다(Hill & O'Brien, 2001).

이러한 질문에 대하여 충분한 숙고를 한 후, 정보를 주는 것이 적절하다는 판단이 섰다 하더라도 한꺼번에 너무 많은 정보를 주어서는 안 된다. 또한 정보를 전달할 때, 상담자는 공감적이면서도 예의바르게 정보를 제공하고, 정보를 제공한 다음 내담자는 어떤 반응을 보이는 지에 대하여 민감성을 가지고 대해야 한다. 그리고 정보를 제공한 다음, "이러한 정보를 들으니 심정이 어떠신지요? 도움이 되시는지요?"와 같이 내담자에게 피드백을 요구하는 것이 필요하다. 이러한 피드백을 받지 않더라도 내담자에게 정보를 제공해주었을 때 내담자가 좋아하면서 상담에게 더 협조적으로 나오는 경우라면, 상담자의 정보 제공은 내담자에게 도움이 되고 있음을 알 수 있다.

9장

상담자의 민감성

훌륭한 상담자는 상담 과정 중에, 또는 상담이 끝난 후에라도,
자신에 대한 성찰과 함께 상담 과정 전체에 대한
성찰 및 평가를 할 수 있어야 한다.

상담 과정 중에 상담자와 내담자는 굉장히 다양한 만남이 이루어진다. 그런데 상담자는 내담자에게만 집중하느라 자신에 대해 미처 알아차리지 못하거나, 어떠한 관계 방식이 이루어지고 있는지, 이면에 숨겨진 것들에 대해 미처 알아차리지 못할 수가 있다. 상담에서는 "행간 메시지를 읽을 수 있어야 한다."는 말이 있는데 이것은 드러나지 않는 것에 대해서도 알아차릴 수 있는 능력이 필요함을 역설하는 것이다. 훌륭한 상담자는 상담 과정 중에, 또는 상담이 끝난 후에라도, 자신에 대한 성찰과 함께 상담 과정 전체에 대한 성찰 및 평가를 할 수 있어야 한다. 상담자 앞에 앉아있는 내담자에게 상담자가 어떠한 영향을 끼칠지 예상하는 능력이야 말로 치료 동맹 및 상담 성과에 있어 아주 중요하다.

1. 자신에 대한 민감성

상담 활동이 성공적이 되고 상담자의 민감성을 높이려면 '자기 확장 (extension of self-awareness)'이 요구된다. '자기확장적 관점'이란 유연한 관점을 가져야 함을 의미하는데 이러한 관점이 있을 때 상담자는 민감성이 개발된다. 그러므로 상담자는 다음의 가정을 생각하면서 상담에 임하면 좋을 것이다(노안영, 송현종, 2006).

● 사람들은 자신의 문제를 예방하고, 발달과 성장을 도모하며 문제를 해결하고 어려움을 극복할 때 타인의 도움을 필요로 한다.

- 도움이 필요한 많은 사람들은 그러한 문제에 대처할 수 있는 잠재능력을 이미 가지고 있거나 이미 성공적으로 문제를 해결한 경험을 가지고 있다. 그리고 상담자는 내담자의 이러한 잠재능력과 성공경험을 이끌어 낼 수 있다.

- 내담자에 대한 존중과 함께 진지함, 온화함, 일치성, 공감은 상담에서 상담자가 가져야 할 가장 필수적인 태도들이다.

- 상담은 인간의 세 가지 체계인 생각, 행동, 감정 중 어디에 초점을 맞추느냐에 따라 접근방식이 달라진다. 가장 바람직한 방법은 인간을 전체적인 입장에서 보는 것이다.

- 상담에서 다양한 조력 기술들을 제공하는 사람은 상담자지만, 상담의 내용과 방법, 상담의 성공을 결정하는 사람은 궁극적으로 내담자다.

민감성을 높이기 위해서는 자각 연습이 도움이 된다. 자각이란 현재 자신의 신체적 상태나 느낌 또는 사고가 어떠한 상태에 있는가를 스스로 인식하는 것을 말한다. 즉 자신의 삶에서 현재 일어나고 있는 중요한 현상들을 방어하거나 피하지 않고, 있는 그대로 지각하고 체험하는 행위를 뜻한다. 자각은 지금 이 순간에 중요한 자신의 욕구나 감각, 감정, 생각, 행동, 신앙과 믿음, 환경, 그리고 자신이 처한 상황 등을 알아차리는 것이다. 특히 상담자는 상담의 과정 중에 내담자에 대한 자신의 상태에 대하여 전체적으로 알아차릴 수 있어야 한다. 자각 능력이 뛰어난 사람은 자신과 관련된 모든 것에 대하여 민감하게 알아차리고 적절하게 반응할 수 있다.
상담자마다 가지고 있는 어떤 독특한 특성, 즉 외모, 나이, 분위기, 말투, 성격, 가치, 고정관념 등의 요소가 내담자와 만났을 때 어떤 반응을 일으킬 수 있다. 상담자가 이러한 것들을 자각하고 있을 때, 이러한 것들이 일으키는 것으로부터 내담자를 보호할 수 있다. 그래서 자신에 관한 내적, 외적 상황에 대해 보다 구체적이고 현실적으로 알고, 지금 어떠한 자세를 취하고 있으며, 어떻게 느끼고 생각하고 있는지를 알아차릴 수 있다면 상담은 보다 효과적이 될 수 있다.

일반적으로 자각에는 다음과 같은 것들이 포함된다.

- 신체 자각
  신체 자각은 자신의 신체가 어떠한 상태에 있는지 알아차리는 것이다. 신체 자각은 많은 경우 욕구나 감정 자각과 연결되어 있는 경우가 많다. 예를 들어 자신의 감정은 편안한 것 같지만 신체가 긴장된 것이 느껴진다면, 그때의 감정은 편안함보다는 불안한 감정일 가능성이 높다. 신체를 자각하는 것은 욕구나 감정을 자각하는 데 도움을 준다.

- 욕구 자각
  욕구 자각은 자신이 원하는 것이 무엇인지 명확히 알고 표현할 수 있는 것이다. 사람들은 욕구를 해결하기 위해 각종 행동을 하는데 실제 많은 사람들은 자신이 원하는 것이 무엇인지 잘 모른 채 살아간다. 그것은 그들이 성장과정에서 자신의 욕구를 자각하고 표현하는 것에 대해 주위로부터 부정적인 반응을 받았거나 심지어는 죄악시당한 경험이 있기 때문이다. 이러한 사람들은 오랫동안 자신의 욕구를 억압하고 타인의 기대나 도덕적 기준에 의해서만 행동해왔기 때문에 진정한 욕구를 자각하는 것이 쉽지 않다.

- 감정 자각

감정은 자신의 욕구와 관련하여 주관적으로 체험하는 느낌이다. 감정은 욕구와 서로 밀접하게 관련되어 있어서 욕구가 성취되었을 때는 좋은 감정을 느끼고 그렇지 못할 때는 불쾌한 감정을 느낀다. 만일 좋은 감정을 느끼게 되면 그와 관련된 욕구를 긍정적으로 받아들여 그것을 다시 추구하고 싶은 의욕이 생긴다. 불쾌한 감정을 느끼는 것이 싫어서 그 감정을 억압하거나 회피해 버리게 되면 그것이 오히려 문제가 되는 경우가 많다.

- 환경 자각

환경 자각이란 주위 환경에 무엇이 있는지, 어떤 일이 벌어지고 있는지 등을 자각하는 것이다. 예컨대, 길을 가다가 길 가운데에 웅덩이가 파인 것을 자각한다든지, 혹은 동네에 새로운 공사판이 생긴 것을 자각하는 것과 같은 것이다. 실직하여 마음이 상심한 사람은 화창한 봄 날씨와 산들거리며 지나가는 봄바람, 담벼락에 피어 있는 개나리꽃 등을 잘 자각하지 못한다. 즉 환경과의 접촉을 하지 못해 봄의 정취를 느끼거나 행복한 기분을 맛볼 수 있는 가능성을 놓쳐버리는 것이다.

- 상황 자각

이것은 현재 자신이 처한 상황을 있는 그대로 정확히 지각하는 것을 말한다. 상황 자각 능력이 부족하면 자신에게 호의적인 어떤 행동이나 의도를 악의적인 것으로 잘못 지각하거나 혹은 악의적인 상황을 호의적인 것으로 왜곡하여 지각함으로써 부정적인 결과나 잘못된 결과를 초래할 수 있다.

- 내적인 힘 자각

이것은 자신이 갖고 있는 힘 또는 행위능력을 자각하는 것을 말한다. 여기서 힘이란 어떤 일을 할 수 있는 능력이나 어떤 상황을 견딜 수 있는 능력 또는 환경에 영향력을 행사할 수 있는 능력 등을 뜻한다. 만일, 자기는 아무 능력도 없는 가련한 존재인 것처럼 절망적인 심정으로 말하면서 자신을 비관적인 시각으로 보고 있다면, 그는 자신의 능력을 쓰고 있지 못하고 힘들게 살아갈 가능성이 많다. 이 경우 내적인 힘을 빨리 자각하여 자신에게 하나님께서 부어주시는 놀라운 내적 힘이 있음을 알도록 도와주어야 한다.

2. 관계에 대한 민감성

상담자와 내담자를 관계적 측면에서 살펴볼 때, 내담자는 심리적으로 도움을 받으러 오는 입장에 있으며, 상담자는 돕는 역할에 있기 때문에, 내담자는 상담자에게 어느 정도는 의존적 관계를 하고 있다. 어린 시절에 어머니와 좋은 대상관계를 경험해 보지 못했던 내담자에게 상담자가 따뜻하게 수용해주고 배려해주는 좋은 대상이 되어 줄 때 상담자는 내담자에게 좋은 어머니 역할을 제공하는 것이다. 상담자가 계속적이면서도 일관적으로 내담자를 대해줄 때 내담자의 내면에 긍정적인 대상 표상이 형성되어 내담자의 표상에 변화를 일으킬 수 있다.

상담자와의 긍정적인 경험은 내담자의 내면에 긍정적인 대상 표상이 생긴다는 점에서 중요한 작업이다. 긍정적인 내적 대상의 출현은 내담자의 내면에 긍정적인 자기 표상이 만들어질 가능성을 만드는 것이며, 긍정적인 내적 대상 경험은 내담자의 대상관계의 변화 과정에 있어 굉장히 중요한 일이다(유근준, 2008).

어린 시절 긍정과 부정을 통합한 대상관계를 형성하지 못하고 부정적 대상관계가 우세한 내담자는 심적으로 고통과 불편감을 가지고 자신과 타인을 대할 가능성이 높다. 그런데 상담자로부터 긍정 대상 경험이 많아지면 내담자의 심리 구조가 새롭게 재구조화될 수 있다. 그러므로 상담자는 내담자의 마음속에 긍정적인 이미지를 내면화 할 수 있도록 도와야 한다. 내담자가 상담자에 대하여 어떻게 느끼는지 매 순간 알아차리고, 혹시 부정적이거나 불편하게 느끼는 순간, 그 부정적인 느낌을 편안하게 느끼고 표현할 수 있도록 해야 한다. 부정을 이해해 줄 수 있는 대상이 되어줌으로써, 내담자의 심리구조에 변화가 일어나도록 도울 수 있다.

신앙인의 경우에는 하나님과의 사랑의 경험이 깊을 때 내면의 변화에도 영향을 미친다. 따라서 기독 내담자들에게 하나님과의 긍정적인 관계가 내면화될 수 있도록 하기 위해 신앙생활을 잘 하도록 돕고, 성경에 나타난 사랑과 자비, 은혜의 하나님에 대하여 교육을 하는 것이 효과적이다. 또한 교회 내에서 좋은 관계를 형성해 나갈 수 있도록 공동체와의 만남에도 신경을 써야 한다.

3. 의사소통에 대한 민감성

내담자의 대화 능력 또는 의사소통 능력이 어떠한 지에 대하여 평가하는 것은 상담자에게 꼭 필요한 일 중의 하나다. 내담자는 역기능적인 의사소통을 하는 경우가 많은데, 만약 이중메시지를 사용하거나 부정적인 귀결이 되도록 의사소통을 하는 경우, 그들의 소통방식이 내담자의 내면 심리를 알려주는 신호일 때가 있다. 이러한 경우, 내담자들이 실제로 말하고 있는 '힘들고 고통스럽다'는 표현은 그의 개인내적 틀을 보여주는 것이기도 하지만 그들이 부정적이고도 이중적인 방식으로 의사소통을 하는 증거가 될 수 있으므로 그들의 의사소통방식을 탐색해 보아야 한다. 그리고 부정적인 방식으로 의사소통을 하고 있다면 이들의 의사소통 방식이 실제로 가까운 타인들 뿐 아니라 그가 맺는 내적대상과의 관계에도 부정적인 영향을 미치고 있을 것이므로 그 내적대상들이 갖는 심리적인 기능을 밝히고자 하는 노력이 요구된다(Greenberg & Mitchell, 1983).

역기능적인 의사표현 방식은 일관성이 없고 부정적인 것이 주된 특성이다. 이러한 의사소통 방식을 사용하는 내담자들은 상담자와의 관계에서 언어적 메시지(외현적 메시지)보다 비언어적 메시지(이면적 메시지)에 더 민감하게 반응한다. 이것은 그 이면에 병리적 대상관계에 기원을 두고 있는 이중 언어 메시지에 길들여져 있다는 증거다. 이러한 소통 방식은 대인관계에서도 병리적 투사적 동일시와 내사적 동일시를 자연스럽게 사용할 가능성이 높다. 이때 상담자는 메타 커뮤니케이션을 밝히고 해결해야 한다.

메타 커뮤니케이션(meta-communication)이란 언어 이면에 숨겨져 있어서 겉으로 표현되지 않은 대화를 말한다.

예를 들어, 남편이 아내와 대화하기를 거부하고 저녁 내내 텔레비전만 보고 있는 경우, 남편은 지금은 대화하고 싶지 않다고 이야기하고 있는 것이다. 이때, 남편이 아무 말 없이 앉아 있다 하더라도 아내는 남편이 자기를 거부하고 있으며 분노나 권태를 느낀다든가 거리를 두고 싶다는 외침을 들을 수도 있는 것이다. 이것이 바로 메타 커뮤니케이션이다 (Nichols & Schwartz, 2001).

의사소통이론가들은 전달되는 내용("만나서 반갑다, 친구야.")과 전달할 때의 표정이나 목소리('어떻게 하면 이 지겨운 친구에게서 빨리 벗어날 수 있을까')가 모순될 때 문제가 발생한다고 하였다. 부모가 실제로 전하는 메시지와 다른 느낌을 전하는 것을 이중 구속 언어(double bind message)라 하며, 부모가 계속 이런 방식으로 그 자녀와 대화했다면 자녀는 부모와의 관계를 피할 수 없기 때문에 어느 대화에 초점을 맞추어야 하는지 혼란에 빠지면서 정신적으로 문제가 발생할 수도 있다. 이러한 역기능적인 대화를 피하기 위해서는 무엇보다 대화 당사자 간에 서로의 느낌을 나누고 감정을 수용하도록 함으로써 말하는 사람이나 듣는 사람이 서로 일치된 의사소통을 할 수 있도록 대화의 방법을 가르쳐 주어야 한다(Goldenberg & Goldenberg, 1990). 이렇게 될 때 건강한 대화가 이루어질 수 있다.

메타 커뮤니케이션(이중구속 언어를 사용하면서 애매모호하면서도 암시적이고 이면적인 메시지 주고받기)을 사용하는 내담자에게 그 이면에 있는 메타 커뮤니케이션을 치료하기 위해서는 메타 커뮤니케이션 소통방식이 겉으로 드러나도록 해야 한다. 이것은 실제적인 측면에서 상담자가 내담자로 하여금 사적이고 숨겨진 의사소통을 공적이고 분명하면서도 수용가능한 의사소통으로 바꿀 수 있게 하는 것을 의미한다(Cashdan, 2005).

상담자는 상담자와 내담자 간에 무엇이 일어나고 있는지 상호작용의 특성을 분명하게 드러낼 필요가 있다. 이를 위해 상담자는 관계를 상담실 안으로 가져올 필요가 있다. 그 다음 상담자는 내담자의 모호한 요구 이면에 있는 메타 커뮤니케이션을 드러나게 함으로써 상담자-내담자 관계를 분명하게 만든다. 그리고 명확하고도 언어와 비언어가 일치된 의사소통 방식으로 대화함으로써 내담자의 병리적 관계가 변화되도록 해야 한다. 결국 언어가 분명해지고 있다는 것은 심리적 구조도 분명해졌음을 의미하는 것이다. 그러므로 분명하고도 일치적이며 긍정적인 의사소통이 가능해지도록 하는 것이 내담자의 변화를 위해 중요하다.

4. 영적 민감성

영적 민감성이란 균형 잡힌 영성으로 자신과 타인의 영성적 방향과 수준을 분별해 내는 것이다. 하나님과의 교통을 경험한 사람과 그렇지 못한 사람, 즉 하나님을 '발견한' 사람과 그렇지 못한 사람 사이의 결정적인 차이는 '인종이나 교육수준, 기질, 습관, 개성, 개인의 자질' 등에 있지 않다. 그것은 하나님의 은혜가 무엇이며 하나님의 사랑과 긍휼, 용서에 대한 감각을 얼마나 가지고 있느냐의 차이이다.

영성을 중심으로 하여 전인적으로 건강한 정신과 심리를 가지고 있을 때 자신에게 흐르는 하나님의 은혜와 사랑이 타인에 대한 사랑과 긍휼, 이해와 조화를 이루게 되어 외적으로 나타나게 된다. 영적 민감성은 영적 수준과 비례한다. 영적 성장과 성숙은 인간이 가지고 있는 본능적인 영적 갈망에 의해 채워지는 것이 아니다. 그것은 영성의 실체이신 예수님을 더 깊이 알고 싶고 충족하고 싶어서 마음을 다해 하나님께 나아가며, 하나님께 온전히 자신을 드리고, 하나님과 깊이 교통하는 몸부림과 비례한다. 그래서 객관과 주관, 합리성과 초월성, 이성과 신앙이 함께 통합되는 영적 자각이 영적 감수성을 통해 나타나게 된다.

영적 민감성에 관련하여 네 가지 개념을 유의해야 한다.

첫째, 영성의 본질을 분별하는 힘이다. 이 시대나 자신 및 타인이 성경에 근거한 복음적 영성인지, 비복음적 영성인지, 혹은 범종교적 영성인지를 구분할 수 있는 영성의 본질적 측면이 우선된다.

둘째, 영성의 수준은 하나님과의 관계에서 우러나오는 생명력과 친밀감에서 비롯된다. 영적 민감성이 뛰어난 사람은 하나님으로부터 오는 에너지가 넘쳐 흘러 타인에게 하나님의 은총을 전해주는 영적 영향력이 있다. 더 나아가 타인 속에 있는 영적 민감성을 분별하는 힘도 가지고 있다.

셋째, 영적 민감성은 하나님의 말씀을 아는 정도, 순종하는 정도에 따라 달라진다. 따라서 기독교 상담자는 통합적 영성에 대한 올바른 이해를 바탕으로 하나님의 말씀을 열심히 배우고 연구해야 한다. 또한 하나님의 뜻에 순종하는 삶을 살아야 한다.

넷째, 기독교 상담자는 구원자 되신 예수님에 대한 온전한 믿음과 죽기까지 사랑을 베푸시는 사랑의 은혜에 푹 잠겨있어야 한다. 이러한 영성을 바탕으로 내담자와 관계하고 만날 때 내담자를 하나님께로 온전히 인도할 수 있다.

통합적 관점에서의 수준있는 영적 민감성을 키우기 위해서 기독 상담자가 가져야 할 자세로 다음의 세 가지를 권하고자 한다.

① 하나님이 내 마음과 인격의 중심이 되도록 한다. 하나님과 사랑에 빠진 사람은 신적인 관계를 자기 심리적, 영적 생활의 중심으로 삼는다.

② 하나님이 유일한 관계가 되도록 한다. 사람은 동시에 여러 사람을 사랑할 수는 있지만 사랑에 흠뻑 빠지는 것은 한 사람과만 할 수 있다. 우리가 관계의 '유일성'이라는 말을 할 때 그것은 하나님과의 친숙함 및 내밀함을 가리킨다. 친숙함과 내밀함은 서서히 만들어져 가며 이 과정에 있어 '고독'이라는 공간이 필요하다.

③ 하나님과 충실한 관계를 맺도록 한다. 하나님은 성실한 분으로서, 한 인간 실존에 돌입해 들어가시고 그의 공간을 침입하셔서 마음을 채우심에 넉넉하다. 하나님께서 '전인'을 사로잡으시기 때문에 깊이와 지속에 있어서도 '전체적' 응답을 요구하신다. 따라서 우리도 하나님께 마음을 다하고 목숨을 다하며 뜻을 다하고 힘을 다하여 사랑함으로 응답해야 하는 것이다.

10장

좋은 상담자

기독교 상담자는 성숙한 사람이 되기 위해 노력해야 하며
겸손한 마음으로 끊임없이 성숙을 향해 나아가야 한다.
그래야 내담자를 성숙한 인격으로 세우는데
좀 더 효과적으로 도울 수 있다.

1. 좋은 상담자의 특성

상담에서 내담자에게 주는 상담자의 중요한 특성이 무엇인지에 대해서는 많은 연구가 이루어져왔는데, 지금까지 일반적으로 밝혀진 효과적인 조력자의 주요한 특성은 다음과 같다(Patterson & Welfiel, 2000). 좋은 상담자가 되려고 하는 사람은 다음의 특성이 자신의 특성이 되도록 부단히 노력해야 할 것이다.

- 효과적인 상담자는 내담자에게 다가갈 수 있는 능숙한 대인관계기술을 가진다.

- 효과적인 상담자는 내담자에게 진실함, 신뢰감, 자신감을 야기한다.

- 효과적인 상담자는 내담자를 돌보고 존경한다.

- 효과적인 상담자는 타인이해 뿐 아니라 자기이해를 바탕으로 성숙된 삶을 영위한다.

- 효과적인 상담자는 내담자와의 갈등을 효과적으로 처리한다.

- 효과적인 상담자는 가치 판단을 강요함이 없이 내담자의 행동을 이해한다.

- 효과적인 상담자는 내담자의 자기파괴 행동패턴을 확인할 수 있고, 그러한 자기 파괴행동을 보다 바람직한 행동패턴으로 변화하도록 도울 수 있다.

- 효과적인 상담자는 내담자에게 특별한 가치가 있을 어떤 영역에 대한

전문적인 지식과 경험을 갖고 있다.

- 효과적인 상담자는 체계적으로 추론하고 생각할 수 있다.

- 효과적인 상담자는 문화에 대한 충분한 지식을 가지고 있다. 그는 사람들이 생활하는 사회적, 문화적, 정치적 맥락을 이해할 수 있다.

- 효과적인 상담자는 자신을 좋아하고 존중하며 자신의 욕구를 만족시키기 위해 내담자를 이용하지 않는다.

- 효과적인 상담자는 인간 행동에 대하여 심층적 이해를 할 수 있다.

- 효과적인 상담자는 바람직한 인간 모델을 가진다. 이러한 인간은 전인적으로 건강하고 효과적이며 충분히 기능하는 자질과 행동패턴을 가진다.

상담자라면 나름대로 '효과적이며 좋은 상담자'가 되기 위해 노력해야 하는데 상담자가 소유해야 할 바람직한 자질이나 특성들이 어떤 것인지에 대해 분명하게 합의된 것은 없다. 다만 여러 학자들이 제시하고 있는 견해들을 종합해보면, 상담자가 갖추어야 할 중요한 자질은 대체적으로 다음과 같다. 즉 진솔성, 인간에 대한 깊은 관심, 정서적 성숙, 심리적 안정감, 민감성, 유연성, 온화함, 타인 수용, 개방된 마음, 공감, 자각, 타인 존중, 비소유성, 비지배성, 객관성 등이다(노안영, 송현종, 2006). 상담자는 이러한 요인을 생각하면서 이러한 자질이 자기의 것이 되도록 부단히 노력해야 할 것이다.

2. 인격 성숙을 위해 노력하는 상담자

1) 통합적 관점에서의 성숙한 인격

저자는 상담이 내담자의 인격 변화를 목표로 하기에 상담자는 내담자의 핵심 인격 중 잘못된 부분이 있다면 그것이 무엇인지 분명하게 인지하고 올바르고 바람직한 인격으로 변화시키기 위해 노력해야 한다고 생각하였다. 그래서 바람직하고 성숙한 인격에 대하여 다음의 과정을 통하여 연구를 진행하였다(심수명, 2013).

첫째, 기독교 신앙은 자율성이나 타율성이 아니라 하나님의 섭리와 뜻에 의해서 지배되는 신율성에 근거를 두기 때문에(심수명, 2006) 성경적 관점에서의 인격 개념이 무엇인지 삼위일체 하나님의 인격에 대해 살펴보고 인간의 인격은 근거를 어디에 두어야 하는지 살펴보았다.

둘째, 상담적 관점에서는 성숙한 인격에 대하여 어떻게 연구되었는지를 성장상담학자인 앨포트, 로저스, 마슬로우, 그리고 프롬의 견해를 중심으로 살펴보았다.

셋째, 기독교 상담적 관점에서의 인격 개념에 대하여 몽고메리와 쉐릴, 그리고 연구자의 견해를 중심으로 고찰하였다.

전체의 연구 내용과 연구자의 임상 경험 및 학문적 견해를 종합하여 우리는 죄인이기에 온전한 인격성숙에 도달할 수 없다는 전제를 바탕으로 성숙한 인격의 특성에 대하여 다음과 같이 8가지로 정리하였다(심수명, 2013).

① 성숙한 사람은 십자가의 은혜와 하나님을 의지함이 없이는 한 순간도 살아갈 수 없음을 안다.

② 성숙한 사람은 아가페 사랑을 근거로 자신과 타인을 사랑한다.

③ 성숙한 사람은 영성을 중심으로 지, 정, 의 등 전인의 통합을 추구한다.

④ 성숙한 사람은 영적인 성숙을 바탕으로 가면적, 내면적, 관계적 인격이 조화롭게 균형 잡혀 있다.

⑤ 성숙한 사람은 신적 자존감을 가지고 자신과 타인을 존중한다.

⑥ 성숙한 사람은 자신의 과거와 현재를 정리하고 미래에 어떤 삶을 살아야 할지 분명한 목표의식을 가지고 살아간다.

⑦ 성숙한 사람은 유연하고 개방적인 사고를 하며 현실 상황을 객관적으로 파악할 수 있다.

⑧ 성숙한 사람은 성경에 근거한 하나님의 뜻을 실현하는 것을 최고의 목표로 삼는다.

따라서 기독교 상담자는 성숙한 사람이 되기 위해 노력해야 하며 겸손한 마음으로 끊임없이(죽을 때까지) 성숙을 향해 나아가야 한다. 그래야 내담자를 성숙한 인격으로 세우는데 좀 더 효과적으로 도울 수 있다.

2) 기독교적 관점에서의 인격 회복 과정

상담자는 인격적으로 회복이 일어나기 위해서는 어떠한 것들이 필요한지, 그리고 그 과정은 어떠해야 하는지 알고 있어야 내담자를 효과적으로 도울 수 있다. 그러므로 인격 회복의 과정에 대해 알고 있어야 한다 (심수명, 2005).

첫째, 인간은 누구나 다 죄인이므로 상처를 받은 경우라 하더라도 하나님 앞에서 자신의 죄는 없었는지 돌아보고 인정하고 회개해야 한다. 우리는 구체적으로 고백할 수 없는 수많은 죄들, 기억나지 않는 수많은 죄가 있다. 실로 우리는 바울사도의 고백처럼 죄인 중의 괴수다. 그러나 측량할 수 없는 하나님의 은혜와 사랑이 있기에 우리는 자유로운 자이다.

둘째, 자신의 상처를 들어줄 수 있는 사람에게 자신의 내면을 드러내 보여주어야 한다. 자신의 상처를 인식하고 나면 이 상처를 나눌 수 있는 사람에게 자신을 드러내는 일이 무엇보다 중요하다. 이것이 상담이요 심리치료다. 내게 상처를 준 사람과 직접적으로 만나기 어렵거나 용기가 없어서 말을 할 수 없는 경우, 혹 말을 하면 상대방에게 지나친 충격을 주게 될 경우, 제 삼자에게 자신의 마음을 표현하는 것은 상처 치료의 과정에서 너무도 중요하다. 마음을 다치게 한 사람이 바로 앞에 있다고 상상하며 가능한 한 그때의 상황과 비슷하게 그려보고 그 사람이 정말로 자기 앞에 앉아 있는 것처럼 살아있는 감정으로 말하며 심지어 행동까지 할 수 있다. 이런 가상의 상황은 자신이 보호받고 있으며 안전하다는 느낌을 주기 때문에 실제 상황일 때 보다 겁을 덜 먹게 하면서도 근본적으로는 현실과 똑같은 감정을 불러일으켜 문제를 해결하는 치료의 효과가 있다.

셋째, 지금까지 살아온 자신의 삶의 배경을 잘 검토해 보아야 한다. 자신의 상태가 마음의 상처 때문이라는 것을 전혀 모를 때, 이 무지야말로 그 상처가 무의식 속으로 깊이 뿌리내려졌음을 보여주는 신호일 때가 종종 있다. 과거의 상처 난 부위에 대해 모르면 모를수록 현재 어떤 사건이 왜 그렇게 깊이 상처를 주는지 이해하기가 그만큼 어려워진다. 이런 경우는 치료과정이 쉽지가 않다. 자신의 경우 상처는 왜 받는지, 출생가정의 모든 자료들을 가지고 하나하나 풀어갈 때 치료는 시작된다. 과거에 받은 상처를 좀 더 잘 이해하고 그것이 지금의 나에게 상처를 남겼음을 인식하고 있으면 마음의 상처를 훨씬 쉽게 해결할 수 있다.

넷째, 신뢰에 찬 인간관계를 새롭게 구축해야 한다. 사람은 인격적이며 따뜻한 만남을 경험하지 못했기에 상처를 받는다. 따라서 사람에게 받은 마음의 상처를 치료하기 위해서는 신뢰할 수 있는 사람과의 의미 있는 만남이 필요하다. 자신의 상한 감정들을 마음 놓고 이야기할 수 있는 새로운 만남이 필요하다. 헨리 나웬(Henri J. M. Nouwen)은 이런 분위기를 '우애가 넘치는 마음의 공간이 내 안에 가득한 것'으로 표현하였다. 그 다음, 공감하는 마음과 진실한 사랑으로 인격적인 대화를 나누어 갈 때 치료적인 만남이 일어나게 된다.

이러한 과정을 경험할 때에 진정한 치료가 시작된다. 그러나 이 순서가 불변의 원리이거나 진리는 아니다. 때에 따라서는 말씀의 은혜를 받고 과거의 상처가 치료되기도 하고, 상황이 바뀌어서 상처가 치료되기도 하는 등 여러 다른 요인들에 의해 치료가 되기도 하므로 다양성에 대한 이해도 가지고 있어야 한다.

3. 인간을 존중하는 상담자

1) 존중의 개념

존중은 사람을 소중히 여기며 바라보는 것으로 도덕적 특성이나 태도로 생각할 수 있다. 존중은 인간 존재 그 자체가 가치 있기 때문에 사람을 소중히 여기는 것이다. 상담자가 내담자를 존중한다는 것은 상담자의 진심과 함께 마음과 태도뿐 아니라 구체적인 행동으로 존중을 표현하는 것을 의미한다.

로저스는 존중에 대하여 다음과 같은 태도를 제시하였다(Rogers, 1967).

(1) 내담자를 위한 존재
내담자를 위한 존재라는 것은 상담자가 내담자의 현재보다는 그의 근본적인 인간성과 잠재성에 관심을 기울인다는 것이다. 즉 이 말은 내담자가 인간으로 존중받아야 하기 때문에 상담자가 내담자를 위한 존재로 있어야 함을 표현하는 말이다. 상담자는 감상적인 태도나 마음뿐 아니라 구체적이고 현실적인 자세로 관심을 가져야 하며, 너그러우면서도 필요할 때는 동시에 강하게 직면하는 자세도 상담자가 가져야 하는 존중의 자세다.

(2) 내담자와 함께 노력하는 상담자의 자발성

내담자를 존중하는 상담자는 내담자가 필요할 때면 언제든 도움을 받을 수 있는 친밀함을 가지고 있어야 한다. 자발적인 상담자는 내담자를 위해 기꺼이 헌신할 수 있다. 물론 이러한 상담자의 자발성은 상담자 자신이 내담자를 돕는데 필요한 자원과 실력을 갖추어야 함을 포함한다. 존중하는 상담자에게 있어서 돕는 일은 하나의 직업이 아니라 가치다. 상담자는 "내담자를 상담하는 일에 나의 정력과 시간을 투자하는 것은 가치 있는 일이다."라고 말할 수 있어야 한다. 이 때문에 상담은 위대한 작업이며, 전문적인 상담 기술을 갖춘 사람이 상담을 해야 한다.

(3) 독특한 존재로서 내담자를 존중

존중은 내담자의 독자적인 인격에 관심을 기울이는 것으로 표현된다. 이것은 상담자가 내담자의 독특성을 지원하고 내담자 자신을 독특한 존재로 만들어 줄 수 있는 내담자 자신의 자원을 개발하는 데 헌신한다는 것을 의미한다. 유능한 상담자는 내담자를 변화시키는데 노력을 기울이지만, 이것은 상담자가 원하는 이미지로 내담자를 변화시킨다는 의미는 아니다.

(4) 내담자의 자기 결정을 존중

상담자의 기본적인 태도는 내담자가 자기의 삶을 더 효과적으로 살 수 있게 만드는 충분한 자원을 내담자가 갖고 있다고 신뢰하는 것이다. 상담자의 임무는 장애 때문에 억눌려 있는 내담자의 자원을 해방시키고 그 자원을 개발하도록 돕는 것이다. 상담자는 내담자가 자기를 향상시키는 방법을 스스로 결정하기를 기대한다. 그러한 상담자는 내담자가 현실적으로 자기의 자원을 평가하도록 하여서 내담자 자신의 야망이 자기가 갖고 있는 자원의 한계를 벗어나지 않도록 도울 수 있다. 그러나 결국 내담자가 자기의 능력보다 비효과적으로 자기의 삶을 살아가고 있다면 상담자는 그러한 내담자의 선택에 도전을 준 후에도 내담자를 존중해 주어야 한다.

(5) 내담자의 선의를 인정

내담자를 존중하는 상담자는 내담자가 보다 효율적으로 자신의 삶을 살고 싶은 마음이 있다고 생각한다. 즉 내담자는 자신의 삶의 문제를 효율적으로 조정하길 원한다고 가정하는 것이다. 어떠한 경우에도 내담자를 존중하는 상담자는 내담자가 성장을 거부하는 것으로 쉽게 결론을 내리지 않는다. 너무나 많은 상담자가 내담자에게 '동기부여'가 되어 있지 않다는 이유로 상담을 포기한다. 그러나 이러한 판단은 바람직한 태도가 아니다.

2) 존중의 표현 방법

존중의 태도를 상담 과정에 활용하기 위해서는 행동에 옮겨야 한다. 존중의 태도를 행동으로 표현하는 방법은 여러 가지가 있겠지만 내담자를 향한 존중의 구체적 표현 방법으로 다음의 5가지를 추천하고자 한다 (Rogers, 1967).

(1) 주의집중

주의집중은 그 자체가 존중을 보여주는 방법이다. 이것은 "나는 당신과 함께 있습니다." 혹은 "나는 당신이 관심을 갖고 있는 것에 관심을 갖고 있습니다.", "나는 당신이 보다 효과적인 삶을 살도록 도움을 줄 수 있습니다.", "당신을 돕는 일에 나의 시간과 노력을 투자하는 일은 가치 있는 일입니다."를 행동으로 표현하는 것이다.

(2) 비판적 판단 유보

존중은 내담자에 대한 비판적 판단을 유보한다. 로저스는 이러한 존중을 '무조건적인 긍정적 존중(배려)'이라고 하였다. 이 의미는 "상담자가 내담자를 잠재력을 지닌 한 인간으로 보고 깊이 있고 진지하게 돌보며 내담자의 행동, 생각, 감정 때문에 상담자의 판단이 흐려지지 않고 순수하게 돌보고 있음을 전달해야 한다."는 뜻이다(Rogers, 1967).

(3) 정확한 공감의 전달

존중을 표현하는 가장 좋은 방법은 내담자의 경험, 행동, 감정을 이해하는 것이다. 정확한 공감의 전달은 내담자를 존중하고 있음을 보여주는 좋은 방법이다. 사람들은 자신들을 이해하려고 노력하고 시간을 함께 보내 주면 존중받는 것으로 생각한다. 그러므로 정확한 공감의 전달과 관련된 모든 행동은 존중을 표현하는 행동이라고 할 수 있다.

(4) 내담자 자신의 자원 개발 촉진

내담자 자신의 자원을 개발하도록 돕는 것은 내담자의 독특성과 개성을 존중하는 상담자의 태도에서 비롯된다. 숙련된 상담자는 내담자 스스로 자신의 자원을 발견하도록 돕는다. 예를 들면, 상담자는 내담자가 자신의 문제 상황을 탐구하도록 하기 위하여 보다 구체적으로 자신을 탐구할 수 있는 어떤 자료를 제공해 줄 수 있다. 그러나 유능한 상담자는 꼭 필요한 경우가 아니라면 어떤 것이든 내담자를 대신해서 행동하지 않는다. 내담자에게 필요하다면 내담자가 실천에 옮기도록 돕는다.

(5) 합당한 온정의 표현

온정은 존중을 표현하는 방법이다. 온정을 표현하는 데는 훌륭한 방법이 필요한 것은 아니다. 그러나 온정은 쉽게 남용될 수 있다. 처음에 상담자는 친절함으로 온정을 표현할 수 있다. 그러나 그것은 상담자의 '역할'로 인한 온정(규격화된 상담자의 온정)이나, 또는 좋은 친구를 대하는 온정이 아니다. 상담자는 끊임없이 무조건적 긍정적 존중을 가져야 하기 때문에 계산된 '기계적 온정'을 표현하게 될 때도 있다. 그러나 그러한 온정은 "모든 것이 좋다."라는 식의 응답이요, 이런 식으로는 내담자에게 도움을 주지 못한다.

4. 경계선이 확립된 상담자

1) 경계선 확립의 필요성 및 관련 기제

사람은 어려서는 전적으로 부모(특히 어머니)에게 의존하여 살아가다가 어머니로 부터 서서히 벗어나서 자기 자신의 정서적 자주성을 향해 나아가게 된다. 이 과정에서 개체(어린이)가 다른 개체(부모나 중요한 타인)와 사고와 정서를 분리시킬 수 있는 능력이 필요하게 되는데, 이것을 '경계선 확립'이라고 부르며 '자아 분화'라고도 표현한다. 자아 분화가 어느 정도 성취된 개인은 타인과의 관계에 있어 융합을 하지 않으면서도 친밀감을 형성할 능력을 가지고, 타인의 인정이나 영향을 받으면서도 개체의 독립을 유지하며, 타인 때문에 자신의 일관된 생활 원리나 신념 및 가치들을 버리지 않는다.

건강한 개인은 적절한 경계선을 가지고 자신에게 필요한 것은 받아들이고, 해로운 것에 대해서는 유입을 막을 수 있다. 하지만 경계선이 확립되지 않은 개인은 경계가 불분명하기 때문에 자신의 욕구나 정서를 자신의 것으로 지각하지 못하고 관계에 있어서도 역기능적인 관계를 맺으며 어린아이로 살아가거나 많은 문제를 안고 살아간다.

경계선이 제대로 확립되지 못한 경우 나타나는 기제로는 내사, 투사, 반전, 융합, 회피 등이 있는데 그 내용을 살펴보면 다음과 같다.

(1) 내사
타인의 가치관이나 판단기준을 자신이 가지고 있는 것과 융화함이 없이 무비판적으로 수용하는 것이다. 자신이 접촉하여 이해하지 못하고 나의 것으로 만들지 못했다면 그것은 내가 되지 못하고 나의 것이 되지 못한다. 예컨대, "어떤 경우에도 화를 내어서는 안 된다."는 부모님의 교육이 내사 형태로 존재한다면, 타인에게 부당한 침해를 받아도 분노감정을 느끼지 못하게 된다. 그렇게 되면 분노감정은 미해결 과제로 남게 되며, 이로 인해 적응상의 문제를 초래하게 된다.

(2) 투사

나의 욕구나 정서 혹은 생각, 가치관 등을 나의 것으로 지각하지 못하고, 타인의 것으로 왜곡하여 지각하는 것을 지칭한다. 가령, 자신의 슬픔을 자신의 감정으로 지각하지 못하고, 타인의 슬픔에 유난히 슬퍼하면서 자기 일처럼 우는 경우, 자신의 슬픔을 온전히 수용하지 못하게 됨으로써 슬픔을 해결할 수 없게 된다.

(3) 반전

타인에게 하고 싶은 행동을 자기 자신에게 하는 행동을 말한다. 자신을 배신한 남자에게 화가 나지만, 화를 내면 그가 영영 떠나버릴까 봐 화를 내지 못하고, 오히려 분노를 자신에게 돌려버린다. 즉 자신의 잘못 때문에 애인이 자기를 버린 것이라고 자책하는 것이다. 반전은 타인이 자기에게 해주기를 바라는 행동을 자기 자신이 자기에게 하는 행위도 포함된다. 즉 아무도 자기의 아픔을 위로해 주지 않을 때 스스로 자기를 위로해 주는 것이다. 누군가에게 화가 난 경우, 이런 사람은 자신의 에너지 방향을 직접적인 당사자에게 화를 내지 못하고 돌려서 자신에게 화를 내며 자책한다. 반전기제는 때로 긍정적으로 사용되기도 한다. 즉 주어진 상황에서 합리적인 근거로 반전을 사용하여 타인에게 행동할 것을 억제하는 것이다.

(4) 융합

자신과 타인의 경계가 없어지고, 타인과 한 덩어리가 된 상태를 말한다. 융합행동을 보이는 개인은 항상 타인의 기대에 따라 행동하며, 어떤 경우에도 서로 간의 갈등을 피하려고 하며, 조화롭고 편안한 관계 유지를 위해서는 어떤 희생이든 치를 준비가 되어 있다. '갑'이 행복하다고 느끼면 '을'도 행복하다고 느끼고, '갑'이 불행하다면 '을'도 불행하다고 느끼는 일심동체와 같은 관계 유형이 여기에 해당된다. 그들은 서로 간에 어떤 갈등이나 불일치도 용납하지 못한다. 이런 경우, 서로의 관계를 깨뜨리는 행위는 암묵적으로 금기시 된다. 자신의 개성과 자유를 포기한 대가로 얻은 안정을 깨뜨리려는 행위는 서로에 대한 계약 위반이므로 융합관계를 깨뜨리는 쪽은 심한 죄책감을 느끼게 된다. 융합관계에 놓인 개인은 명확한 자기 경계가 없으므로 타인과 제대로 접촉할 수 없으며 자신의 욕구와 감정을 제대로 해소할 수 없게 된다.

(5) 회피(편향)
개인이 성장을 위해 필요한 환경과의 접촉을 회피하는 행동을 가리킨다. 이때 그는 환경과 접촉하는 대신 다른 불필요한 행동을 함으로써 접촉을 회피한다. 즉 타인과의 갈등을 회피하기 위해 딴 곳을 쳐다보거나, 화제를 돌리거나, 말을 장황하게 하거나 혹은 웃어넘기는 행동 등이다. 이러한 행동도 환경과의 접촉을 차단함으로써 적응상의 문제를 초래할 수 있다.

경계선이 제대로 지켜지지 않으면 주로 가족 내에서 문제가 발생한다. 부모와 자녀의 관계에서 경계선이 분명하지 않은 부모는 자녀가 비밀을 갖는 것을 용납하지 못한다. 자녀가 자기만의 비밀을 갖고 싶고, 비밀을 간직하기 시작하는 것은 이제 부모의 그늘에서 벗어나 자기만의 세계를 갖는 성장의 발걸음을 내딛는 것인데, 자녀의 인격에 대해 적절한 경계선을 보호해 줄 능력이나 마음이 없는 경우에는 자녀의 이러한 행동을 배척으로 느끼면서 분노하게 된다. 안타깝게도 부모의 이러한 행동은 자녀의 인격을 존중하는 것이 무엇인지 모르는 행동이기에 자녀는 부모의 침범을 다 받아들이게 되고 자신만의 경계선을 지키는 것이 무엇인지 모른 채 비인격적으로 그 삶이 무너지게 된다.

인격적인 경계선이 제대로 지켜지지 않는 또 다른 예는 바로 부부관계에서 자주 볼 수 있다. 배우자를 의심하여 핸드폰이나 메일을 몰래 본다든지, 사랑한다고 하면서 일일이 상대방의 행동에 간섭하는 것은 사랑을 가장한 인격 침범인데, 이러한 감각이 너무 부족한 것이 한국의 현실이다.
부부관계 외에도 가족 내의 한 사람이 경제적으로 부도가 나거나 힘들어지는 경우 한국적 상황에서는 경제적으로 곤란을 겪고 있는 한 사람 때문에 가족 전체가 힘들어지는 경우를 자주 볼 수 있다. 부부의 문제를 시댁 식구나 친정 식구가 나서서 해결하려는 행위도 경계선에 문제가 있는 것으로 볼 수 있다.

2) 적절한 경계선 유지

사람은 환경(사람, 사건 등)과 교류하면서 자신이 인격적으로 수용해야할 것은 경계를 열어 받아들이고, 외부 환경에서 비인격적이며 해로운 것이 들어올 때는 분명하게 경계를 닫음으로써 자신을 보호한다. 그런데 이 경계에 문제가 생기게 되면 환경과의 유기적인 교류접촉이 차단되고 관계적, 심리적, 생리적 혼란이 생긴다.
경계선이 확립되지 못한 사람은 자신의 욕구나 감정이 환경과 적절하게 접촉하지 못함으로써 미해결 과제가 쌓이게 된다. 이러한 사람은 내적으로나 외적으로 모두 연결성을 상실한 채, 혼란과 분열에 처하게 된다. 내적으로 혼란을 겪는다는 것은 자신을 하나의 연결된 통합체로 경험하지 못한다는 것이며, 외적으로는 다른 사람과 적절한 거리를 유지하지 못하여 인격적 관계를 유지하기 힘들다는 뜻이다.

밀접한 관계에 있는 두 사람이 겉으로 보기에는 서로 지극히 위해주고 보살펴주는 사이인 것처럼 보이지만, 경계선 설정이 잘 안되어 있는 경우라면 서로 독립적으로 행동하지 못하고 의존하면서 미숙한 융합적 관계에 있는 경우가 많다. 융합으로 인해 자신의 경계를 갖지 못할 때 개인은 자신의 욕구나 감정을 제대로 해소할 수가 없고 점점 더 서로에게 예속되어 병리적으로 관계가 발전되는 것이다.

그러므로 상담자는 경계선 확립이 되어 있지 않은 경우, 가까운 관계에서 어떤 문제가 발생하는지 알고 있어야 하며, 경계선을 적절하게 세우기 위해 무엇이 필요한지 알고 내담자를 도울 수 있어야 한다.

그리고 무엇보다도 상담자 자신도 건강한 경계선이 확립되어 있는지 점검하고 훈련해야 한다. 즉 자신의 경계선 확립을 위해 여러 다양한 훈련을 통해 건강한 인격이 세워지도록 노력해야 한다. 상담 장면에서 유난히 화가 나거나, 도와주고 싶거나, 마음이 끌리는 사람이 있다면 그러한 것에 대하여 슈퍼비전을 받음으로써 내담자와의 관계에서 문제가 발생하지 않도록 꾸준히 노력해야 한다. 경계선이 적절하게 세워지지 않은 경우, 내담자가 상담자에게 의존하도록 하거나, 융합 또는 조종할 가능성이 있으므로 조심해야 한다.

11장

가치와 윤리

상담자는 자신도 모르게 자신이 가진 가치를 내담자에게 전달할 수 있다.
이런 이유로 상담자는 자신의 가치에 대한 인식은 물론,
내담자에게 미칠 영향에 대해 항상 유의해야 한다.

1. 상담자와 가치

인간은 각자가 가치 및 신념을 갖고 있으며 자신의 가치 및 신념에 따라 행동한다. 상담에서 가치의 문제는 중요하다. 상담에서 상담자의 일거수일투족은 내담자에게 영향을 미친다. 따라서 상담자는 자신도 모르게 자신이 가진 가치를 내담자에게 전달할 수 있다. 이런 이유로 상담자는 자신의 가치에 대한 인식은 물론, 내담자에게 미칠 영향에 대해 항상 유의해야 한다. 상담자는 자기 탐색과정을 통해 자신의 가치가 상담에 영향을 미치는 방식을 고찰하는 것이 필요하다.

상담자는 가치에 대해서 다음과 같은 자세를 갖는 것이 필요하다.

첫째, 상담자는 가치 문제에 대한 다양하고 유연한 자세를 가질 필요가 있다.

둘째, 상담자는 내담자에게 자신의 가치를 주입하거나 강요해서는 안 되며, 자신도 모르게 이러한 일이 일어날 수 있는 것에 대한 자각이 필요하다.

셋째, 상담자와 내담자가 현격하게 다른 가치 기준을 가진 경우, 상담자는 가능한 한 그러한 기준에 대한 논란을 피하고 상담의 본래 목적에 집중하는 것이 바람직하다.

넷째, 상담자와 내담자의 가치가 달라서 원만한 상담활동이 어렵다고 판단되면 조심스럽게 다른 상담자나 슈퍼바이저에게 의뢰해야 한다.

다음은 상담자와 내담자 간에 가치에 있어서 유사한 입장 또는 관점의
차이로 문제를 일으킬 수 있는 주제들이다.

주제	확인	주제	확인
낙태		건강관리 선택방법	
동물권리		안락사	
산아제한		직업선택	
아동학대		아동양육태만	
자살		체중 증가와 감소	
일하는 부모		교육열	
범죄 활동		죽음	
다이어트 선택		가정폭력	
노인 학대		폭력집단	
종교의식		종교적 선호	
불임		권력문제	
동거		종교 스타일	
부모역할		개인적 책임감	
정치		혼전 성관계	
인종차별주의		남녀차별주의	
성적 지향		성행위의 관습	
약물남용		자식을 갖지 않음	
전통적 성역할 지향		비관습적 성행위	
동성애		이혼	

〈표-4〉 가치와 관련된 상담 주제

상담자가 내담자와의 관계에서 가치 문제로 갈등을 겪을 때의 대처법에
있어서는 다음과 같은 일반적인 지침을 따르는 것이 도움이 될 수 있다.

① 모든 사람은 자신의 신념과 양심을 따를 권리를 갖고 있다.

② 상담자는 진실성을 유지하기 위해서 자신의 사회적, 도덕적, 영적 가치로부터 자신을 분리해서는 안 된다. 상담자는 이러한 가치에 대한 권리를 갖고 있다. 그러나 상담자는 자신의 가치를 알고 그 가치들에 대해 정직해야 한다.

③ 상담자는 내담자가 자신의 가치를 합리적으로 검토하고, 스스로 결정하고 극단적으로 해로운 결정은 피하도록 도와야 한다. 또 자신의 정체성을 확립하도록 도와주어야 한다.

④ 젊은 사람들은 거짓된 가치에 대해 도전하는 성향이 있다. 상담자는 자신의 가치와 상담기관의 가치를 무조건 방어하기보다는 내담자의 주장 속에서 정당한 것이 있다면 인정할 수 있는 여유와 함께, 때로는 내담자에게 그 체제에 도전하는 적절한 방법을 가르쳐 줄 수 있다.

⑤ 상담자는 자신의 가치를 내담자에게 강요할 권리가 없다.

⑥ 상담자는 판단하는 입장이 아니다. 또 상담자의 기능은 벌이나 면죄부를 주는 것이 아니라 내담자로 하여금 어떤 태도나 기준, 그리고 행위에 대해 객관적으로 평가하도록 격려하는 것이다.

⑦ 내담자는 자신이 판단 받고 있을 것이라는 기대와 불안을 갖고 있다. 그들은 자신의 도덕규범이나 가족의 도덕규범 또는 사회의 도덕규범을 위반했기 때문에 이미 죄의식을 느끼고 있다. 이때 내담자의 행동을 일탈적인 것으로 간주할 필요가 없다고 하면서 이러한 갈등의 실체를 부정하는 것은 도움이 되지 않는다.

⑧ 상담자는 고립적으로 업무를 수행하기보다 일종의 사회기관임을 인

식하면서 법률과 사회의 기본 가치체계 내에서 활동하려는 원칙을 가지고 있을 필요가 있다.

⑨ 만약에 판단을 해야 할 경우가 있다면 그 대상은 행동이지 결코 사람이 되어서는 안 된다.

가치 문제는 상담 과정에서 매우 중요한 핵심 사항이다. 로키츠(Rokeach)는 중심적 삶의 가치를 도구적 가치와 궁극적 가치로 나누어 설명하고 있다.

도구적 가치	확인	궁극적 가치	확인
야망 있는 / 야망 없는		안락한 생활	
넓은 마음 / 좁은 마음		성취감	
유능한 / 무능한		평화의 세계	
깨끗한 / 불결한		미의 세계	
용기 있는 / 겁이 많은		활기찬 생활	
용서하는 / 용서하지 않는		평등	
도움 되는 / 도움 되지 않는		가족의 안전	
정직한 / 부정직한		자유	
상상력이 풍부한 / 상상력이 없는		건강	
독립적 / 의존적		내적 조화	
지적인 / 지적이지 않은		성숙	
논리적 / 비논리적		국가 안정	
애정이 깊은 / 애정이 없는		기쁨	
충실한 / 불충실한		구원	
순종하는 / 순종하지 않는		자아존중	
공손한 / 무례한		사회적 인정	
책임 있는 / 무책임한		진실한 우정	
통제적 / 충동적		지혜	

〈표-5〉 로키츠(Rokeach)의 중심적 삶의 가치

이 외에도 기독교 상담자들은 성경의 기준에 근거한 기독교적 가치는 무엇인지 알고 있어야 하며 이 가치는 절대적 가치임을 알고 있어야 한다. 기독교적 가치관을 가지고 살아가도록 하기 위한 훈련에는 어떤 것들이 있을까? 저자는 상담자를 위한 『감수성훈련 워크북』(심수명 저, 다세움출판사)에서 그리스도인으로서의 새 인격을 목표로 하여 자신 및 하나님과의 관계, 자신 및 대인관계에서의 자각에 의한 민감성을 훈련하고 있다.

그리고 기독교 상담자가 훈련해야 할 궁극적인 목적에 대하여 다음과 같이 설정하였다.

① 하나님과의 관계에서 참된 영성 개발하기

② 영적 통합성, 진실성, 투명성 향상

③ 자신과 타인, 집단에 대한 감수성 향상

④ 경청 및 공감능력, 자신 및 타인을 무조건적이며 긍정적으로 수용하기

⑤ 임상적 시각, 치료 및 문제 해결 능력 기르기

⑥ 주도적 자기표현 및 투명한 자기개방

⑦ 생각과 느낌의 구분 및 주관과 객관의 구분

⑧ 투사적 사고 구분

⑨ 타인에 대한 배려와 눈치 보는 것 구분하기

⑩ 사랑으로 타인을 다루는 상담능력 기르기

또한 변해야 할 구체적인 목표로 다음의 것을 설정하였다.

① 생각의 변화

  내 머리 속에 알게 모르게 스며든 그릇되고 왜곡된 시각(지각)을 분별하여 버리고 옳은 시각을 회복해야 한다. 잘못된 시각을 바꾸어 자신 뿐 아니라 남을 올바로 볼 수 있는 시각을 갖도록 한다.

② 느낌의 변화

  자신의 느낌을 자각하고 타인의 느낌에 대해 거울이 되어 줄 수 있는 객관성을 가져야 한다.

③ 행동의 변화

  진정한 변화는 자연스럽게 행동의 변화가 일어난다. 즉 좋은 행동을 할 수 있도록 생각이 변하고, 느낌이 변하도록 지속적인 행동연습이 필요하다.

④ 영성의 변화

  새 사람, 새 인성으로 변화하기 위해서 끊임없이 영적 시각으로 하나님을 바라본다.

⑤ 새 가치의 변화

  성경적인 새 가치로 변화하기 위해 한국인의 전통 양식과 사회병리가 내 안에 얼마나 있는지 발견하고 치유한다.

기독교 상담자는 이러한 것들에 대한 필요성을 인식하고 훈련하고 몸에 익혀 상담 장면에서 인격적인 내면과 관계 능력을 가지고 내담자를 대할 수 있도록 해야 할 것이다.

2. 상담윤리

1) 상담윤리의 개념 및 목적

윤리라는 것은 전문가가 질적인 서비스를 제공하고, 함께 작업하는 사람의 권리를 존중하는 규범이다. 또 윤리적 방식으로 행동한다는 것은 직업을 다스리는 법과 규칙을 따른다는 것을 의미한다. 상담자는 그들의 슈퍼바이저와 그들이 속한 기관의 법 규범과 가치관을 따라야 하며 윤리적 행동의 규범과 그 규범 위에서의 공정성이 상담 관계에서의 유능함과 책임감을 평가한다는 것을 깨닫고 있어야 한다(Hill & O'Brien, 2001).

상담윤리란 상담자가 지켜야 할 구체적인 규범으로 상담에 종사하는 사람들이 상담 과정이나 현장에서 지켜야 할 규범을 의미한다. 그리고 상담윤리는 서로 친분관계가 없는 상담자와 내담자 사이에서 필요한 상담 과정의 기준을 마련하기 위한 목적으로 생긴 것이다. 그 목적은 상담자로 하여금 책임성을 갖게 하여 전문가다운 의사결정을 내릴 수 있도록 하는 것이다(Thomason, 1999).

일반적인 입장에서 상담윤리의 개념을 정리하면 다음과 같다.

첫째, 상담윤리는 상담자가 내담자의 요구에 응하기 위해 무엇을, 어떻게 해야 할지에 대해 탐구하는 활동지침이다.

둘째, 상담윤리는 갈등을 일으키는 두 가지 요소가 대립된 상황에서 서로 다른 가치에 질서를 부여하고 무엇이 중요한 가치인가를 구별해 주는 것이다.

셋째, 상담윤리는 상담자에게 정직성과 책임성을 가지게 한다. 정직성은 상담 과정에서 상담자의 이익을 위해 내담자를 이용하지 못하도록 상담자로서 지녀야 할 윤리적 덕목을 말하며, 책임성은 상담자가 어떤 결정을 하거나 재량권을 행사할 때 길잡이가 될 수 있는 도덕적 지침을 말하는 것으로 의사결정 과정에 필요한 핵심사항이다.

넷째, 상담윤리는 행위 규범의 기준과 사고의 성찰을 통한 판단 능력을 향상케 한다. 이것은 상담자로 하여금 신뢰를 얻도록 하는 통제장치로, 도덕과 행동에 대해 체계적으로 생각하고 옳고 그름을 판단하는 능력과 관련된다. 상담윤리의 행위주체는 상담자고, 상담자가 행동하는 환경은 내담자 중심이기 때문에 상담 과정에서 발생할 수 있는 윤리적 핵심 내용은 상담자 개인의 바람직한 덕목과 의사결정의 지침이 되는 가치 기준을 설정하는 것이다(최원호, 2004).

기독교적 입장에서의 상담윤리에 대하여 복음주의 상담학자인 콜린스(Collins)는 "기독교 상담자의 상담윤리는 하나님의 말씀, 하나님의 사람들(교회 성도들), 그리고 하나님의 성품이 지침이 되어야 한다."고 하였다(오윤선, 1996). 그리고 기독교 상담자가 추구해야 할 상담윤리는 성경적 세계관 위에 세워지는 것을 추구해야 한다고 하였다.

2) 실제 윤리 강령

상담자가 지켜야 하는 상담윤리는 각 학회마다 정해져 있다. 그러므로 상담자는 기본 상담윤리 외에도 자기가 속해 있는 학회의 윤리가 무엇인지 알고 있어야 한다. 한국의 대표적인 상담학회는 (사)한국심리학회와 그 산하 기관에 (사)한국상담심리학회가 있으며, 그리고 (사)한국상담학회 등이 있다. 또한 기독교학회로는 (사)한국목회상담학회, (사)기독교 상담심리학회, (사)한국복음주의상담학회 등이 있다.

여기에서는 현재 저자가 협회장으로 있는 '사단법인 한국인격심리치료협회'의 윤리 강령을 소개함으로써 상담자에게 실제적인 도움을 주고자한다.

(사)한국인격심리치료협회 윤리강령 전문

(사)한국인격심리치료협회는 인간의 인격을 회복하고 존중하는 교육적, 학문적, 전문적 조직체이다. 상담자는 인간 개인의 가치, 잠재력 및 고유성을 존중하고, 전문적인 조력을 통하여 내담자가 통합적이고 전인적인 발달을 할 수 있도록 돕는데 헌신한다. 상담자는 역할 수행에 있어서 내담자의 인간적 성장과 잠재력 개발을 최우선 과제로 한다. 이러한 과제를 수행하기 위하여 다양한 활동과 상담 기법의 적용을 자유롭게하되, 이에 대한 윤리적 책임을 지며 상담자는 내담자의 복지를 가장 우선시한다. 이를 위해 상담자는 다음의 윤리 규정을 준수해야 한다.

1조 인간권리와 존엄성에 대한 존중

① 상담자의 일차적 책임은 내담자의 복지향상에 힘쓰고 인간 권리와 존엄성을 존중하는 것이다.

② 상담자는 모든 인간의 기본적인 권리, 존엄성, 가치를 존중하며 연령이나 성별, 인종, 종교, 성적인 선호, 장애 등의 이유로 내담자를 차별하지 않는다.

③ 상담자는 자신의 문화적 정체성이 상담과정에 어떤 영향을 주는지를 인식해야 하며, 다양한 문화적 배경을 이해하려고 하고 적극적으로 시도해야 한다.

2조 전문가로서의 태도

① 상담자는 전문상담자로서 상담에 대한 이론적 지식, 전문적 실습, 임상 경험 및 연구 능력을 향상시키기 위해 지속적인 노력을 한다.

② 상담자는 내담자를 효과적으로 도울 수 있는 방법을 연구하고 내담자의 정신 건강 향상에 노력한다.

③ 상담자는 자신의 능력 및 기법의 한계를 잘 인식하고 전문적 기준에 위배되는 활동을 하지 않는다. 만일 자신의 개인 문제 및 능력의 한계 때문에 도움을 줄 수 없다고 판단 될 경우에는 다른 동료 전문가 및 관련 기관에 의뢰한다.

④ 상담자는 자신의 가치, 제한점 등이 상담에 미칠 영향력을 자각하고, 내담자에게 상담의 목표, 기법, 한계점, 위험성, 상담의 이점, 심리검사와 보고서의 목적과 용도, 상담료, 상담료 지불방법 등을 명확히 알린다.

⑤ 상담을 종결하는데 있어서 어떤 이유보다도 우선적으로 내담자 관점과 요구에 대해 논의해야 하며, 내담자가 다른 전문가를 필요로 할 경우에는 적절한 과정을 거쳐서 의뢰한다.

⑥ 상담자는 자신의 기술이나 자료가 다른 사람들에 의해 오용될 가능성이 있거나, 개선의 여지가 없는 활동에 참여해서는 안 되며, 이런 일이 일어난 경우에는 이를 바로잡거나 최소화하는 조치를 취해야 한다.

3조 내담자에 대한 책임(정보의 보호)

① 상담자는 내담자의 사생활과 비밀 유지에 대한 권리를 존중해야 할 의무가 있다.

② 상담자는 상담과 관련된 기록을 보관하고 처리하는 데 있어서 비밀을 유지해야 하며, 이를 타인에게 공개할 때에는 내담자의 직접적인 동의를 구해야 한다.

③ 상담자는 상담 활동 과정에서 소속기관 및 비전문인과의 갈등이 있을 경우, 내담자의 복지를 최우선으로 고려하고 자신의 집단의 이익을 우선으로 하지 않는다.

④ 상담자는 내담자에게 적절한 전문적인 도움을 주는 것이 어렵다고 판단되면 상담 관계를 시작하지 말아야 하며, 이미 시작된 상담 관계인 경우 즉시 종결하여야 한다. 이 경우 상담자는 내담자에게 다른 대안을 제시해 주어야 한다.

⑤ 상담자는 내담자에게 필요한 도움을 주기 위한 경우에 한하여서만 동의를 얻은 후 검사를 실시하고 내담자 이외의 가족 및 관련 인물을 면접하여야 한다.

4조 상담 관계

① 상담자는 상담 관계에서 오는 친밀성과 책임감을 인식하고, 전문가로서의 개인적 욕구 충족을 위해서 내담자를 희생시켜서는 안 되며, 내담자로 하여금 의존적인 상담 관계를 형성하지 않도록 한다.

② 내담자는 비밀 유지를 요구할 권리가 있고 자신의 상담사례 기록에 대한 정보를 가질 권리가 있으며, 상담 계획에 참여할 권리, 어떤 서비스에 대해서는 거절할 권리, 또한 거절에 따른 결과에 대해서 상담자로부터 조언을 받을 권리가 있다.

③ 미성년자나 자발적 동의를 할 수 없는 내담자인 경우 상담자는 내담자의 복지를 염두에 두고 행동해야 한다.

5조 사회적 책임

① 상담자는 자신이 속한 사회의 윤리와 도덕 기준을 존중하고, 사회공익과 자신이 종사하는 전문직의 바람직한 이익을 위해 최선을 다한다.

② 상담자는 자신이 실제로 갖추고 있는 자격 및 경험 수준 이상의 능력이 있는 것처럼 행동해서는 안 되며 실제 사실과 다를 때에는 즉시 시정해야 할 의무가 있다.

③ 상담자는 개인적인 보상에 관계없이 내담자에게 최대한 이익을 주기 위하여 지역 사회 사람들과 적극적으로 협력한다.

④ 상담자는 경제적 이득이 없는 경우에도 자신의 전문적 활동에 헌신함으로써 사회에 공헌한다.

⑤ 상담비용을 책정할 때 내담자의 재정 상태와 지역성을 고려하여야 한다. 책정된 상담료가 내담자에게 적절하지 않을 때에는, 가능한 비용에 적합한 서비스를 받을 수 있는 방법을 찾아줌으로써 내담자를 돕는다.

⑥ 상담자는 자신의 방식과 다른 전문적 상담 접근을 존중해야 한다. 상담자는 함께 일하는 다른 전문적 집단의 전통과 실제를 알고 이해해야 한다.

⑦ 상담자는 공적인 자리에서 개인 의견을 말할 경우, 그것이 자기 자신의 관점에서 나온 것이고, 모든 상담자의 견해를 대변하는 것이 아님을 분명히 해야 한다.

6조 연구 윤리

① 상담자는 더 나은 상담을 위하여 실제 상담에 충실할 뿐만 아니라 상담 연구 활동에 충실해야 한다.

② 상담자는 연구의 결과가 상담의 이론과 실제에 바람직한 기여를 하도록 노력해야 하며, 연구로 인한 문제에 대해 책임을 져야 한다.

③ 상담자는 윤리적인 연구 수행에 대해 궁극적인 책임이 연구책임자에게 있다는 것을 인식하고 연구 활동에 참여하는 모든 사람이 윤리적 책임을 공유하며 각자의 행동에 대해 책임을 진다는 사실을 주지시킨다.

④ 상담자는 상담 연구 결과를 발표할 때 그 결과와 관련된 모든 정보를 정확하게 서술해야 하며, 객관적이고 공정한 발표가 되게 하고, 연구 결과가 다른 상담 연구자의 연구를 위한 자료가 될 수 있도록 해야 한다.

⑤ 상담자는 다른 사람의 저작을 자신의 것처럼 표절하지 않는다.

7조 법적 책임

상담자는 아래와 같은 내담자 개인 및 사회에 임박한 위험이 있다고 판단될 때 내담자에 관한 정보를 사회 당국 및 관련 당사자에게 제공해야 한다.

- 내담자가 자신이나 타인의 생명 혹은 사회의 안전을 위협하는 경우
- 내담자가 감염성이 있는 치명적인 질병이 있다는 확실한 정보를 가졌을 경우
- 미성년인 내담자가 학대를 당하고 있는 경우
- 내담자가 아동학대를 하는 경우
- 법적으로 정보의 공개가 요구되는 경우

8조 회원의 의무

본 협회의 정회원, 준회원 및 평생 회원은 본 협회 회원의 자격을 부여받기 이전이라 할지라도 본 윤리강령 및 시행세칙을 숙지하고 이를 실천할 의무가 있다.

실습

다음과 같은 사례를 인터넷으로 상담한다면 어떤 상담을 진행할지 아래의 빈칸에 적어본다. 그리고 자신이 적은 상담 내용을 다른 실습생과 바꾸어 읽어보고 어떤 느낌이 드는지 서로 나누도록 한다.

현재 중학교를 자퇴하고 검정고시를 준비하고 있는 여학생입니다.
만고불변의 진리라고 해야 되나, 남자가 여자 좋아하는 건 당연한 거고, 여자가 남자 좋아하는 건 당연한 거고, 이런 식으로 생각했었거든요. 이런 말하면 욕하실 지도 모르겠지만, 중1 즈음에 남자와 성관계도 가졌었어요. 사귀고 있는 오빠였는데 성관계를 배제하고 생각한다고 해도, 그 오빠한테는 죽어도 사랑이라는 감정은 느끼지 않았던 것 같아요. 키스할 때도 그냥 '아, 이게 키스구나.'하는 느낌으로 했고요. 성 관계한 건 절대적으로 안 좋은 시선으로 보실 거라는 건 알지만, 확실하게 피임하고 했으니까 이 점은 그냥 넘겨주세요.

그런데 학교 그만두고 학원 다니면서부터 편의점 아르바이트 언니가 너무 예뻐 보이는 거예요. 그냥 '예뻐서 좋은 거겠지,' 했는데 계속 쓸데없는 물건 사러 들르게 되고, 거기 앞에 지나가는 날이면 괜히 꾸미게 되고, 제 이름조차 모르는 사람한테 잘 보이려고 다이어트까지 죽어라 하고 그랬거든요.
그냥 동경이라고 생각했는데, 그런 게 아니었던 것 같기도 하고, 비 오는 날 그 사람이 편의점 밖으로 나와서 뭐 찾는 것처럼 뛰어다니는데 가슴이 막 뛰는 거예요. 가끔 창밖으로 고개 돌리면서 쳐다보다가 지나가는 저하고 눈이 마주치면 심장이 막 쿵쾅거리고 소름이 돋았었거든요.

게이 포르노나 레즈비언 포르노를 보고 흥분해요, 그냥 일반 남성과 여성이 찍는 포르노도 예전에 보긴 봤는데 관계 자체를 보고 흥분하기 보다는 '저

242 상담 및 심리치료의 과정과 실제

남자가 되어서' 어떻게 해보고 싶다. 이런 느낌과 생각이 들면서 정말 민망하고 부끄러웠는데 실제로 그랬어요.

예전에 남자에게 적대감을 가지게 된 계기도 이유도 없었고, (집 안에 남자가 없거든요. 주위에도 별로 없고) 내가 '꼭 레즈비언이 되어야겠다.'라고 마음먹어서 이렇게 동성한테만 이런 감정 느끼려고 억지로 애 쓰고 있는 것도 아니고. 초등학생 때는 줄곧 좋아해 오던 남자애가 있었는데 지금 와서 생각해보니까 그저 운동 잘 하고 잘 도와주던 애한테 '동경'이라는 감정을 느꼈던 것 같기도 하고, 계속해서 동경 해오던 여자 아이는 지금까지 좋아해 왔었는지도 모르겠다는 생각이 들어요.

남자 같은 외모도 아니고, 여고를 다니는 것도 아닌데, 왜 드라마나 영화 같은 곳에서 예쁘거나 잘생긴 여자 나오면 '그냥 좋다'는 수준이 아니라 그냥 학생들이 그러듯이 그 사람이랑 사귀는 상상도 하고, 길거리에 몸매 좋은 여자들 보면 부럽다는 생각이 아니라 그냥 진짜 마초들이 훑어보듯이 보고 그러거든요. 남자들이 좋아하는 '글래머' 역시 좋아하고요. 이게 그냥 청소년기의 성 정체성 혼란인지 뭔지 모르겠는데, 다른 분들이 보시기엔 제가 어떤지 궁금하네요.

상담 내용 기록

3. 상담 의뢰

상담자가 내담자를 계속 상담하기 어려운 경우에는 다른 상담자에게 의뢰해야 한다. 의뢰를 하는 것은 실패를 인정하는 것이 아니라 모든 사람을 다 도와줄 수는 없다는 사실을 인식하는 성숙한 인격의 표현이다. 특히 상담자의 요인으로 의뢰하는 경우로는 내담자의 문제가 상담자의 능력 한계를 넘어선 경우나 상담자 자신이 불편을 느끼는 경우, 또는 내담자에게 지나치게 강한 부정적인 감정을 느끼거나 성적인 매력을 느끼는 경우가 있는데 이럴 때는 다른 상담자나 기관에 의뢰하는 것이 바람직하다.

실력이나 능력이 부족한 경우, 전문적인 훈련이나 지식을 소지하고 있는 사람에게 의뢰함으로써 내담자가 더 많은 도움을 받도록 도울 수 있다. 그러므로 상담자는 상담에서 효과가 나타나지 않을 때 내담자를 더 유능한 사람에게 의뢰할 마음의 준비가 필요하다.

의뢰를 해야 하는 경우는 다음과 같다.13)

첫째, 법률상의 문제에 봉착해 있는 경우, 둘째, 극심한 재정 문제를 안고 있는 경우, 셋째, 의료상의 도움을 요하는 경우, 넷째, 심한 우울증에 빠져 있거나 자살 충동을 느끼는 경우, 다섯째, 정해진 상담 시간 이상으로 많은 시간을 요구하는 경우, 여섯째, 상담자를 바꾸어 상담을

---

13) 주된 의뢰의 종류는 다음과 같다. ① 위기 의뢰: 본인의 안전이 위협 당하거나 타인의 안전이 위협 당할 경우, 상황에 따라서 경찰에 신고하거나 강제 입원시켜야 한다. ② 의료적 의뢰: 심각한 식욕 부진증, 약물중독, 성적인 문제, 신체적 요인에 기인한 정신병 증상들이 해당된다. ③ 약물중독: 약물중독자들은 의료기관과 단주 클럽 등에 의뢰해야 한다.

받고 싶어 하는 경우, 일곱째, 극단적으로 공격적인 행동을 보이는 경우, 여덟째, 마약이나 알코올을 지나치게 남용하는 경우, 아홉째, 강한 증오감이나 성적 자극 또는 상담자에 대한 위협을 불러일으키는 경우, 열 번째로 심한 혼란에 빠져 있는 경우다.

다른 기관에 의뢰하기 위해서 상담자는 의뢰할 수 있는 사람과 기관에 대해 알고 있어야 하며 지역사회의 여러 단체나 도움이 될 만한 기관에 대하여 기본적인 정보를 가지고 있어야 한다.

의뢰의 방법은 다음과 같은 과정을 거치는 것이 좋다.

첫째, 의뢰 결정에 내담자가 참여하도록 한다. 상담자와 내담자는 어떤 문제를 함께 해결하려고 노력하는 동역자라는 것을 기억해야 한다.

둘째, 상담자는 지역사회의 상담 자원이 어느 정도 있는가, 비용이 얼마나 드는가, 대기해야 하는 상태인가 등을 미리 알아봄으로써 안내자 역할을 해 주어야 한다.

셋째, 의뢰가 이루어진 다음 상담자와의 관계에 대하여 상의한다. 전문 상담자들 사이에서는 이전 상담자는 새 상담자가 인계받은 다음부터 보통 '손을 완전히 떼는 것'이 상례다. 그러나 새로운 상담자나 그룹이 주요 상담 책임을 진다 해도 필요한 경우 접촉은 계속 할 수 있다.

실습

상담자로써 다음 사례를 어떻게 의뢰해야 할지 생각해 보고 실제적으로 당신이 살고 있는 지역 사회 안에서 의뢰를 할 수 있는 기관의 전화번호와 의뢰 방법을 세 곳 이상 알아내도록 한다.

동사무소에서 의뢰가 들어왔다. 혼자 사는 30대 후반의 남성인데 주변으로부터 민원이 계속 들어온다는 것이다. 집에서 이상한 오물 냄새로 주변의 집들이 괴롭고, 개소리가 끊이지 않아서 시끄러워서 살 수가 없다는 것이다. 동사무소로부터 의뢰받은 대상자의 집 주소를 찾아 가정 방문을 나갔다. 동사무소로부터 직접적인 의뢰가 들어오는 경우는 흔치 않은 일이지만 우리 상담센터에서 가정 방문 상담을 실행하고 있는 것을 알고 있어서였는지 가정 방문을 요청해 왔다.
주소지를 찾아서 의뢰대상자의 집에 도착하여 대문을 두드렸다. 남자의 목소리가 들려왔다.

"누구세요?"
"동사무소의 연락을 받고 왔는데요."
"동사무소에서 왜요?"
"한 번 만나 뵙고 어려운 점이 있으시면 함께 나누고 싶어서 찾아왔습니다."

안에서는 개소리가 엄청나게 시끄럽고, 눈은 충혈 되어 있고, 조폭 두목 같은 체격과 예사롭지 않은 분위기의 남자가 다소 숨을 몰아쉬면서 밖으로 나왔다.

"뭘 알고 싶어서 그러시오?"
"생활하시는데 좀 더 편하시기 위해서 필요한 것들이 없으신가요? 혼자 사신다고 들었는데…."

"어떻게 알았지? 당신 어디서 나온 거야? 뭘 좀 알고 나온 것 같은데… 위에서 보냈어?"
"위라 하시면?"

"당신 눈에 지금 안보이오? 저 위에 지금 나를 감시하는 안테나들이 잔뜩 설치되어서 지금도 나를 감시하고 있는데… 지금 여기는 너무 위험하니 안으로 들어가서 나의 신변을 보호해야 하오."
"어디 안테나 말씀이신지?? 안 보이는데…"
"자, 빨리 안으로 들어오시오."

집안으로 들어갔다. 집안은 크리스마스 장식에 사용하는 전구들이 집 천장에 걸려 있고 그 대상자의 말에 의하면 그건 외부 우주와의 접촉을 알리는 신호라는 것이다. 그리고 외부의 침입자들을 막기 위해서 칼을 준비해 놓고 있는 것이며 외부에서 공격하는 레이저빔을 막기 위해 천막을 쳐 놓고 있는 것이라 설명하였다. 집안은 개와 자신이 지나 다닐 수 있는 좁은 길 외에는 전부 이상한 짐들로 가득 차 있었고, 냄새는 정말 구역질이 나올 정도였다. 심각한 정신분열증 환자였다. 과대망상과 환촉까지 느끼는 상태였다.

가정방문을 마치고 사례회의가 진행되었다. 과연 이 케이스를 우리 상담센터에서 진행할 수 있을지 다른 기관에 의뢰를 해야 될지에 대한 심각한 의견 대립이 있었다.

첫 번째 의견은 국립정신병원에 의뢰를 해서 보호 치료해야 된다는 의견이었다.
두 번째 의견은 정신분열자도 일반 시민들과 함께 생활하면서 재활할 수 있도록 우리 상담센터가 지속적인 상담을 진행해가면서 지역 생활 안에서 재활할 수 있도록 돕자는 의견이었다.

쉬운 문제가 아니었다. 우리 상담센터에서 상담하자는 의견은 정신병원에 입원시키고 적절한 도움을 제공하지 않아도 바람직한 것인지에 대한 지적이었고, 정신병원으로 의뢰하기를 바라는 의견은 위험 요소를 가지고 있기 때문에 지역 주민의 위험을 고려해야 된다는 지적이었다.

상반된 의견이라 두 의견 다 무시할 수 없는 부분이었다. 과연 내담자와 지역 주민을 보호하기에 가장 적절한 방법은 무엇일까?

의뢰 방법 및 기관 3곳 이상 찾아보기

12장

상담사례 연구

사례 연구를 통해 상담자는 자신의 상담 접근 방법이
내담자 문제의 해결 방법에 도움이 되고 있는지,
내담자를 깊이 이해하고 있는 지 알 수 있고,
상담자 자신의 내면에서의 정신 과정에
대한 이해를 검토할 수 있다.

1. 상담사례 연구란

사례 연구는 상담자 교육에서 매우 중요한 활동이다. 사례 연구를 통해 상담자는 자신의 상담 접근 방법이 내담자 문제의 해결 방법에 도움이 되고 있는지, 내담자를 깊이 이해하고 있는지를 알 수 있고, 상담자 자신의 내면에서의 정신 과정에 대한 철저한 이해를 검토할 수 있다. 그러나 무엇보다도 중요한 것은 상담 경험자나 타인의 사례, 자신의 상담 사례를 체계적으로 검토하고 살펴봄으로써 상담의 실제를 잘 터득할 수 있다는 점이다(김형태, 2012).

상담에서 사례 연구의 중요성은 다음과 같이 정리할 수 있다(이장호, 최윤미, 1997).

첫째, 사례 연구에는 한 개인에 대한 상세한 자료들이 정리되어 있어서 현재의 행동과 관련이 있는 과거의 사건을 탐색하고 그 영향을 밝힐 수 있다. 즉 현재의 행동을 설명하는 다양한 변인들을 밝힘으로써 문제 및 특정 행동이 형성된 배경에 관한 가설을 제시할 수 있다.

둘째, 사례 연구는 현재의 문제행동을 완화시키는데 효과적인 상담의 접근 방법에 대한 이해와 정보를 제공해준다. 즉 어느 기법이 특정 증상을 완화시키는데 기여하는지를 밝힐 수 있다. 따라서 드물게 나타나는 문제행동이나 증상에 대해서 사례 연구 발표를 통해서 그 증상의 발달 과정이나 상담 방법에 대한 학습이 가능하다.

셋째, 사례 연구는 상담자가 습득한 상담의 이론적 기초를 실제 상담
　　　장면에서 적절히 활용할 수 있는 토대를 마련해 줄 뿐만 아니라
　　　상담자 자신의 인격적 성장과 전문적 능력 향상에 도움을 받을 수
　　　있다.

2. 상담사례 기록 방법

상담사례 기록 방법, 형식 및 내용은 각 기관이나 학회 마다 다르다.
그러나 대부분의 내용에는 내담자에 대한 다양한 정보, 상담 목표와 전
략, 상담 회기 내용, 사례 기록 후의 성찰 및 도움 받고 싶은 내용 등
으로 이루어진다.

1) 내담자에 대한 정보

상담사례 기록에 있어 제일 먼저 기록하는 내용은 내담자에 대한 다양
한 정보들을 기록하는 것이다. 내담자가 처음 방문했을 때 상담 신청서
에 자기에 관한 정보를 기록하도록 하는데 여기에 포함되어야 하는 내
용은 주로 다음과 같다.

① 내담자 성명, 주소와 전화번호
② 나이 혹은 생년월일, 성별, 종교

③ 교육수준 및 직업(가능하다면 학벌, 월급을 물어보고 이것에 대한 내담자의 의견을 들어보는 것이 유익함)

④ 결혼 여부, 기혼자인 경우 결혼기간 및 자녀의 수와 연령, 이혼 경력 여부

⑤ 찾아오게 된 경위(자진, 홈페이지, 인쇄물, 지인의 권유 등)

⑥ 상담하고 싶은 주제(이성 및 성문제, 가정문제, 학업문제, 친구문제, 성격이나 정신건강 문제, 가치관, 행동문제, 학교생활, 신앙, 기타)

⑦ 이전 상담 및 심리검사와 집단상담 경험 여부

⑧ 건강 상태나 가족 중 심리적 장애나 정신질환 여부

⑨ 가족관계(동거여부, 갈등 정도, 친밀도 정도)

⑩ 주된 의논 상대 등

⑪ 기타

2) 상담사례 전체 과정 요약

상담사례를 기록할 때는 접수면접으로부터 종결할 때까지의 전 과정을 정리하고 요약해야 한다. 이때 가능한 한 내담자에 관한 모든 것에 대하여 기록으로 남겨야 한다. 또한 상담사례 연구를 발표하려는 용도라면 해당 학회에서 요구하는 것이 무엇인지 미리 알고 준비해야 한다. 저자의 경우, 거의 모든 자료가 준비되었는데, 학회에서 상담사례 녹음기록과 그에 대한 축어록을 기록해서 제출하라고 했는데, 내담자가 녹음을 원하지 않았던 케이스를 준비 중에 있어서 급하게 녹음한 다른 사

례를 준비하느라 곤혹을 치른 경험이 있다. 그러므로 사례 발표용인 경우에는 해당 학회가 요구하는 것을 빠짐없이 기록해서 제출해야 함을 인지하고 있어야 한다. 아래의 내용은 일반적으로 요구되는 내용이다.

① 내담자 인적 사항 및 가계도

② 임상 자료(내담자의 외모나 옷차림, 상담자와의 관계 등)

③ 내방 경위

④ 내담자의 문제 및 주 호소 문제

⑤ 내담자의 발달사

⑥ 상담 목표

⑦ 상담 전략

⑧ 상담 회기 정리

⑨ 분석

⑩ 상담에 대한 평가

⑪ 도움 받고 싶은 내용(아래의 상담사례에서는 생략함)

⑫ 상담 종결 후의 내담자의 후기

3) 실제 상담사례

● 주제: "불안이 불쑥불쑥 올라오는 내가 있어요."[14]

---

14) 상담자는 필자인 심수명이며 내담자에게 책에 실어도 되는지 동의를 얻은 다음, 개인 정보는 조금 각색한 다음 내용을 보여주고 다시 동의를 받았다.

I. 내담자 인적 사항

1) 개인사항
52세 싱글여성, 기독교, 2남 1녀 중 둘째, 보험상담원

2) 가족사항
① 아버지 (81세에 소천, 대학중퇴, 기독교, 외아들)
할아버지는 유순하고 온화한 성격의 우체국 공무원이고, 히스테리한 편이지만 총명하고 신앙을 물려준 할머니는 중학교 교사셨다. 어린 시절에 아버지는 사랑을 많이 받고 자랐으며 전반적으로 평탄하고 부유하게 살았다. 그러나 6.25 전쟁 이후 일곱 살 많은 이복형이 마르크시즘에 매료되어 월북하였고 이로 인해 집안이 풍비박산이 되었고 빨갱이 집이라는 낙인이 찍혀서 온갖 수모를 겪게 되었다. 가난하고 고립된 사춘기를 보내며 불안과 수치심의 심리가 형성되었다. 명문대학교 역사학과를 다니다가 가정형편으로 중퇴하였고 연좌제로 인해 앞길이 막히고 좋은 직장에 계속 근무하기 어려운 상황이 되면서 이직이 잦았다. 세무사, 사무직, 건설노동, 자영업 등 생계를 위해 궂은일도 마다하지 않으셨으나 예민하고 내향적이라 관계의 어려움을 많이 겪으셨다. 사색과 독서를 좋아하고 평소에는 점잖은 편이지만 피해의식과 연민으로 술을 드시면 세상과 하나님을 원망하고 분노하며 가족들을 긴장시켰다. 평소에는 가족들과 등산을 하거나 요리책 보고 쿠키를 만들어주거나 하모니카 연주를 하면서 가족과 찬양하며 녹음을 해주는 등 자상한 편이었고 내담자에게는 학업을 지도해 주거나 학교에서 발표했던 글을 모아서 스크랩해주며 재능을 지지해주는 좋은 아버지였다.
글재주와 손재주가 많으셔서 자녀들 공부책상이나 담임목사님 목양실을

직접 설계하여 만들어 주시기도 하셨지만 의견 충돌이 있을 때에는 갈등하고 상처를 받기도 하셨다. 그래도 끝까지 신앙을 지키며 치매로 기억을 잃어가는 중에서도 하나님이 앞으로 자주 대화하자는 음성을 들으시며 2년 전 주님 품에 안식하셨다.

② 어머니 (77세, 초졸, 기독교, 6남매의 다섯째 딸)
어릴 때부터 총명하여 소문난 수재라고 인정받고 공부를 잘해서 학교에서도 줄곧 1등을 했다. 그러나 전쟁 이후 가세가 기울자 더 이상 중학교 진학을 하지 못해서 학업에 대한 서러움과 열등감이 있다. 농사일이 힘들고 하기 싫어서 19세에 서울로 상경을 해서 친척이 운영하는 가게에 취업을 했는데, 성실하고 영특하고 계산이 빨라 인정을 받고 오랫동안 근무하다가 친척의 소개로 30세였던 아버지와 23세에 결혼하셨다. 결혼 후 시댁의 종교를 따라 교회를 다녔지만 신혼 때부터 신경질적인 할머니의 시집살이와 예민한 아버지로 인해 실망하고 힘들어했는데, 그때마다 하나님을 의지하며 믿음으로 가정을 이끌어오셨다. 남편에게는 상담자역할을 하면서 회사나 교회에서 상처받은 이야기를 들어주고 위로와 해결책을 제시해주기도 하였다. 맞벌이하면서도 집안 살림을 깔끔하게 잘했고 인간관계도 원만하여 동네에서나 교회에서 인기가 좋았다. 남편에게는 순종적인 편이지만 남편이 술주정하거나 짜증을 부리면 참지 않는 면도 있었다. 검소하고 순박한 편이며, 자녀들에게는 사랑으로 최선을 다해 헌신하고 희생하는 과잉보호 성향이 많았다. 내담자와의 관계에서는 내담자가 꾀병을 부리거나 속이면 잘 속는 편이었고 내담자가 짜증을 부려도 다 받아주었다. 남편의 부정적인 모습을 내담자인 딸에게 말함으로 인해 내담자는 양가감정과 혼란을 느끼기도 하였다. 건강한 편이었는데 최근 몇 년 동안 병든 남편을 간병하면서 몸이 약해져

서 내담자가 걱정을 많이 하고 있다.

③ 오빠 (53세, 대졸, 기독교, 인쇄업, 아내와 1남 1녀)
어린 시절부터 의젓하고 성실하고 공부와 운동 등 모든 분야에서 뛰어난 편이었고 어디서나 장남에 대한 예우를 받았다. 장남의 특권의식과 함께 장남으로서의 고통과 가족부양에 대한 과한 책임감과 감정억압이 있다. 고등학교 이후 장학금이나 알바를 해서 본인 학비를 마련하려 하였고 집안에 보탬이 되려 하는 성인 아이 같은 모습이 있다. 엄한 아버지를 어려워했지만 순종적이었으며, 지금은 직업적으로나 가정적으로도 잘 살고 있는 편이다. 일류대학에 진학하지 못한 좌절과 외무고시를 보려 했으나 당시에 연좌제 때문에 포기한 아픔이 있다. 어린 시절 아버지가 술 먹고 힘들었던 일과를 엄마에게 하는 모습에 대한 반동으로 본인은 힘든 이야기를 거의 하지 않는다. 아내는 중학교 때부터 교회 친구였는데 결혼하였으며, 가정적인 편이지만 자신의 감정과 힘든 마음을 잘 이야기하지 않고 자존심이 강하고 감정을 주로 억압하는 모습이 있다.

④ 남동생 (49세, 신학박사, 미국 거주, 대학교수, 아내와 2남 1녀)
막내라 귀여움을 많이 받았고 사랑을 받으며 자랐다. 어릴 때 별명이 스마일이고 잘 웃고 낙천적이다. 교회에서 찬양팀 리더를 하고, 레크리에이션 및 여러 역할을 맡아서 잘하였고 인기가 많았다. 고등학교 때 하나님을 인격적으로 만나고 주의 종이 되겠다며 신학대를 지원했고 계속 그 길을 가고 있다. 유학 가서 공부하다가 아내를 만나 결혼하였고 박사학위를 얻은 후 대학에서 교수로 활동하고 있다. 다복한 가정을 이루며 살고 있고 효자라 부모님께 생일 때마다 감사 전화를 한다.

3) 가계도

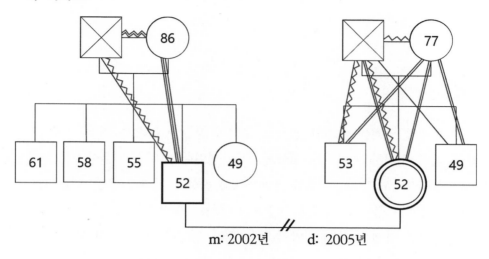

m: 2002년   d: 2005년

II. 임상 자료

1) 옷차림이나 외모 및 태도

편안한 복장, 웨이브 단발머리, 약간 분주하고 긴장된 모습

2) 상담자와의 관계 행동

상담자에 대하여 기본적인 신뢰와 긍정의 마음이 많음, 전반적으로 진
솔하고 편안하게 대하는 면이 보인다.

3) 영적 상태

① 권선징악과 인과응보의 유교적이고 율법적인 사고가 있다.

② 봉사와 헌신을 통해 기쁨을 얻기도 하지만 종교적 도피로 신앙심을
포장하기도 한다.

③ 하나님도 내담자를 과잉보호로 대해주기를 기대하는 어린아이의 마음이 있다.

Ⅲ. 내방 경위

큰 문제가 있지는 않지만 일상의 삶에서 자잘한 걱정과 염려로 에너지를 많이 소진하는 편이라 힘들게 사는 편인데 아버지가 돌아가신 후에 더 심해졌다고 한다. 자신의 불안을 컨트롤하지 못하고 불안이 올 때마다 휘둘리고 불안의 실체를 마주하지 못하고 도망가는 모습을 극복하고 싶어 하던 차에 용기를 내어 상담을 하게 되었다. 자신은 왜 매사에 사서 고생하며 불안해하는지 알고 싶다며 자신이 어떤 점을 고쳐야 하는지 알고 싶은 마음이 많았다.

Ⅳ. 내담자의 문제 및 주 호소 문제

1) 심리내적 문제
① 아버지의 부정적인 모습을 내사하였다.
② 전반적으로 흐르는 불안을 직시하지 못하고 회피한다.
③ 과잉보호를 받아 어린아이 심리가 작동하고 있다.
④ 퇴행과 성장하려는 자아가 계속 갈등하며 혼란스러워한다.

2) 관계형태 문제
① 걱정이 사랑이고, 사랑할수록 걱정을 많이 하는 부정적 패턴이 있다.

② 부정적인 과잉보호로 상대방이 의존하도록 만들고 관계 맺는 사람들을 더 유약하게 만드는 패턴이 있다.

③ 가까운 사람과의 관계에서는 말하지 않아도 상대가 알아서 해주길 원하는 비현실적인 기대와 무의식 욕구가 강하다.

④ 미분화로 밀착된 관계를 맺는 동반의존 패턴이 있다.

3) 주 호소 문제

내담자는 불안, 염려, 걱정 등의 내용을 굉장히 많이 이야기하였다. 내담자가 말한 내용 중에서 내담자와 합의하여 정한 주 호소 문제는 "불안이 불쑥불쑥 올라오는 내가 있는데 이것을 고치고 싶어요."로 정하였다.

V. 내담자의 발달사

1) 전반적 발달 과정

내담자는 온 가족이 걸어서 함께 교회 가는 주일을 좋아했다. 똑똑하고 파워 있는 할머니를 잘 따랐고 영향을 많이 받았다. 장래 희망 그림숙제를 교회에서 설교하는 것을 그렸더니 집안 어른들이 기뻐하여 그 후부터 칭찬과 기대를 더 받기 위해 장래희망을 여자목사라고 말하곤 하였는데 어느 순간 그 꿈은 인정욕에서 비롯된 것이지 자신의 진정한 소망이 아니라고 여겨서 내려놓았다. 동네친구들과 어울리면서 자주 놀았으나 8세 때 이사를 가면서 새로운 환경에 적응하는 것이 힘들어서 낯가림이 심했고, 학교 공부에 별로 흥미가 없었다. 동네에서는 골목대장을 하면서 놀았고, 교회에서는 교회대표로 성경퀴즈대회에 출전하기도 하고 성탄절 행사를 주도적으로 주최하기도 했다.

청소년기에는 친구들과 지내는 것을 좋아하였으나 집안의 어려움은 말하지 않고 회피하고 억압하였다. 부모님이 다니는 교회를 안 다니고 친한 교회 언니들과 다른 교회를 잠깐 다니거나, 학교 지각을 하는 등 수동적인 반항을 하며 사춘기를 보냈다. 시험 기간에 시험에 대한 압박감으로 자주 가위에 눌리곤 하였고, 이상은 높으나 노력은 하지 않아 이상과 현실 사이의 격차가 심하기에 사회적 자존감이 낮았다. 재수를 했으나 원하는 대학이 아니라는 열등감으로 대충 학교를 다니고 억지로 졸업을 했다. 그 이후 편입한 학교에서 계속 성적장학금을 받고, 졸업후 회사 입사 후 신입사원 연수 중에 전체 1등을 하여 대표로 상을 받았다. 회사에서도 총애와 인정을 받으며 빠른 승진을 하면서 자신감을 되찾았다.

선교훈련단체에서 같은 팀이었던 형제와 결혼하였다. 착하고 효심이 많은 줄 알았으나 심각한 마마보이였기에 시댁과 많은 갈등을 겪다가 이혼을 하였다. 기독교인이 이혼했다는 죄책감과 가정을 통한 비전을 생각하며 다시 재결합해야 할 것 같은 부담이 있었지만 상담을 받으면서 이혼에 대한 비합리적인 사고를 정리하였다. 최근 아버지가 돌아가시면서 우울감을 느끼고 있고, 자기연민과 불안으로 무력함을 경험하고 있는 중이다.

2) 문제 형성 과정

내담자는 일상의 삶에서 문득 문득 불안이 올라오고 가까운 주변인들에 대한 걱정을 과하게 하고 있는 모습이 많았는데 이러한 불안의 근본원인은 원가족에서 부모의 갈등으로 위축되고 겁을 먹은 어린자아가 불안을 해결하는 능력을 배우지 못하고 심리적인 어린아이 상태로 고착되었기 때문이었다. 청소년기에 아버지의 질병과 교통사고를 겪으며 거대한 불안을 회피하고 도망가는 패턴으로 살았기에 불안 심리가 내담자 내면에 깊은 병리성을 키우게 되었다.

그래서 아무 일도 일어나지 않을 때에도 혹시 무슨 일이 있는 건 아닐까 하며 불길한 예감으로 힘겨워하였다. 구체적이기도 하고 막연하기도 한 삶의 저변에 깔려있는 불안으로 심한 압박감을 느끼며 최근 1-2년 사이에 내담자 모친의 수술, 부친의 질병과 소천의 과정이 있었고, 친한 회사언니의 돌연사, 성과위주의 직장에서 저조한 실적과 건강악화 등이 내담자의 불안을 더욱 가중시켰다.

VI. 상담 목표

① 내담자의 불안을 해결한다.

② 부정적 사랑과 관심을 끊고 건강하고 긍정적인 사랑으로 관계할 수 있도록 한다.

③ 내담자의 원가족 구조를 파악하여 병리성을 끊고 건강한 자아분화를 할 수 있도록 한다.

④ 불안을 의식화하여 주체적으로 자신의 불안을 다룰 수 있도록 한다.

VII. 상담 전략

정신 역동적 상담과 인지치료 기법을 주로 사용하여 다음과 같은 상담 전략을 사용하였다.

① 내담자 불안의 주된 원인을 탐색하여 개념화하고 의식화하도록 한다.

② 내담자의 성인 자아가 어린아이 자아를 달래주고 설득하여 불안을 다룰 수 있도록 TA기법으로 돕는다.

③ 내담자가 불안을 해결할 수 있는 영역과 맡겨야 할 영역을 분별할 수 있도록 한다.

Ⅷ. 상담 회기 정리

1) 1-6회기

- 1회기: 기본 심리검사 실시(에고그램, 대상관계 검사 등) 및 내방 경위 듣고 내담자와 라포 형성하기 위해 공감을 많이 하였다.

- 2회기: 원가족 탐색 및 아버지가 소천하는 과정에서 느낀 내담자의 슬픔 듣고 위로하였다.

- 3회기: 결혼과 이혼의 과정 듣고 정리하였다. 이혼이 긍정의 계기가 되어 성장의 기회가 되었음을 발견하였지만 이혼에 대한 열등감과 수치심이 아직 남아 있어서 이것을 해결하도록 도움을 제공하였다.

- 4회기: 불안의 뿌리가 원가족에서 비롯되었음을 자각하도록 하였다.

- 5회기: 성장을 원하면서도 자기 마음대로 하고 싶어 하는 것을 버리지 못하고, 퇴행과 성장을 오락가락하는 양가적 모습에 대해 상담하였다. 내담자가 퇴행을 통해 얻은 유익이 많아서 퇴행이 고착이 되었고, 삶의 과정이 성공 중심의 삶이었다기보다 걱정이 사랑이었던 삶의 스토리를 이해하는 시간이었다.

- 6회기: 부정적인 아버지의 모습을 내사하고 분화하지 못한 모습을 발

견하고 아버지를 심리적으로 보내드리고 분화를 위해 필요한 것에 대해 교육하였다.

2) 7회기(상담 축어록)

● 일상 생활에서의 불안 사건을 통해 불안을 극복하도록 하였다.

상1: [가벼운 인사 및 환대] 다시 만나니 기쁘네요. 그동안 잘 지내셨나요?

내1: 네, 좀 힘든 일도 있었지만 별일 없이 잘 지낸 편이예요.

상2: [이전 상담 후 심정 묻기] 지난 주 상담하고서 어떠셨는지요?

내2: 네, 상담하고 나서 내가 불안을 많이 억압했다는 생각이 들면서 이제는 불안을 억압하지 말아야 겠다 이런 마음이 들었고, 아버지의 모습이 내 안에 얼마나 많은 지 살펴보니 너무 많아서 내가 곧 아버지 같다는 그런 생각을 많이 하는 그런 주간이었어요. 어휴…, 그래서 앞으로 이 불안을 잘 처리할 수 있을지 모르겠네요.

상3: [상담 목표 설정] 네, 그럼 오늘 상담에서는 불안에 대해 좀 더 구체적으로 이야기를 나눠보면 좋겠습니다. 일상생활에서 어떤 불안들이 지나가시는지 한 번 생각나는 대로 이야기해보시겠어요?

내3: 제가 문득문득 자동적으로 불안하고 걱정하고 염려하는 것들이 불쑥불쑥 항상 스쳐 지나가는 것이 있더라고요. 최근에 여러 가지 생각을 해보니까 그게 제 삶에 짐일 수 있겠다 싶은 생각이 들어요. 그거를 벗어버리고 싶은 생각이 있어요.

상4: [구체적 사건에 대한 질문] 그래요? 그러면 어떤 불안들이 지나가나요?

내4: 일상에서 사소한 것들이 삭 스쳐 지나갈 때가 있고 어떤 때는 확

잡힐 때가 있는데, 예를 들어서 제 주변에 제가 좋아하는 사람들이나 가족과 이런저런 얘길 하거나 뭘 하다가 갑자기 걱정이 확 되는 거예요. 예를 들어서 상담대 수업을 하다가 '교수님이 잠시 쉬었다가 하겠습니다.'하고 쉬는 시간이 있었는데, 수업이 시작되고 10-15분정도 지났는데도 안 내려오시는 거예요. 그런데 갑자기 제 마음속에 '혹시 넘어져서 뇌출혈로 쓰러지신 거 아닌가?' 하면서 밑도 끝도 없이 불안이 확 올라오는 거예요. '지금 얼른 가서 확인을 해봐야 되나?' 그러면서 전화하고, 카톡을 막 보냈어요…. 제가 그런 식의 불길한 생각이 순간 확 들어요. 그리고 어떤 분에게 저희 집의 LED를 드렸어요. 유리로 된 거구요. 혼자 셀프로 설치하는 되는 그런 건데, LED 하는 사람이 제 것은 플라스틱이라 안정적인데 이 유리는 훨씬 비싸지만 비전문가가 할 때 잘못하면 깨질 수도 있다 이런 주의사항을 얘기해주는데 갑자기 '그분이 이거 바꾸다가 깨져서 사고 나면 어떡하지?' 하는 불안한 생각이 확 들면서 '그거 확실히 갈 수 있어요? 확실하게 잘 하실 수 있겠어요?'하면서 갑자기 확인을 하는 거예요. 매사에 제가 그러고 있더라고요…. 최근에 더 그런 것 같고, 엄마가 친구들하고 2박 3일로 온천여행을 가시는데 인공관절 무릎 수술한지 1년이 안됐는데 '혹시 목욕탕에서 넘어져서 미끄러지면 어떻게 하지?' 그런 생각들이 계속 드는 거죠.

상5: [핵심 요약 및 감정 반영] 그래요. 이런저런 불안들이 계속 많이 지나갔네요. 그럴 때 마다 순간순간 마음이 힘들었겠네요.

내5: 네. '내가 왜 이런 생각을 하지?' 넘어가는 것은 떨쳐버리는데 어떤 것은 오래 걱정이 되는 것이 있고 그것이 확인이 되지 않으면 더 걱정이 되요. 계속 그런 게 있더라고요.

상6: [확인 질문] 확인이 될 때까지 걱정하는 건가요?

내6: 네. 확인이 될 때까지 걱정이 되고 그러면서 순간 자책하는 거죠. 내가 믿음이 없나? 왜 이걸 맡기지 못할까? 이렇게 저를 치는 마음도 같이 올라와요…….

상7: [반복 질문] 그러면 이런 현상이 무엇 때문에 그러는 것 같나요?

내7: 제가 어렸을 때 항상 엄마에게 꾀병을 많이 부렸어요. 그러니까 엄마가 저에게 관심을 갖고 걱정하면서 안 아프냐고 사랑하는 표현을 했어요. 제가 다 커서 이렇게 독립을 해도 엄마가 저희 집에 와서 청소도 해놓고 이것저것 도와주고, 목소리가 조금만 이상해도 '감기 걸렸냐. 어떻게 됐냐?' 걱정하면서 저를 궁금해 할 때 염려와 걱정이 같이 들어가는 패턴이 있어요. 그리고 어렸을 때는 아버지가 큰 사고를 몇 번 당하신 적이 있었어요. 그것에 대한 트라우마도 있고요.

상8: [반복 질문] 어떤 사고였나요?

내8: 교통사고가 크게 나서 응급실에 두 번 갔던 적이 있었는데 한 번은 급성 췌장염으로 암에 걸리셨던 적이 있었고, 한 번은 교통사고 난 적이 있었는데 그때는 제가 고등학생이었는데 꿈에 아버지가 염색약 옷을 입고 온몸에 피를 흘리면서 비틀비틀 거리는 꿈을 꿔서 너무 무서워서 확 깨서 부모님 방에 갔더니 실제로 교통사고가 나셨던 거예요. 자전거가 버스에 치여서 버스 밑에 깔려있는데 사람들이 죽은 줄 알았다가 의식이 있으니까 살아있는 걸 보고 빨리 병원에 가자고 했더니 아버지가 의식이 좀 남아있을 때 자기가 죽을 거란 생각이 들었대요. 죽더라도 가족들 얼굴보고 죽겠다고 하면서 병원에 안가고 그냥 집으로 데려다 달라고 한 거예요. 그 당시에는 병원도 발달되지 않았고 새벽이여서 집에 일단 누워있는 상태였는데 제가 그런 너무 무서운 꿈을 미리 꾼 거예요. 그리고 누워있는 아빠를 본 거죠. 보고 충격을 받았어요….

이후에 아빠가 입원을 6개월 하시면서 이식수술을 하고 오랫동안 입원을 하셨을 때 제가 기억이 안 나는 거예요. 엄마가 일주일씩 반찬을 만들어 놓으면 제가 오빠, 동생, 저 이렇게 한 사람당 두 개씩 도시락 여섯 개를 싸고, 그동안 제가 살림을 되게 야무지게 했대요. 그런데 제가 그렇게 했던 기억이 없는 거예요. 그러다 제가 고1때 성적이 상위권 5등, 6등 했었는데 40등으로 뚝 떨어져서 선생님이 무슨 일이 있냐고 물어보셨는데 그 사실을 아무한테도 말하지 않고 그냥 아무 생각 없이 학교에 다녔어요.

상9: [그 당시 상황 질문] 그때가 고등학교 1학년 때라고 하셨는데, 아버지가 6개월 입원해 있었나요? (네) 그러면 아버지가 회복되고 난 다음에 상태는 어땠나요?

내9: 원래 코가 굉장히 예민하셨는데 후각신경이 마비되어 냄새도 잘 못 맡게 되고 머리부터 다치시면서 다 다쳤는데 그래도 생각보다 많이 회복이 됐어요. 이식수술도 했는데 크게 이상은 없었고 나중에 치매 검사 했을 때 의사가 뇌를 다쳤던 거 물어보면서 나중에 기억력에 영향이 있을 수 있다고 얘기는 하시더라고요.

상10: [확인 질문] 그렇군요. 그러면 그때 자매님이 도시락을 싸고 집 안의 가사노동을 돕는 역할을 했는데도 불구하고 기억이 안 난 단 말이지요?

내10: 네. 제가 자세히 기억이 잘 안 나는데 엄마가 '얘는 안 해서 그렇지 뭘 하면 자기보다 훨씬 더 야무지게 잘한다.'고 하면서 그 얘기를 하더라고요. 그래서 '내가 그랬나….' 그런 생각이 들었어요.

상11: [심정 확인] 현재 심정은 어떤가요?

내11: 그때 생각이 나면서 약간 슬퍼요….

상12: [감정 반영] 그때 많이 슬펐군요. 슬프고 너무 놀랐네요.

내12: (울먹) 그 사고 당한 게 창피하고 당황했는지 아무한테도 말하지 않았어요. 그런데 친구네 집에 공부하러 갔는데 친구 엄마가 '부모님 잘 계시냐고 물어보시기에 저희 아빠 병원에 입원하셨어요.'라고 했는데 친구엄마가 굉장히 걱정을 하시는 거예요. 그리고 제 친구도 '너 왜 나한테 말 안했냐?'며 서운해 했어요. 친구엄마가 걱정을 하니까 제가 갑자기 거기서 눈물을 흘린 거예요. (울먹거림)

상13: [다른 사람과의 관계 확인] 그러면 그 이후에 다른 사람들에게도 말을 했나요?

내13: 그 이후에는 아무한테도 말하지 않았어요.

상14: [심층 심리 질문] 왜 그랬을까요?

내14: 그냥 너무 커다란 일을 말하는 게 두렵고, 제가 꿈을 미리 꿨잖아요. 그런 것이 약간 무섭기도 하고 그냥 없던 일로 하고 싶은 마음도 있었어요. 그 시간이 빨리 지나갔으면 좋겠다고 생각했어요. 학교도 어떻게 다녔는지 모르겠어요. 거의 매일 지각하고 그냥 아무 생각 없이 다녔거든요. 학교에선 애들끼리 낄낄거리며 웃고 이렇게만 했지 공부하거나 다른 것들은 거의 안하고 그 사고 이후로는 아무 생각 없는 아이로 살았던 것 같아요.

상15: [확인 작업: 과잉 책임에 대한] 그렇군요. 꿈을 꾸고 난 다음에 꿈이 현실이 됐잖아요. (네) 본인의 책임이 있다고 생각했나요?

내15: (잠시 생각하며) 불길한 꿈은 다 맞아! 이런 게 있는 것 같기도 해요. 뭔가 그런 불길한 느낌이나 꿈들이 맞는 것 같다는 생각을 하는 것 같아요.

상16: [관계 점검] 그럼 교회 사람들한테는 다 알렸나요?

내16: 교회 사람들에게는 엄마가 얘길 했어요. 교회에 교통사고 보험 처리하는 분이 계셔서 얘길 했고, 병원 알아보는 거는 엄마가 다른 어른들한테 얘길 했어요. 저는 주변 사람들한테 얘기하진 않고….

상17: [심정 확인] 지금 심정은 어때요?

내17: 몇 년 전 가족에 대해 생각을 할 때 제가 걱정하고 내려놓지 못한다는 걸 한 번 다른 분에게 말한 적이 있었거든요. 그때 제가 사랑하는 사람들 걱정을 할 때 그걸 하나님에게 확 던지지 못하고 그냥 불안해하면서 갖고 있는 게 원인이 아닐까 생각을 했었는데 그때 그냥 알고만 있었지 그걸로 어떻게 프로세스하거나 그러진 않았던 것 같아요. 그런 게 있을 수 있겠다 생각을 했었는데 잘 생각해 보니까 제가 그때 큰 사고를 당하고 나서 제 감정이나 마음을 깊이 있게 보거나 다루진 않고 그냥 그렇게 넘어갔었던 거 같아요. 제가 성수대교 무너질 때도 있었는데, 그때도 그냥 그렇게 넘어갔거든요. 성수대교 다리 무너질 때 제가 뒤에 있었는데 바로 한 5분, 10분 정도 저희가 길을 잃어서 늦었는데 보니까 바로 몇 척 거리에 다리가 무너져 있었고 대각선으로 바로 보였죠. 다리가 무너진 게…. 회사나 집에서 그때도 난리가 한 번 났었죠.

상18: [구체적 질문] 그때 몇 살 때였어요?

내18: 20대 후반이요.

상19: [심정 확인] 그 당시 감정은 어땠었나요?

내19: 감정은…, 어떻게 영화처럼 진짜 무너질 수가 있지? 순간 우와~ 당황하고 너무 이상하다. 실감나지 않는 사고 현장을 직접 보니까 119도 오고 오토바이도 오고 헬리콥터도 오고 와아, 진짜, 나 정말, 웬일이야, 정말 그냥 감정은 못 느끼고 어떻게 이런 일이 있나 이러면서 회사를 갔어요. 오빠가 뉴스를 보고 제가 성수대교를 넘어가는 것 같은데 친구랑 같이 차타고 가는 거 확인해 보고, 회사에도 제가 없으니깐 집에서도 계속 찾고 난리가 났었어요. 그때 양재역 근처에 있는 연구소를 다녔거든요. 다들 걱정하고 있는데, 저희 둘이 도착하니까 모든 직원이 다 저희 앞으로 왔어요. 신우회 자매가 막 울면서 언니 이제 덧산 인생이라고 하나님이 언니 생명을 건지신거야 라고 하니까 그 의미가 딱 와 닿는 거예요. 아, 내가 그때 죽을 수도 있었는데 내가 덧산 인생이 맞다고 생각하니까 그 다음부터는 교회 봉사나 활동을 열심히 했어요. 집에 가니까 엄마아빠 눈이 퉁퉁 부어있더라고요. 그때 존재로서 제가 약간 중요하다는 그런 느낌을 받았어요. 저는 그때 아무 생각도 없었고 놀라기만 했는데, 사람들이 엄청 걱정하는구나. 회사에서도 직원들이 다 나오고 살았다고 박수를 크게 치고 하니까. (웃음) 지나고 나서 보니까 그때 내가 하나님께 왜 안 갔을까? 그런 생각이 들었고 그러면서 뭔가 가치 있는 일을 하면서 살다가 가야지 않을까 생각하면서 진짜 교회에 열심히 봉사하면서 그때부터 교회에서 거의 사역자처럼 살았어요.

상20: [상황 명료화] 사건 사고가 참 많았네요?
　　　 [내담자 심리 정리] 그러니까 그런 트라우마들이 중요한 사람들, 사랑하는 사람들이 갑자기 무슨 일을 당하면 어떡하나 이런 불안들이 내 마음을 지배한다는 거네요. (네)
　　　 [부모와의 관계 패턴 확인 작업] 자 그러면, 부모님이 이렇게 싸우거나 그러지는 않았나요?

내20: 아빠가 술 마시면 둘이 맨날 싸웠어요. 엄마랑 아빠랑.

상21: [빈도 확인] 그러면 그런 일은 얼마나 자주 일어났었어요?

내21: 아빠가 술을 안 마실 때는 싸울 일이 거의 없었고 술을 드시면 싸웠으니까. 아빠가 술을 자주 드시는 날이 많았어요. 회사에서 회식하고 집에 오시면 그때는 항상 자주 싸웠어요. 일주일에 한 두 번 이상?

상22: [빈도 확인] 일주일에 한두 번이요?

내22: 어쩔 땐 한 달에 한두 번 일 때도 있었지만 일주일에 한두 번 일 때도 있고.

상23: 그때는 자매님이 몇 살쯤 됐을까요? 일주일에 한두 번 일 때는?

내23: 초등학교, 중학교 때요

상24: [어린아이의 심정 만나줌] 그러면 근본적으로 아이는 오늘 싸울까? 내일 싸울까? 불안이 만들어질 수밖에 없지요.

내24: 아빠가 술만 마시면 불안했어요.

상25: [어린아이의 불안 심리 설명] 그것이 일주일에 한두 번이니까 내 안에 계속 불안이 만들어지죠. 그런데다가 두 분이 내담자에게 '어디 아프지 않냐?' 이런 걸로 자주 확인을 하니까 부정적 성향이 만들어지죠. 아무 일도 없어야 될 텐데 무슨 일이 생길까봐 걱정하는 불안함이 마음속에 있단 말이에요. 그런데 그런 불안들이 또 실제로도 사건으로 경험할 때가 많았으니까요.

내25: 네 맞아요.

상26: [설명 및 감정 반영: 불안 심리가 내재될 수밖에 없음에 대한] 어릴 때는 엄마와 아빠가 싸움을 할 때 내가 경험한 거고, 성장해서는 그런 교통사고나 아니면 다리가 무너지는 사건이나 여러 가지 사건들이 나로 하여금 불안을 사실로 확인하게 되고 더군다나 꿈을 꿨는데 실제로 아버지가 피를 흘리면서 자리에 누워 있으니까 '이런 것들은 내 꿈이 다 맞잖아!' 이렇게 자기 암시가 많게 되고, 실제로도 생길거야 라는 불안이 일어나는 거지요. 자, 심정이 어떻습니까?

내26: 그러고 보니까 자꾸 생각이 나요. 최근에 회사에서 회사 언니의 죽음을 봤잖아요. 같이 일하던 언니가 일을 하다가 갑자기 그랬고 제가 그다음에 병원 근무할 때 그 직원이 3대 독자인데 저하고도 친한 남자 직원이었는데 따로 투잡 한다고 주식인가 뭘 했다가 3억의 빚을 지고 한강에서 자살을 했어요. 그런 사건사고들이 있었네요. 그런데 그 이후에 저희 오빠가 음식점 두 개를 차렸는데 하나를 6개월 만에 다 접었어요. 그때 한 3억 정도 손해를 봤거든요. 그때 오빠를 보면서 불안이 굉장히 많이 올라왔었어요. 혹시 잘못되면 어떻게 하지?

상27: [구체적 질문] 어떤 잘못을 말하는 거지요?

내27: 그 사람이 3억의 빚을 지고 자살을 했잖아요. 오빠도 그 정도의 빚과 손해를 졌었거든요. 옆에 큰 상가건물이 생기는 바람에 큰 손해를 봤어요. 퇴직금이랑 빚을 내서 동네에서 식당 두 개를 크게 차려서 1호점 2호점을 시작했는데 1호점을 6개월 만에 접었어요. 그러면서 몇 억의 손해를 보고 그 가게는 안 나가서 1년 동안 매달 월세 500만원 세만 주고, 문을 닫은 상태였어요. 그때 그 남자직원이 자살을 했잖아요. 보통 2억 3억 정도 남자가 빚을 지면 자살을 한다는 얘기를 들은 적이 있기 때문에 그때도 불안지수가 굉장히 올라갔었거든요. 혹시 오빠가 나쁜 생각을 하면 어떻게 하지 그 생각이 확 올라왔거든요. 그런 굵직굵직한 사건이 최근 몇 년 사이에 있으니까 불안이 확 드러나는 것도 있는 것 같아요.

상28: [내담자 심리 동의 및 지지] 맞아요. 현재 심정은 어떻습니까?

내28: 내가 불안하니까 그 사건을 생각 안하고 안하려고 했구나. 그래도 불안은 항상 따라왔구나라는 생각이 들어요.

상29: [내담자 심층 심리 위로] 그런 것들은 어릴 때 엄마 아빠가 싸울 때 자기가 할 수 있는 일이 없잖아요. 그러니까 싸울 때 자기가 불안하고 무서우니까 그걸 잊어버리려고 했을 거예요.

내29: 네, 그래요. 맞아요.

상30: [억압 방어기제 설명] 그러면 이제 불안과 무서움이 생기면 무
조건 잊어버리고 없는 일로 간주해버리는 이런 하나의 방어기제
가 생긴 거지요. 그러니까 고등학교 1학년 때 아버지의 교통사
고가 일어나서 자기가 실제로 6개월 정도 고생을 하고, 성적도
바닥을 쳤지만, 내가 그 과정을 어떻게 보냈는지 기억이 안 나는
거예요. 이게 매우 잘못된 방어 시스템을 사용해서 무의식의 성
격이 되면 굉장히 큰 문제가 아니겠어요? 그러니까 자매님이 힘
들 때 불안을 만들고 그 불안 때문에 실제 사건이 생기면 잊어
버리고, 내가 불안하면 실제로 무슨 일이 생겨. 또 이렇게까지
왜곡되니까 걱정하는 걱정이 긍정보다는 부정이 또 많으니까 늘
그렇게 부모가 내게 사랑을 줬으니까. 무슨 일이 생기는 거 아니
야? 하고 혼자 상상을 하게 되는 거지요. 이해가 되겠어요? (네)
자, 어떤 생각이 들어요?

내30: 그렇게 설명을 해주시니까 제 자신의 불안이 조금 이해가 되고
좀 편해졌어요.

상31: [어른으로서의 내담자를 만남] 반가워요. 지금은 자매님이 어린
아이가 아니잖아요. (네) 어린아이는 불안이 생겨도 불안을 다룰
힘이 없지요. 아빠가 술 먹고 와서 엄마랑 부부싸움을 하는데 내
가 할 수 있는 일이 뭐겠어요? 아무것도 없지요.

  [설명: 성인은 불안을 합리적으로 처리할 수 있는 것을 구체적인 언
  어로 설명] 그런데 지금 자매님은 성숙한 사람이잖아요. 그럼
  내 안의 아이가 어떤 불안 때문에 무서워 할 때 괜찮아! 아무 일
  도 없어! 네가 괜히 불안해하는 거야! 또 무슨 일이 있으면 내가
  잘 지켜줄게! 그렇게 하면 불안이 없어지는데 그렇게 자기 불안
  을 객관화시켜서 불안을 다룰 수 있는 훈련을 안했기 때문에 계
  속 불안의 지배를 받게 되는 것이에요. 이해가 되시는지요? (네)

어떤 마음이 들어요?

내31: 어렸을 때부터 아빠 엄마가 싸우면 아빠가 엄마를 때리거나 그러진 않지만 폭력적인 분위기가 있잖아요. 아빠가 술 드신 상태로 당장 목사님 만나서 할 말 하겠다고 하면 엄마가 말리다가 그 과정에서 아빠는 있는 대로 물건을 벽에 던지고 깨부수는 거예요. 엄마를 때릴 순 없지만 어쨌든 자기분노를 표출해야 되잖아요. 그 불안함이 어떻게 왔냐면 아이는 할 수 있는 게 없으니 제가 본격적으로 더 꾀병을 부렸던 게 생각이 나요. (그렇군요) 제가 막 아프다고 하고, 완전히 불치병에 걸렸으면 좋겠다는 생각을 하는 거예요. 그러면 아빠가 정신을 차려요. 새벽기도도 가고, 우리 딸이 무슨 병인가 싶어갖고 정신을 차리고 술도 안마시고 하나님께 겸손하게 가는 거예요. 내가 차라리 진짜 아파서 아빠가 술을 딱 끊었으면 좋겠다 생각해서 제가 자꾸 저를 망가트리고 학교도 안가고 나는 아프다고 하고…. 제가 꾀병으로 인해서 학교 안가고 싶은 그런 퇴행의 유익도 있지만 아빠 엄마를 정신 차리게 하고 싶은 목적도 있었거든요. 저를 망가트려야 아빠가 정신을 차리니까. (그렇죠) 그게 저의 방법이었어요. 그런데 제 불안을 없애지는 못하고. 그렇게 그냥 자랐으니까 제가 이 불안을 진짜 다루지 않고 살았던 것 같아요. 그게 확 느껴지네요.

상32: [불안 심리 설명: 불안심리가 부정적인 패턴으로 굳어진 것에 대하여] 그러니까 자기를 던져서라도 부모의 그 갈등을 좀 완화시키고 가족의 불안을 없애고 싶은 그런 아이의 간절한 열망은 자매님의 부정적인 패턴으로 가도록 만들게 했지만, 어쨌든 또 한편에선 거룩한 희생이었지요. 나를 내던져서라도 아빠가 정신차리고 기도하고 술을 안 먹게 되니까…. 그런데 이 맥락이 지금 다 부정적인 것이 문제가 되는 거지요.

내32: 네, 그런 것 같아요. 정말 이해가 되요.

상33: [칭찬과 지지] 그런데 내가 그렇게 내 자신의 불안한 삶을 내가 다루지도 못하고 살아왔구나 이렇게 인식한 건 굉장한 인식이에요. 어떤 마음이 들어요?

내33: 그동안 제가 했던 생각들이 생각나요. 불안한 일들이 생기면 제 안에 세 살, 네 살 아이가 사는 것 같아요. 쪼그라들더라고요. 아무것도 못하겠고.

상34: [상담자 마음 개방] 동료가 갑자기 뇌출혈로 죽어서 저번 상담에 못 온다고 했을 때 제가 사실은 속으로 걱정을 많이 했어요. 자매님이 또 충격 받으면 어떡하나 걱정하고 그랬는데 오늘 보니 그래도 잘 견디셨나 보구나 하는 마음이 들어서 반가운 마음이 들었습니다.

내34: 네. 그런데 직장의 한 상사가 있는데 이 언니가 진짜 무슨 일이 생기면 어떻게 하지? 순간 확 실제적으로 다가오더라고요. 그 순간에….

상35: 그래요. 그럼 그때 어떤 마음이 드셨는지요?

내35: 지금 제 안의 불안을 다루는 아이가 없고 그 능력이 없기 때문에 그것을 좀 키우고 싶은 마음이 들어요.

상36: [지지: 새로운 자아가 생기고 있음에 대하여] 그렇죠. 반갑네요. [현재 상황과 연관해 봄] 그러면 자매님이 지금 교회학교 교사로서 자기가 아이들을 돌볼 때 어느 학년의 아이한테 제일 관심이 가요?

내36: 저는 지금 고3 남자아이들을 맡았으니까 제일 관심이 가요.

상37: [일반적 질문] 그럼 그전에 다른 아이들을 맡아본 적은 없어요?

내37: 어린애들은 맡아봤어요.

상38: [다른 연령과의 관계 패턴 파악 질문]   어때요, 그때는? 아이들 한테는?

내38: 아이들한테는, 그냥 어린애들은 귀엽고, 제가 워낙 과잉보호를 하니까 그냥 자동 과잉보호가 나와요. (웃음)

상39: [구체적 질문]   그럼 제일 관심이 가는 연령층은 어딜까요?

내39: 현재는 고3이구요. 예전에는 저희 조카들 또래한테 관심이 있었어요. 조카들이 5살이면 5살. 제 조카들 나이대요. 지금은 고3 아이들에게 관심을 가지게 되요.

상40: [구체적 질문]   지금 그 조카들은 몇 살이에요?

내40: 오빠네 애들은 다 커서 스무 살 넘었고. 미국에 있는 조카들은 이제 13살, 11살, 7살….

상41: [계속적인 관계 패턴 파악 질문]   그럼 미국에 있는 조카들이 왔을 때는 어땠어요?

내41: 걔네들이 왔을 때 한국에서 잘 적응하게 하려고 제가 굉장히 신경을 많이 썼어요. 왜냐면 한국어가 좀 서툴고 교육부 들어갔을 때도 친구들이 없으니까 어떻게 잘 적응할까. 그래서 첫날은 제가 교육부에서 옆에 같이 앉아 있고 얘네들이 약간 왕따나 소외당하면 어떡하지, 적응 못하면 어떡하지 막 그런 걱정이 되는 거죠. (웃음)

상42: [설명: 관계 패턴에 대한 명료화를 적당한 타이밍에 설명]   그런 문제가 생기면 자매님은 내가 가서 해결해주리라 그런 마음이 있는 거잖아요. (네, 그렇죠) 그럼 내가 가서 해결해주면 걔는 뭐가 되겠어요. (침묵) 내가 뒤에서 조카를 훈련시켜서 조카가 스스로 그거를 극복하도록 해줘야지. (침묵) 조카가 나중에 얼마나 유약해지겠어요.

내42: 조카가 불안하고 낯설어가지고 같이 있어 달라고 했어요.

상43: [정보 제공] 아이는 그렇게 말하죠. 그러면 잘 달래고, 가르쳐 주면서 '네가 힘들거나 고모가 필요하면 같이 있어줄 거고 너랑 함께 있을 거니까 걱정하지 마. 응?' 이렇게 해서 스스로 제 발로 서도록 이끌어주는 보호 내지 양육, 지도가 좋은 지도라고 생각하는데요. (네) 지금 제가 왜 이런 말을 하는지 혹시 감이 오시나요?

내43: 제가 그걸 잘 못하는 것 같아요. 불안하니까 딱 떨어트려서 그렇게 하지 못하고 조마조마해하니까….

상44: [설명 및 해석: 의존적이고 부정적인 관계 패턴에 대한] 그러니까 저번 상담에서도 말했듯이 자매님 안에 어린아이가 있단 말이에요. 사람은 누구나 아이가 있죠. 저한테도 마음속에 아이도 있고 부모도 있거든요. 그래서 이 아이가 갑자기 불안을 느끼면, 성인자아가 '괜찮다~' 이렇게 달래준단 말이지요. 다윗 같은 경우도 자기 안에 있는 어린아이의 불안이 있을 때 '내 영혼아 네가 어찌하여 불안해하며 어찌하여 염려하느냐' 이렇게 자기 불안을 꺼내서 만져준단 말이지요. 그런데 자매님은 그렇게 하지 않고 불안과 내가 하나가 되는 거죠. 지금 나이에도 불안이 오면 불안과 내가 하나가 되는 거예요. 아이와 내가 하나가 되는 거거든요. 이게 지금 자매님의 삶의 맥락이라 이거죠. 아이가 문제가 있다고 하면 아이하고 같이 가는 게 아니라 분리해서 그래 한번 가봐, 내가 도와줄게, 한 번 해봐, 내가 멀리 서서 하도록 이끌어 줘야 된다 이거지요. 이해가 되시는지요? (네) 지금 어떤 생각이 드나요?

내44: 그러니까 제가 그런 에너지를 엄청 쓰는 거예요. 저도 지치고. 제 불안이 전달됐겠다 싶어요.

상45: [상담자와의 관계를 통한 부정적 관계 설명] 그러면 상대는 더

약해져야 자매님이 자기를 책임질 것 아니에요. 누가 부정적으로 또 과잉보호로 나오면 그걸 받는 사람은 약해지고 싶은 거예요. 예를 들어서 자매님이 부정적인 접근으로 저한테 오고 과잉보호로 저한테 와서 "선생님 괜찮으세요? 피곤해 보여요." 그러면 내가 건강한 마음이 아니면 그런 마음을 느낄 때, 내가 좀 약해지고 싶고 그래서 그 사랑을 받고 싶은 거예요. "요즘 몸이 안 좋아요." 그러면 자매님이 "너무 과로하시더라 약 사올까요?" 그런단 말이죠. 그럼 나는 거기에 호응을 해서, "아, 예. 제가 좀 누워있을게요. 약 좀 사가지고 오세요." 점점 더 이렇게 되는 거지요. 자매님의 그 사랑과 수고가 그 사람한테 도움 되는 게 아니라 그 사람으로 하여금 자기를 의존하게 하면서 점점 약해져가고 병들게 만드는 이런 시스템으로 흘러간다는 거지요. 어떤 생각이 듭니까?

내45: 제가 그랬구나 생각이 들어요. 제가 어딜 가도 좀 약한 사람한테 신경을 쓰는 거예요. (그렇지) 도와주고 싶고, 그게 자동으로 가는 거예요. 그게 제 패턴인 것 같아요.

상46: [부정 패턴의 부정 귀결에 대한 설명] 근데 사실 그게 누구를 도와주는 거냐. 내 안에 있는 어린아이를 도와주려는 마음이거든요. 내 안의 어린아이가 그 당시에 힘들고 불안했고 어려웠단 말이죠. 그때는 내가 마음의 아이와 육체의 아이가 같으니까 어떻게 해볼 수가 없었고 너무 바르르 떠는 무슨 일이 있을까봐 두려워했지요. 그런데 지금은 내가 다 컸으니까 내 안의 아이가 탁 그렇게 불안해할 때, 네가 불안한 마음이 일어나니? 괜찮아! 괜찮아! 하나님 계시잖아! 걱정하지 마라. 문제가 생기면 내가 잘 돌봐줄게, 너는 그냥 놀아, 그냥 쉬어. 탁 그런단 말이지요. 자꾸 그렇게 해서 내 안의 어린아이를 그 불안함과 분리시키고 내 안의 성숙한 자아가 양육하고 도와주는 거예요. 이해가 되겠어요? (네) 자, 어떤 마음이 듭니까?

내46: 그런 디테일한 작업을 해야 되겠구나 생각이 들었고 저는 그걸 믿음과 결부시켜서 저를 쳤어요. 하나님 믿는데 내가 왜 이렇게 믿음이 약하게 왜 그러지? 그러면서 불안이 일어나려고 하는 자체를 없애는 것처럼 억압을 해버리는 거죠. 생각을 안 해버리고 불안이 원래 없었던 것처럼 하니까 잊어버리는 거예요. 고쳐지지가 않는 거죠. 계속 그런 게 있었던 것 같아요.

상47: [실존적 불안 해석을 통하여 자기와 만나도록 이끎] 그렇죠. 우리가 구약의 엘리야나 욥이나 그 위대한 사람들도 다 염려와 불안이 다 있었어요. 뭐 인생에 어려움이 있는 게 당연하지. 그러면 이제 자기 속의 아이, 숨어있는 아이를 탁 가슴에 손을 올려, 느껴보고 만져 보세요. 지금은 그 아기가 어떤 상태예요?

내47: 가만히 귀 기울이고 있는 것 같아요.

상48: [과거의 어린아이와 접촉하도록 함] 자기 얘기에 귀 기울여보면서 뭐라고 하나 만나보면 좋겠습니다. 구체적으로 살펴보면 더 도움이 되겠죠. 최근에 (마음 속의) 그 아이가 심한 불안을 느꼈을 때가 언제였을까요?

내48: 최근에는 제가 회사에서 계속 일이 너무 안 되었어요. 갑자기 불안이 올라오면서 내가 이제 뭐 먹고 사나, 어떻게 살아야 되나. 생계의 위협? 그게 올라왔었어요.

상49: [내담자의 어린아이를 상담자가 언어로 구체화시켜줌] 그럼 한번 만나볼게요. 세상에~ 요즘 자매님이 돈을 못 번대, 일이 잘 안된대, 그런 순간에 과거의 어린아이가 "어머, 앞으로 뭐 먹고 살아? 어느 날 아빠가 회사에서 실직 당했어." 이런 생각이 들었을 거구, 지금 이 순간에도 똑같이 "어머, 우리 뭐 먹고 살지?

아빠가 실직됐네." 이런 생각이 일어나는 거예요. 지금 자매님 속의 어린아이가 "어머, 얘가 지금 돈을 못 번대. 뭐 먹고 살지?" 그럼 자기 속의 그 아이가 그렇게 불안에 떨고 있으면 그 아이를 꺼내요. 이렇게 (그릇을 꺼내는 시늉) 꺼내서 뭐라고 위로를 하면 될까요?

내49: (잠시 생각함) 하나님이 먹고 사는 거 책임져 주실 거야.

상50: [이상적 이야기를 현실적으로 말하도록 도움] 그거는 신앙적인 이야기고 얘는 아직 믿음이 어려워요. 현실적으로 말해줘야 돼요. 현실적으로, 뭐라고 말하면 될까요?

내50: (작은 목소리) 현실적으로? "한두 달, 뭐 그렇게 한다고 당장 어떻게 되는 건 아니야."

상51: [실감 있게 느끼도록 상담자 시연] 자, 그러면 내가 아이로서 이야기해볼게요. "우리 뭐 먹고 살지? 어머, 돈도 못 벌고, 수입이 없겠네. 어머, 앞으론 뭐 먹고 살지?" 자, 아이에게 얘기해봐요.

내51: 뭐 이 직업 말고 다른 거 충분히 할 수 있는 직업도 많이 있으니까.

상52: [다르게 말하는 내담자를 따라가 줌] 너는 맨날 직장 옮기니까 그랬지. 그래서 더 불안하잖아, 지금.

내52: 그러네. 바로 다른 거 생각하는 게 있어가지고 도망가려고. 그래서 어디로 가야 되나. 그래서 불안함이 있구나…. 바로 그러니까 다른 데 가야 될 것 같아가지고. (그렇지) 이직을 막 알아보고 했어요.

상53: [심정 만나는 질문] 그렇죠. 자, 어떤 심정이 들어요?

내53: 불안을 해결하려는 게 아니라 계속 도망가려는 것 같아요.

상54: [통찰적 해석] 그렇죠. 그래서 지금 그 불안이 없어지지 않고 있는 거지요. 지금 그 고비를 넘지 못하니까 계속 문제가 생기는 거예요. 힘들지 않는 사람이 어디 있고, 어떤 일을 할 때마다 고비가 없는 사람이 어디 있겠어요. 다 한계에 부닥치거든요. 그런데 그걸 넘어야 된단 말이지요. 자, 어떤 마음이 들어요?

내54: 네, 그런 생각이 들어요. 제가 그때 최근 몇 달 사이에 그래가지고 투잡을 하기 시작했거든요. 병원에서요. 그러면서 피곤이 몰리면서 대상포진도 오고 이렇게 공부하는 것도 다 힘든 거예요. (그렇죠) 너무 피곤하니까 짜증이 나고, 다 엉망이 되는 느낌이 있었는데 그래서 하나님한테는 하나님이 내 생계를 책임 안지니까 내가 투잡이나 하고 다니는 거 아니냐고 막 이러면서 짜증을 내면서 그랬었거든요. (그래요) 근데 상담 선생님이 그때 내가 직장을 옮길까 어떻게 해야 될지 모르겠다고 하니까, 그때 옮기는 게 아니라 왜 안 되는지 잘 생각해 보라고 하시면서 바로 이직하는 것 보다는 일단 버티는 걸로. 근데 일이 안되었다가 생각하고 버티니까 이번 달은 또 일이 잘 되는 거예요. 제가 투잡을 안하고 집중해서 했더니, 또 이번에 잘 되니까 회사에서도 나는 맘만 먹으면 저렇게 잘 하는데 맘을 안 먹었다고 팀장님도 막 그러는 거예요. 내가 또 조금만 힘들어도 도망가려고 하는구나.

상55: [통찰적 해석] 그러니까 투잡도 도망가는 거지요.

내55: 저는 제가 최선을 다해서 살려고 했다고 생각했거든요.

상56: [정보 제공: 방향성 확인] 지금 방향성이 제일 중요한 건데 이 방향성이 문제라 이 말이죠.
[역할 제시] 자, 그럼 얘기를 한 번 해보자고요. 자기가 어린아이를 얘기하고, 나는 성숙한 자매님으로 얘기해볼게요.

내56: 그렇게 일이 안되고 혼자 먹고 살아가는데 이렇게 일이 안되면 이 세상을 앞으로 어떻게 살려고 하는지, 나이도 많고 하는데….

상57: [명료화 확인 작업] 다시 정확하게 얘기해 보실래요?

내57: 나이도 많고 앞으로 딱히 할 것도 없는데 지금 일도 잘 안되고 하면 앞으로 어떻게~ 어떻게~ 살아야 되니?

상58: [성인 아이 역할 시연] 그래, 내가 집중하고 마음을 먹고 차분하게 그 일을 잘 처리하면 나는 어떤 일도 다 잘해냈는데, 내가 좀 집중하지 못하거나 내가 좀 느슨해지거나 교만해지거나 그러면 항상 문제가 생겼지. 그래서 나한테 불안을 좀 준 건 내가 미안해. 뭐 그렇다고 넌 그렇게 아직도 당장 먹고 살길이 없으면 어떡하나 그렇게 생각하는 것은 물론 내 책임이 크긴 한데, 너도 좀 과하긴 하다 야, 내가 언제 너를 굶긴 적이 있니?

내58: 네 그 말을 들으니 마음이 시원하고 다 100% 수용이 되는 것 같고. 진짜 그런 쓸데없는 걱정을 계속하고 있었네요. 제가….

상59: [명료화 및 정리] 옆에 있는 동료나 옆에 있는 가족이 막 불안해하면 불안이 전염되거든요. 그때 빨리 정신 차려서 어른으로서 반응하면 좋겠어요. '문제가 뭔데? 왜 그러니?' 그렇게 얘기를 해야 되요. 내 안의 애가 막 불안해할 때 '그래, 너 문제가 뭐니? 왜 그렇게 힘들어해?' 그래서 내가 다 다뤄주면 문제를 해결할 수 있는 건데 마음 속의 어린 애가 막 불안해하니까 같이 불안에 꽉 차게 돼있죠. 하지만 아직 잘 못하니까 연습이 필요합니다.

내59: 생각이 불안하니까 정리가 안 됐는데 생각도 정리하고 감정도 정리하면 심플해지는 것 같아요.

상60: [지지 및 직면] 그렇지. 즉시 다루는 거예요. 놔두면 안 돼요. 즉시 다루어야 돼요.

내60: 이게 습관이 돼 있었던 것 같아요. 불안이 자동 습관으로, 엄마도 내가 다른 가족들 걱정하고 어떻게 됐냐고 물어보면 엄마는 네가 제일 걱정이야, 네 걱정이나 해. 그러는 거예요 엄마는 너 아파트 빚진 거는 갚았냐? 등등 엄마는 제가 제일 걱정이래요. 오빠도 나름대로 잘 살고 동생이야 잘 지내고, 엄마는 제가 걱정인데, 저는 다른 가족들을 너무 걱정하는 거예요, 항상.

상61: [명료화 및 내담자의 내적 힘 확인]   그러니까 서로 서로 자기 걱정은 안 하고 남 걱정하면서 서로 얽혀있는 거지. 이게 건강하지 않아요. 내 걱정은 내가 할 테니까 네 걱정은 네가 하고. 또 서로 자기 몫은 자기가 하면서 서로 짐을 주지 말고. 정 도와야 될 일이 있으면 부탁하고, 내가 알아서 신경 쓰는 게 아니라 부탁할 때 도와주는 것이 건강한 가족이죠. 앞으로 자매님이 그 방향으로 갈 수 있는 힘이 생긴 것 같아 반갑습니다.

내61: 제가 엄마랑 서로 걱정하는 걸로 대화가 끝나는 경우가 많았던 거가 있었던 것 같아요. 엄마랑 저는 서로 걱정하는 게 당연한 거고 그게 사랑이니까 걱정하며 어떻하냐며, 한약해주고 그랬는데 이제 엄마한테 걱정 끼치고 싶지 않아요. 제가 분리가 조금씩 되면 엄마하고도 건강하게 관계할 것 같아요. 엄마뿐 아니라 가족이랑 부정적으로 얽힌 게 많은 것 같아요.

상62: 참 중요한 말 했어요. 걱정이 사랑이라는 것이 핵심 포인트인 거죠. 걱정이 사랑인거죠. 근데 자매님이 이제 그 패턴을 알았으니 하나씩 연습해가면서 건강한 관계로 나아가길 바랍니다.

내62: 그렇죠. 그나마 우리 새언니가 그나마 합리적이고 그러니까 천만다행이에요.

상63: 자, 그러면 이 시간에 그 새언니와 잠시 대화하는 연습해보고 다음에 다시 이 문제로 상담해볼게요. 자매님이 불안이 느껴지면 그 불안을 더 만들어서 사랑을 주는 패턴을 새 언니와 대화하는 거로 해 볼게요. "언니, 조금 전에 안 들어와서 내가 얼마나 불안했는지 막 문자했잖아." 평소에는 이렇게 얘기하시겠죠? 자기 패턴이 이해되나요? (네) 그런 거는 서로를 연약하게 만들고 병들게 망가트리고 상대방을 병들게 망가트린다 이거예요. 아직 자매님은 어린 시절의 패턴과 맥락에 따라서 살고 있는 거죠. 그래서 자매님이 아직도 불안을 사랑으로 생각하고 자꾸 불안으로 살려고 하죠. 그때 마다 자매님이 자기 내면의 아이에게 말해야 합니다. '걱정해주는 건 건강한 사랑이 아니야! 걱정하고 불안하면 불안한 성격이 돼. 사랑은 서로를 도와줘서 성장하게 만드는 거야!' 자, 심정이 어떻습니까?

내63: 앞으로 또 이런 불안한 일들이 오더라도 이런 식으로 좀 다가가 봐야 되겠다는 생각이 들어요.

상64: 그래, 반가워요. 무엇보다 기쁜 것은 그동안 불안에 대해 구체적으로 다뤄보지 않았는데, 이제 불안의 실체를 파악하고 나니까 이제는 불안에서 상당히 해결되어지는 그런 은혜를 입을 것 같아요. (네) 자, 심정이 어떻습니까?

내64: 좀 가볍고 제 삶의 전 패턴이 압박감과 불안함 때문에 너무 많이 자고, 잊기 위해서 회피하고 했는데 이제 그 이유도 알고 방법도 알았으니 덜 불안할 것 같아요.

상65: 오늘 수고 많으셨어요. 오늘은 여기까지 하고 마치도록 하겠습니다.

내65: 네, 감사합니다.

3) 8-12회기

걱정이 사랑이기 때문에 가까운 관계에서 서로 불안을 키워서 끊임없이 걱정해주고 위로하며 사는 맥락을 더 많이 훈습하였다. 특히 불안을 키우는 패턴에 대한 계속적인 확인 작업을 가족 한사람, 한사람과의 관계에서 해결하도록 하였다. 직장에서의 관계 문제도 하나씩 해결하면서 상담학과 성경적인 관점에서 건강한 관계에 대하여 알려주고 실습하게 하였다.

4) 추후 상담

12회기로 상담을 종결하였으나 그 후 추후상담으로 6개월에 3회 정도 더 하였다.

IX. 분석 및 평가

1) 내담자는 어렸을 때 아버지의 주사로 인한 부모의 싸움을 지켜보며 불안과 공포를 느꼈으나 다룰 힘이 부족하여 억압하고 회피하였다. 또한 아버지의 질병과 사고, 큰아버지의 월북 사건 등으로 인한 부모의 불안을 내재화하고 있었다. 이러한 내재화된 불안을 하나씩 설명해가면서 내담자가 통찰해가도록 도움으로써 내담자가 자신의 불안의 원인을 심도 있게 이해하게 되었다.

2) 내담자는 어린 시절에 부정적 관심과 사랑을 받았고, 퇴행의 유익을 맛보았기에 그것이 몸에 배어 있었다. 그러나 상담을 통해 부정적이며 어린아이 같은 삶이 인간관계와 인격 성숙에 해가 된다는 것을 인식하여 버리기로 결단하는 모습을 보여주었다.

3) 원 가족 탐색을 통해 서로 걱정해주는 것이 사랑이라고 생각하고 있었으며 과잉보호로 양육을 받았기에 타인에게도 지나친 과잉보호로 자신을 의존하게 하거나, 서로 퇴행 심리로 관계하고 있음을 인식하

도록 하고 과거의 잘못된 관계 패턴을 바꾸어 합리적인 성인 자아로 살아가도록 TA기법과 인지행동치료 방법으로 변화를 시도하였고 긍정적인 효과가 있었다.

X. 상담 종결 후의 내담자 후기

성인이 되어서도 불안한 어린아이 심정으로 살아왔기에 매사 조바심치고 아슬아슬한 곡예사와 같은 울렁거리는 스트레스가 많았다. 내게 있는 자원을 성공 지향적으로 장기적인 목표를 두고 개발하지 못하고, 급한 불만 일단 끄고 보자는 단기 집약적인 일에 에너지를 더 두었기에 결실이 능력보다 많지 않다는 피드백이 이해가 된다.

'염려가 없는 곳은 딱 한 곳이 있는데 그곳이 바로 공동묘지라'라고 한다. 죽은 사람만이 말이 없고 염려가 없다고 할 만큼 유한한 인간은 불안할 수밖에 없고 나름대로 염려의 이유들을 안고 살아간다. 여전히 나는 앞으로 남은 인생에서도 어떤 사건이나 이슈들을 마주할 지도 모른다. 감사하게도 이번 상담을 통해 나의 마음과 믿음의 근력을 키울 수 있는 계기가 되었고 하나님을 더욱 의지하는 길로 가는 방법을 배우게 되어서 다행스럽다.

불안의 실체가 명확한 얼굴을 보여주고 확인이 되면, 그때부터 이미 반 이상은 치유되는 것이라고 한다. 그동안 불안을 다룰 수 있는 능력이 부족했기에 도망만 다녔지만, 계속적인 상담과 연습을 통해서 내면의 힘을 키우면 나뿐 아니라 다른 사람의 불안 또한 빛 가운데 나오게 할 수 있겠구나 하는 소망이 생기자 감사하고 평안해진다.

골리앗과 같은 거대한 불안이 올 때 다윗이 물맷돌을 날려 격파하듯 믿음으로 불안덩어리를 하나님께 던져버리면 되는 것이다. 그렇게 나는 오늘 하루를 살면 되겠구나 생각하니 마음이 한결 가벼워진다. 어떤 문제에 대해서는 내가 책임질 이유가 있는지 합리적으로 바라보고 통찰해 볼 필요가 있음을 확신시켜 준 상담자가 고마웠다. 불안을 마주할 수 있는 힘이 생기자 막연한 불안의 실체가 작게 여겨지는 것을 느낀다. 결국 불안은 내가 의식적이며 신앙적으로 계속 깨어 있을 때 더 잘 극복할 수 있음을 알게 되어 너무 감사하다.

13장

슈퍼비전

슈퍼비전은 상담경험이 풍부한 상담감독자가 상담훈련생의 자신감을
향상시켜주고 상담의 구체적 과정을 성찰하도록 돕는 것이다.
전문 상담자가 되고자 하는 초보 상담자나 상담훈련생은
좋은 슈퍼바이저를 만나 도움을 받는 것이 너무 중요하다.

1. 슈퍼비전에 대한 이해

지금까지의 내용을 살펴보더라도 초보 상담자가 전문 상담자가 되기 위해서는 많은 과정과 기술, 그리고 노력이 필요하다는 것을 알 수 있었다. 그런데 전문 상담자가 되기 위해서는 숙련되고 경험이 많은 상담자에게 도움을 받아야 하는데 이러한 일련의 과정을 슈퍼비전(supervision)이라고 한다. 슈퍼비전은 '감독'이라는 뜻으로 사용되는데 상담에서는 다음과 같은 의미를 가지고 있다.

가장 일반적으로 사용되는 슈퍼비전의 개념은 경험이 풍부하고 숙련된 상담 감독자(supervisor)가 초보 또는 미숙한 상담자(supervisee)에게 상담을 잘 하도록 도와주는 작업이라고 할 수 있다(Bartlett, 1983). 또한 슈퍼비전은 풍부한 상담 경험이 있는 상담 감독자(슈퍼바이저)가 상담훈련생(슈퍼바이지)이 전문 상담자로 성장하여 기능할 수 있도록 상담에 필요한 이론을 가르치고(teaching), 상담 실습을 훈련시키는(practice) 일련의 과정을 감독하고 지도하는 활동이다. 즉 상담 감독자가 상담훈련생이 상담자로서의 치료적 역량을 개발하고 촉진시킬 수 있도록 집중적으로 돕는 활동이다. 그래서 슈퍼비전은 상담경험이 풍부한 상담감독자가 상담훈련생의 자신감을 향상시켜주고 상담의 구체적 과정을 성찰하도록 돕는 관계라고 할 수 있다.

그렇다면 상담에서 슈퍼비전은 구체적으로 어떤 기능을 할까? 그것을 정리하면 다음과 같이 네 가지로 정리할 수 있다(Steere, 1989).

① 슈퍼바이저와 상담훈련생이 갖는 관계는 내담자와 갖는 관계의 연장선이라는 의미에서 확대된 관계다(extended relationship).

② 슈퍼바이저와 상담훈련생은 상호 동의하에 상담의 전 과정을 구체적이며 체계적으로 성찰하는 작업을 한다(systematic reflection).

③ 슈퍼바이저는 상담훈련생이 가지고 있는 자원을 유용하게 사용하도록 돕는다(available resources).

④ 슈퍼바이저는 상담훈련생이 상담 이론 및 개념을 잘 사용하도록 성찰케 한다(conceptual tools).

이처럼 슈퍼비전은 슈퍼바이저가 상담훈련생을 가르치고 실습하도록 지도하고 감독하면서 그가 내담자를 상담하고 돕는 전 과정을 슈퍼바이저가 함께 연관성을 갖고 지도하는 특수한 형태의 교육이다(김계현, 1992). 그러므로 슈퍼바이저는 상담자 또는 상담훈련생의 기술, 역량, 효율성을 최대한 개발하도록 도울 수 있는 능력과 인격을 갖추고 있어야 하며, 상담훈련생이 훌륭한 전문 상담자가 되도록 이끌고 감독하고 지도하는 책임을 진 사람이라고 할 수 있다.

그러므로 전문 상담자가 되고자 하는 초보 상담자나 상담훈련생은 좋은 슈퍼바이저를 만나 도움을 받는 것이 너무 중요한 일임을 인지하고 있어야 한다. 만약에 상담훈련생이 슈퍼비전을 받지 않고 상담을 한다는 것은 의사가 실력을 검증받지도 않은 채 수술을 감행하는 것과 같은 아주 위험하며 비윤리적이라는 인식을 가지고 최소 5년 이상의 기간 동안 슈퍼비전을 받도록 하는 것이 좋다.

일반적인 슈퍼비전과 달리 기독교 상담에서 슈퍼비전의 궁극적인 목적은 상담 훈련생 뿐 아니라 상담 훈련생에게 상담을 받는 내담자의 인격적인 변화와 성장을 돕고 영적으로도 하나님과 인격적인 관계를 맺을 수 있도록 하여 그리스도의 장성한 분량까지 성장할 수 있도록(엡 4:13) 촉진시켜야 한다.

2. 슈퍼바이저의 역할

슈퍼비전은 상담자가 상담 실무를 잘 수행하도록 돕는 역할과 미숙한 상담으로부터 내담자를 보호하는 역할을 한다. 슈퍼비전의 일차적 목표는 상담을 통해 내담자의 성장을 증진하고 내담자를 보호하는 것이다. 슈퍼바이저는 이러한 목표를 이루기 위해 상담훈련생의 상담 기술 향상과 상담자로서의 인격적인 성장 모두에 목표를 두고 상담훈련생이 발전하고 있는지 평가해야 한다(Bernard & Goodyear, 2003).

상담훈련생은 자신의 과거와 현재 겪고 있는 문제와 맹점들, 무력감과 자신감 결여 등으로 인해 내담자의 문제를 보지 못할 때가 있다. 이에 슈퍼비전 과정에서 상담 내용을 통해 상담자 자신을 성찰하고 내면의 흐려진 거울들을 투명하게 볼 수 있게 될 때 내담자의 핵심 감정과 문제를 더 잘 이해하고 도와줄 수 있게 된다.
이상적인 슈퍼바이저는 높은 수준의 공감, 존중, 융통성, 참여, 개방성 등에 대해 지식과 경험이 많은 자이며, 어떤 문제에 대한 대안을 정확하게 제시하고 목표를 설정하고 피드백하는 기술을 적절하게 사용하는 자이다(Hess, 1980). 그리고 상담훈련생보다 높은 수준의 능력과 경험과 성숙도를 지닌 전문가여야 한다.

슈퍼바이저가 이러한 자질을 가지고 있을 때 슈퍼바이저의 권위에 영향을 주어, 상담훈련생이 슈퍼바이저의 지도를 잘 받을 수 있도록 작용할 수 있다(Loganbill, Hardy & Delworth, 1982). 그래서 슈퍼바이저는 총체적인 개요와 기술들을 전달하는 강사이며, 구체적인 내용과 기술을 가르치는 교사일 뿐 아니라, 사례를 개념화하고 사고하는 방법을 탐구하는 사례 분석가이다. 그리고 어느 정도 감시 및 감독자의 역할도 수행해야 하며, 상담 훈련생의 성장을 촉진하는 치료자이고 지지자이며, 균형있는 시각을 제공해주면서도 때로는 새로운 시각을 제공하는 동료인 것이다.

효율적인 전문적 상담 슈퍼바이저의 역할에 대해서 미국 상담협회(American Counseling Association: ACA)에서 1989년에 상담 슈퍼바이저의 지식과 전문능력을 11개 영역으로 나누어 제시하였는데 그것은 다음과 같다(ACA, 1989).

① 전문적 상담 슈퍼바이저는 훈련, 교육, 슈퍼비전의 경험을 통해 지식과 전문능력을 획득한 효율적인 상담자다.

② 전문적 상담 슈퍼바이저는 역할과 일관된 개인적 특성을 보여준다.

③ 전문적 상담 슈퍼바이저는 전문성의 윤리적, 법적, 규정적 측면에 관해 잘 알고 있으며, 이러한 지식을 적용하는데 능숙하다.

④ 전문적 상담 슈퍼바이저는 슈퍼비전 관계의 개인적, 전문적 본질에 대한 개념적 지식을 실제로 보여주고 이러한 지식을 적용하는데 능

숙하다.

⑤ 전문적 상담 슈퍼바이저는 슈퍼비전 방법과 기법에 관한 개념적 지식을 보여주고 상담자의 발달을 향상시키기 위해 이러한 지식을 능숙하게 사용한다.

⑥ 전문적 상담 슈퍼바이저는 상담자의 인격 성숙 과정에 대한 실제적 지식을 보여 주고 이러한 지식을 적용하는데 능숙하다.

⑦ 전문적 상담 슈퍼바이저는 사례이해와 관리에 관한 지식과 전문능력을 보여준다.

⑧ 전문적 상담 슈퍼바이저는 내담자 사정과 평가에서 지식과 전문능력을 보여준다.

⑨ 전문적 상담 슈퍼바이저는 구두 및 서류 보고와 기록에서 지식과 전문능력을 보여준다.

⑩ 전문적 상담 슈퍼바이저는 상담수행의 평가에 관한 지식과 전문능력을 보여준다.

⑪ 전문적 상담 슈퍼바이저는 상담과 상담자 슈퍼비전에 관한 연구에 대하여 많이 알고 있으며 이러한 지식을 슈퍼비전 과정에 통합시킨다.

이상의 내용을 종합해 볼 때 슈퍼바이저의 역할은 다양함을 알 수 있다. 슈퍼바이저는 교사로서 면담기술을 가르치고, 상담의 대가로서 구체적인 상황에서 적절하면서도 예술적인 치료개입기술을 설명하고 시연하기도 하며, 상담훈련생과 동등한 위치에서 상담훈련생이 제기하는 문제에 대해 의견을 제시하는 자문역할을 하고, 평가자로서 건설적인 피드백을 교환하며, 때로는 상담자의 치료자로서 인간적 성장이나 학문적 성장을 도모하기 위한 치료와 통찰에 도움을 주는 사람이다.

3. 상담자 발달 단계에 따른 슈퍼비전

1) 상담자 발달 단계 모형

상담자 발달 이론은 대부분 에릭슨(Erik H. Erikson)의 발달 이론에서 영향을 받았다(Erikson, 1963). 에릭슨은 개인의 발달을 몇 개의 구별되는 단계로 나누고, 이러한 발달 단계에는 명확한 순서성이 있다고 하였는데 상담자에게 이 발달적 과정을 적용시킨 것이 상담자 발달 이론이다. 따라서 상담자를 개인적, 전문적으로 발달해 가고 있는 존재로 보고, 상담자가 성장하는 과정에서 보이는 특징들에 따라 상담자의 발달 과정을 몇 단계 또는 수준으로 나누는 것이다. 이러한 상담자 발달 이론들은 학자들에 따라 다양한 모형을 제시하였지만, 상담자를 발달 과정 중에 있는 존재로 본 점, 발달 수준에 따라 보이는 차이를 인정하고 있는 점에서 공통점을 지닌다.

상담자 발달 모형에 대해서는 상담자 발달의 기초 모형인 호건(Hogan)의 4단계 모델15), 상담자 발달을 8단계로 세분화한 스콥홀트(Skovholt)

---

15) 제1수준 상담자는 불안, 의존, 신경증적 동기, 상담자가 되려는 자기 행동에 대한 통찰결여로 특징지을 수 있다. 이 단계의 상담자는 슈퍼바이저 모방을 통해 학습하므

와 론스테드(Ronnestad)의 모델16), 그리고 한국적 상황에 따라 모델을 제시한 김계현17)의 모델 등이 있다. 호건은 상담자 발달수준을 보는 준거개념으로 동기, 자율성, 자신감을, 스콥홀트와 론스테드는 준거개념 보다는 전문성 수준에 따라 발달 단계를 구분하였으며, 김계현은 상담 기술, 알아차림, 진단·처치(사례이해), 전문성, 평가라는 준거개념으로 발달 단계를 구분하였다.

상담자 발달 이론 관점에서 볼 때 상담자는 일련의 연속적이고 위계적인 단계로 성장한다. 상담자의 성장은 상담에 필요한 상담 기술을 숙련시키고 상담자로서 적합한 인간적 자질을 키우는 두 가지 측면에서 이루어진다고 볼 수 있는데, 이는 상담자 전 생애에 걸쳐 진행되고 있다. 한국의 슈퍼바이저들은 슈퍼비전 평가에 사용하는 준거개념으로 상담대

로, 슈퍼비전 방법은 교수법(teaching), 해석, 지지, 알아차리기 훈련(awareness training) 등이 적합하다. 제2수준 상담자의 특징은 슈퍼비전 관계에서 의존-자율간의 갈등을 겪으며 자신의 적응방법을 찾으려 시도한다. 이 단계의 상담자를 슈퍼비전 하는 방법은 지지, 예시화(examplication), 양가감정의 명료화가 도움이 된다. 제3수준 상담자는 슈퍼바이저에게 조건적으로 의존하며, 전문가로서 자신감이 고양되어 있는 것이 특징이다. 따라서 전문가로서 자기 일에 대한 동기도 안정적이며 통찰력도 깊다. 제4수준 상담자는 대선배상담자 수준이다. 개인적 자율감, 풍부한 통찰, 개인적 안정감, 안정된 동기, 개인적·전문적 문제를 직면할 필요성을 느낀다.

16) 스콥홀트와 론스테드는 상담자의 전문성 수준에 따라 8단계의 상담자 발달 모델을 제시하였다. 8단계는 ① 관습적 단계(conventional stage) ② 전문적 훈련기로 이행단계(transition to professional training stage) ③ 전문가 모방단계(imitation of experts stage) ④ 조건적 자율성 단계(conditional autonomy stage) ⑤ 탐구단계(exploration stage) ⑥ 통합단계(integration stage) ⑦ 개별화 단계(individuation stage) ⑧ 완전단계(integrity stage)이다.

17) 김계현은 상담자 발달 단계와 교육내용을 연관시킨 자신의 모형을 '상담자 교육 발달 단계'로 명명하였다. 이 모형에서 그는 교육내용을 상담대화기술, 알아차림, 진단 및 처치, 전문성, 평가로 나눈다. 또 상담자 발달 단계는 실습준비기, 실습수련기, 자기수련기 3단계로 구분하였다. 실습수련기는 다시 초급기, 중급기, 고급기로 세분하였다.

화 기술, 사례이해, 알아차리기, 상담계획, 인간적·윤리적 태도 등 5가지를 주 내용으로 삼았다. 이러한 개념은 상담자의 심리적 요인보다 상담 기술적 요인과 관련된 개념이다. 이것은 외국의 상담자 발달 이론에서 상담자의 발달 수준을 구별하는데 사용하는 개념들이 상담자 심리적 요인에 초점을 두었던 것과 대비된다.

저자는 상담 슈퍼비전에 대한 기존의 연구 결과, 기독교 상담학적 관점에서 필요하다고 밝혀진 요인, 그리고 저자의 경험과 동료 전문 상담자의 의견을 종합하여 상담자의 성장과 발달을 효과적으로 도울 수 있는 슈퍼비전의 교육 내용으로 다음을 제시하였다(심수명, 2008c).

첫째, 상담자의 상담 실력을 키우기 위한 요소로 상담 기술적 요인을 고려하고자 한다. 여기에는 사례개념화 이해, 상담 대화 기술, 개입 기술, 그리고 민감성 영역을 둔다. 이때 상담자의 발달 수준에 있어 공통적으로 필요한 요인을 고려한다. 예를 들어 초보 수준, 중간 수준, 숙련 상담자 사이의 발달적 차이가 있음을 고려하여 슈퍼비전을 해야 한다.

둘째, 상담자 자신의 심리적 역량을 키우기 위해 상담자의 심리적 요인을 고려하고자 한다. 여기에는 상담자 자신에 대한 이해와 전문성의 영역을 둔다. 저자는 건강한 상담자가 내담자를 건강하게 서가도록 도울 수 있다는 점을 강조하기 위해서 상담자 자신의 내면 치료를 고려하고자 한다.

셋째, 기독교적 가치관에 근거한 인격을 갖추도록 하는 요인을 고려하고자 한다. 여기에는 인격 성숙과 인간에 대한 존중, 그리고 경계선 확립을 고려해야 한다고 보았다. 기독교 상담에서 상담자의 궁극적인 목표는 예수님의 인격을 닮은 상담자가 되는 것이다. 따라서 저자는 인격적인 상담자가 되기 위해 필요한 내용을 슈퍼비전 영역에 첨가하였다.

넷째, 기독교 상담적 접근을 바탕으로 한 영성을 고려하고자 한다. 이때 영성적인 면은 별도 영역으로 두지 않고 상담 과정 중에 내담자와의 관계에서 일어나거나, 성령님의 음성에 민감해야 하는 부분이므로 인격 영역 중 관계적 영역에 포함하였다. 영성의 요소로는 기도, 말씀, 성령님 의지, 그리고 전도의 접촉점 마련 등을 준거 개념으로 제시하고자 한다.

이상의 내용을 근거로 하여 상담자 교육과정에 필요한 구체적인 교육 내용으로 다음의 것들을 제시하고자 한다. 사례개념화 이해 능력, 대화 기술(경청, 공감, 질문, 직면), 감정 반영 및 감정 탐색 기술, 상담 개입기술(명료화와 요약, 지지와 격려, 통찰, 해석, 투사 해결, 정보 제공), 그리고 상담자의 민감성(자신에 대한 민감성, 내담자와의 관계에 대한 민감성, 의사소통에 대한 민감성)이 필요하다고 생각한다.

2) 통합 모델로서의 슈퍼비전 교육 내용

(1) 사례개념화 이해 및 대화 기술

상담 기술은 상담자가 실제 상담 장면에서 내담자를 효과적으로 상담하기 위해 필요한 각종 기술을 의미한다. 여기에는 사례개념화 이해와 대화 기술이 포함된다. 상담자는 사례이해를 할 때 내담자의 핵심 역동 및 행동을 이해하고 그것을 근간으로 하여 이론과 연결 짓거나 사례를 이해할 수 있어야 한다. 사례이해는 내담자의 심리사회적 내력(history) 및 문제를 이해하는 것을 의미한다. 이 부분에서는 내담자 역동 및 행동 이해, 내담자에 대한 자각, 진단 및 처치, 치료 목표 설정, 처치 계획, 그리고 개입 기술 등을 교육해야 한다. 자기평가영역은 상담자의 전문성과 상담에 대한 자신의 실력을 평가할 수 있는 영역이 포함된다. 또한 상담자는 내담자의 상태에 대하여 알아차리고(자각), 내담자의 내적, 외적 상황에 따라 진단 및 처치할 수 있어야 하며, 진단에 따라 치료 목표와 치료 계획을 수립할 수 있어야 한다. 사례이해는 상담 진행 과정 및 치료 절차들을 아는 것을 포함한다. 슈퍼바이저는 사례이해 과업을 통해 상담자로 하여금 내담자 행동의 의미를 숙고하고 이해하도록 도와서 상담에서 어떤 개입을 할 것인지 결정하게 한다.

대화기술 또는 의사소통기술에 포함되는 요소로는 경청, 공감, 질문, 직면 등의 기본적인 상담 기술이 포함된다.

(2) 상담자 심리적 요인

상담자의 심리적 요인에는 상담자 자신의 이해와 전문성을 두고자 한다. 상담자 자신 이해 영역 중에서 제일 먼저 고려해야 하는 것은 상담자 자신의 자기 치료다. 슈퍼바이저는 상담자가 상담의 대면 관계 속에서 치료의 방해요소가 될 수 있는 상담자의 미해결 과제 및 투사를 해결하도록 하며 사고와 행동 그리고 감정의 전인적인 면을 고려하여 치료하기 위해 노력해야 한다. 이때 슈퍼비전에서 상담자의 개인적인 부분을 다루기는 하지만 슈퍼비전의 본래 목적이 상담자의 개인적인 문제 해결을 돕는 것이 아니라 내담자를 돕는 것이므로 슈퍼비전에서는 상담자가 효과적인 상담을 수행하는데 문제가 되는 부분만 다루고, 슈퍼비전 시간에는 상담 시간을 짧게 유지하는 것이 좋다. 만약 상담자에게 더 많은 도움이 필요하다면 슈퍼비전이 아닌 전문적인 상담을 받도록 권고해야 한다.

다음으로 상담 과정 중에 상담자에게 일어나는 정서적 상태를 알아차리고 그것이 상담에 어떠한 영향을 미치는지 알아차리는 자신에 대한 자각 능력이 중요하다. 상담자는 상담을 시작하기에 앞서 자신의 정서적인 강점과 약점, 욕구와 재주, 능력과 한계를 알아야만 한다. 이를 위해 계속적인 훈련을 받으려는 준비가 되어 있어야 한다.

또한 상담자와 내담자의 관계나 슈퍼바이저와의 작업으로부터 기인하는 느낌, 생각, 행동에 대해서 자각할 수 있는 능력을 가지고 있어야 한다. 상담을 하면서 상담자가 파악한 자신의 감정 상태나 생각들은 내담자의 행동패턴이나 상담자와 내담자와의 상호작용 과정을 이해하는데 도움이 되고 상담자가 개입 계획을 세우고 추진하는데 반드시 필요하다. 슈퍼비전 관계에서 상담자의 정서적 자각은 내담자와의 작업에서 중요한 주제가 될 수 있기 때문에 슈퍼바이저는 슈퍼비전 내용에 대한 상담자의 정서적 반응 혹은 슈퍼바이저 자신과의 정서적 역동(의존 및 독립의 관계)을 중요하게 다루어야 한다.

상담자의 심리적 요인의 또 다른 요인으로써 전문성이 필요한데 전문성은 상담자로서 갖추어야 할 자질이나 요건 등을 얼마나 잘 갖추고 있는지를 평가하는 것이다. 여기에는 책임성과 지적 유능성, 그리고 해석 능력이 필요하다. 책임성은 기본적이고 적합한 능력을 내담자에게 제공하기 위한 도덕적이고 합법적인 책임감을 가지는 것을 의미한다. 상담자는 자신의 능력 안에서 서비스를 제공하고, 연구를 수행하고 가르칠 수 있어야 하며, 내담자가 유능한 상담을 받도록 하기 위해 다양한 전문가들과 함께 조력을 유지하고 꾸준히 워크숍에 참여해야 한다.

지적 유능성은 상담자의 자격증 훈련, 인턴쉽, 숙련된 경험, 계속되는 교육, 그리고 여러 상황들에서 경험적인 연구와 이론, 중재, 다른 주제들에 관한 정보를 배우는 것이다. 해석(interpretation) 능력은 내담자가 자신의 문제를 새로운 각도에서 이해하도록 그의 생활 경험과 행동의 의미를 설명할 수 있는 능력이다(금명자, 이장호, 2008). 해석은 내담자가 새로운 방향에서 문제를 볼 수 있도록 하기 위하여, 상담자로 하여금 내담자가 명백하게 진술한 것이나 인식한 것을 넘어서게 하고 행동이나 생각, 감정 등에 새로운 의미와 원인, 설명을 드러내고자 하는 중재이다(Hill & O'Brien, 2001).

(3) 성숙한 인격

기독교적 가치관에 근거한 인격은 예수님의 인격과 온전하심을 바라보며 예수님의 모습을 자신의 삶 속에 나타나도록 하는 것이다. 상담자는 상담이라는 활동을 통해 하나님께 영광이 되는 삶을 살 때 기독교적 정체성을 가지고 상담하는 자라고 할 수 있다.

또한 가면적 인격, 내면적 인격, 그리고 관계적 인격에 있어 성숙한 인격을 가지고 있어야 한다(심수명, 2008b). 가면적 인격은 적절한 경계선을 가지고 사회적으로 능력을 갖추는 것을 의미한다. 내면적 인격은 은밀히 감추어진 자신만이 알고 있는 모습, 즉 자신의 내면이 죄와 악으로 가득 찬 존재임을 인식하여 자신의 죄, 허물, 실수, 악에 대해 방어하거나 저항하지 않고 진실하게 인정하되, 끊임없이 하나님의 은혜를 구하며 죄와 싸우는 것이다. 관계적 인격은 진실한 사랑의 나눔과 친밀감의 능력을 갖는 것이다. 자신의 위치(상담자)나 권위, 능력에 따라 내

담자를 대하지 않으며 한 형제로 부름 받은 동등한 인격체로서 사랑의
관계를 이루어 가기를 힘쓰는 것이다.

4. 상담자 발달수준에 따른 슈퍼비전 모델

상담자의 발달 단계를 지칭하는 말은 초보, 중간 수준, 수련, 입문, 중
급, 고급 등 여러 가지 용어로 사용되고 있다(방기연, 2003). 연구자는
상담자의 수준에 따라 '인턴 상담자', '레지던트 상담자', '전문 상담자'
로 구분하여 사용하고자 한다.

1) 인턴 상담자의 특성에 따른 교육 내용

(1) 상담 기술
인턴 상담자는 모든 영역에서 배우려는 동기가 높아 열심히 상담 기술
을 배우려 하며, 배운 기술을 실습하고 상담에 적용하려 애쓴다. 배우
려 하는 열의와 상담에 대한 동기는 높은 편이나 상담 시에 내담자보다
자신에게 관심이 집중되어 있어서 자신이 상담을 잘하고 있나, 못하면
어쩌나 하는 불안 심리로 인해 대화 기술을 제대로 사용하지 못한다.
따라서 내담자의 심리를 이해하기 위한 경청, 질문, 공감, 반영, 직면
등의 대화기술은 초보적인 수준에 있다.
인턴 상담자일수록 가이드라인이 제공되는 구체적이고 구조화된 슈퍼비
전을 선호하는 특성이 있는데(Heppner & Roehlke, 1984), 특히 한국의

상담자들은 경력 수준이 낮을수록 슈퍼비전에 대한 교육 요구도가 높다 (문수정, 1999). 따라서 슈퍼바이저는 인턴 상담자가 잘하고 있는 점과 부족한 점이 무엇인지 알려주고 필요한 상담 기술이 무엇인지 분명하면서도 구체적으로 설명해주는 것이 필요하다.

인턴 상담자가 접수 면접에서 종결까지의 치료과정을 개념화하는 것은 어려운 일이다. 사례이해에 있어서도 내담자의 역동과 행동을 충분히 이해하지 못한다. 상담 3-4회기가 지난 다음에도 뚜렷한 상담 목표와 단기, 장기 계획과 상담 결과에 대한 기대, 상담 개입 전략을 찾지 못한다. 또한 슈퍼비전을 통하여 다음 회기에 대한 목표와 개입을 세워도 인턴 상담자는 그 다음 회기에서 내담자의 반응을 고려하지도 않고 미리 계획한 목표대로 개입을 수행해서 역효과를 내곤 한다(Stoltenberg, McNeill & Delworth, 1998). 또한 사례를 이해할 때 너무 간략하거나 비현실적으로 하는 경우가 많다. 이들은 내담자의 교육 정도, 인생사, 현재 상태, 진단 자료 등의 정보에는 주의를 기울이지만 다른 관련 정보인 애착 유형, 스트레스 대처 방안, 대상관계유형 등은 간과하는 경향이 있다.

슈퍼바이저는 인턴 상담자가 사례를 보다 잘 이해할 수 있도록 이끌어 주어야 한다(강은희, 2004). 인턴 상담자를 위한 슈퍼비전은 내담자를 상담할 때 발생할 수 있는 것들을 미리 예상해보고 준비하도록 하는 것이다. 예를 들어 상담사례를 바탕으로, 초점을 두는 내담자의 행동(시선 접촉, 자세 등)이나 핵심 문제를 파악하는 연습을 하도록 하는 것이다.

자기평가 부분에 있어서 인턴 상담자는 스스로 자신의 능력 및 상담 기술을 평가할 능력이 부족하다. 따라서 슈퍼바이저의 평가로 자신의 능력을 평가하게 되므로 슈퍼바이저는 가능한 한 격려와 지지, 칭찬을 하되 잘한 점과 실수한 점을 구체적이고 명확하게 알려주는 것이 좋다. 즉 상담수행에 대해 잘 하는 영역은 강화하고, 부족한 영역은 보강할 수 있도록 도와주어야 한다. 또한 현 회기가 전 회기와 연관이 되고 있는지, 다음 회기의 계획은 어떠해야 하는 지에 대해서도 구체적으로 제시해 주는 것이 바람직하다.

(2) 상담자 심리적 요인

이 시점의 훈련생은 관심의 초점이 일차적으로 자신에게 있으므로 내담자의 욕구나 행동을 잘 감지하지 못한다. 심리적으로 불안하기 때문에 오히려 자신과 타인에 대한 자각(알아차림)은 낮은 편이다. 불안과 수치심 때문에 슈퍼바이저에게 의존하는 반면 자율성이 낮다(Stoltenberg, 1981). 자율성이 부족하기 때문에 슈퍼바이저에게 의존하는 것이 바람직할 수 있다. 그러나 슈퍼바이저에게 지나치게 의존하는 인턴 상담자는 자아 강도가 낮은 경우가 많으므로 슈퍼바이저는 실습생의 불안을 생산적인 방향으로 바꾸어 주어야 한다. 실습생이 효과적인 행동을 보이면 긍정적으로 지지해주고 강화와 보상을 해서 자신의 성장 역량에 대한 자신감을 가질 수 있도록 도와주는 것이 좋다(Stoltenberg, McNeil & Crethar, 1994).

또한 자신의 미해결 문제와 비슷한 내담자를 만났을 경우, 자신의 심리 내면을 가지고 내담자에게 투사할 가능성이 많으므로 이 부분에 대하여 통찰하도록 돕거나 인턴 상담자에게 상담자 역할을 함으로써 도와야 한다. 예를 들어 이혼한 상담자가 이혼하려는 내담자를 만날 경우에 자신의 경험에 근거한 개인적인 반응이 자연스럽게 일어날 수 있다. 이런 경우 내담자의 호소 문제에 대한 상담자의 개인적인 반응을 슈퍼비전에서 다루어주면, 인턴 상담자는 보다 객관적으로 상담에 임할 수 있다.

전문성에 있어서 인턴 상담자는 높은 동기를 가지고 상담 및 심리치료 이론을 학습하지만 실제적인 측면에서 이해하는 데에는 부족하다. 그래서 실제로 상담회기에 이론을 적용하는 지적 능력이나 내담자에 따라 적절하게 적용하는 유연성이 부족하다. 따라서 많은 경우 인턴 상담자는 초기에 슈퍼바이저의 상담 이론을 모방적으로 선택하는 경향이 있다(Guest & Beutler, 1988). 슈퍼바이저는 인턴 상담자에게는 모방이 도움이 된다는 점을 알려주는 것이 좋다. 슈퍼바이저는 인턴 상담자에게 심리적 지지와 상담 관련 지식을 제공하고 상담 수행과 직접 관련된 정보와 조언, 내담자와의 관계에 대한 도움을 주어야 한다. 또한 전문가 의식을 키워주고 이론과 실제를 연결할 수 있도록 도와주어야 한다(이성원, 2005).

(3) 기독교 가치관에 근거한 인격

인턴 수준의 상담자는 상담 기술이나 심리적 요인 못지않게 인격적인 측면도 준비가 미흡한 상태이다. 가면적 인격의 영역인 능력적인 면에 있어서 자신의 부족한 면에 집중할 가능성이 높아서 하나님과의 관계에서 자신의 모습을 비추어보거나 내면을 들여다보고 성찰할 수 있는 여유가 없다. 그래서 상담자로서의 청지기 정신을 가지고 살아가기가 어렵다.

내면적 인격에 있어서는 자신의 죄인 됨을 인정하고 하나님의 은혜와 용서를 바라보는 것에 집중하기보다 자신이 얼마나 상담을 잘하고 있는지, 상담자로서의 가능성이나 자질은 있는지에 집중하느라 인격적인 성숙을 고려할 여유가 없다.

관계적 인격에 있어서도 많은 부분 진정한 관심과 온정을 가질 여유가 없다. 대신 이 시기에는 자신의 부족에 끊임없이 집중하느라 에너지 소모가 많다. 그러므로 상담자로서의 가능성에 격려와 지지, 칭찬을 하면서도 부족한 점에 대해서 구체적이면서도 자세하게 직면해줌으로써 기독 상담자로서의 정체성을 확립해가도록 알려주어야 한다.

인턴 상담자의 특성에 따라 적절한 방법으로 슈퍼비전 할 내용 및 중요도를 정리하면 다음과 같다.
(중요도: 아주 중요 ◎ / 중요 ○ / 필요 △)

구분	내용	세부 내용	중요도
상담 기술	대화기술	경청	◎
		질문	◎
		공감	◎
		반영	◎
		직면	△
	사례이해	내담자 역동/행동 이해	○
		내담자에 대한 자각	○
		진단 및 처치	○
		치료 목표 설정, 처치 계획	○
		개입 기술	△
	자기평가	상담자의 전문성 평가	△
		상담에 대한 평가	△
상담자 심리적 요인	상담자 자신 이해	상담자 자신의 치료	◎
		자신에 대한 자각	◎
		상담자-내담자 상호작용 자각	○
		슈퍼바이저와의 관계 자각	◎
	전문성	책임성	○
		지적 유능성	△
		해석 능력	△

기독교 가치관에 근거한 인격	가면적 인격	청지기 정신	◎
	내면적 인격	죄인 됨 인정	○
		은혜와 용서 바라보기	○
	관계적 인격	기도	◎
		말씀	◎
		성령님 의존	◎
		전도의 접촉점	△

〈표-6〉 인턴 상담자에게 필요한 슈퍼비전 교육내용 및 중요도

2) 레지던트 상담자의 특성에 따른 교육 내용

(1) 상담 기술

레지던트 상담자는 상담 경력이 쌓여가면서 기본적인 대화 기술을 사용할 수 있게 되고 상담 과정을 이해할 수 있게 되어 자신감이 생기게 된다. 내담자에 대한 인지적, 정서적 이해도 깊어지므로 내담자 상황을 폭넓게 받아들인다. 즉 진단 및 사례이해를 전보다 잘하게 된다. 그런데 이러한 변화가 때로는 훈련생으로 하여금 문제를 내담자 관점으로 보기 어렵게 하고, 내담자를 도울 방법을 모색하는데 문제를 일으키기도 한다. 이 수준의 훈련생은 어떤 영역에서는 인턴 상담자보다 진전하지 않은 것처럼 보인다. 그러나 이것이 이전 단계로의 퇴행은 아니다. 오히려 내담자를 보다 복잡하게 자각한 것에 대한 반응으로 보아야 한다. 따라서 실수를 지적하는 자세보다는 더 큰 격려와 칭찬이 더 필요하다.

또한 초기에 가졌던 자신의 상담 수행에 대한 부정적 평가는 나중에 자

신감이 쌓여가면서 나아진다. 그러므로 이전에 비하여 좋아지고 있는 점이나 새롭게 알게 된 점은 무엇인지 스스로 알아가도록 지지해 줌으로써 자신에 대하여 자신감을 가지고 상담에 임할 수 있도록 격려해 주는 것이 도움이 된다. 한편 이 시기의 훈련생들은 자신의 상담 수행에 있어서, 이전보다 좋아지긴 했어도, 여전히 자신에게 많은 주의를 기울인다. 그래서 내담자에 대한 깊은 통찰이 잘 일어나지 않을 수 있다 (Hill, Charles & Reed, 1981).

이때 슈퍼바이저는 자신의 경험담을 개방하거나, 상담을 잘하고 있는지 신경 쓰는 것이 자연스러운 일이며 점차적으로 내담자의 관점에서 사물을 볼 수 있으며 내담자의 태도 및 문제를 깊이 볼 날이 가까웠음에 대해 소망을 갖도록 돕는다.

(2) 상담자 심리적 요인

이 수준의 훈련생은 자기자각, 타인자각이 향상되어 개인 차이를 민감하게 지각한다. 슈퍼바이저와의 관계에서는 독립욕구가 생기지만 여전히 의존적이다. 상담자는 슈퍼바이저에게 자기 주장을 더 많이 하고 단순히 슈퍼바이저를 모방하는 행동들이 점차 줄어들게 된다. 슈퍼바이저는 비지시적으로 돕되 상담자의 자율을 허용하면서 지지하며 너무 많이 개입하지 않도록 조심해야 한다. 상담자의 요청이 있을 때에 적극적이면서도 지시적으로 슈퍼비전을 하는 것이 바람직하다. 그래야만 레지던트 상담자가 자신의 실력을 인정할 수 있는 힘을 갖게 되고 보다 더 자율적으로 변화되어 갈 수 있기 때문이다.

레지던트 상담자들은 갈등, 혼돈, 자신감 상실, 위축감을 느끼기 때문에 자존감이 약화되어 상담자로서 자신을 낮게 평가할 소지가 있다. 따라서 상담자 발달수준에 따라 교육을 할 때 인턴 상담자와 레지던트 상담자 집단 간에는 상호 중복적인 내용이 필요하다. 특별히 이 수준의 상담자에게는 낮아지는 자신감과 위축감을 높일 수 있는 교육내용이 필요하다. 상담 기술에 있어서도 내담자의 반응 양식에 따라 다르게 접근해 주는 것에 대하여 알려주는 것이 도움이 된다. 즉 지나치게 충동적이거나 감정적인 사람에게는 서서히 문제를 해결해나가고, 수동적인 사람에게는 적극적으로 변화해 갈 수 있도록 자극하는 것이 필요하다고 구체적으로 알려주는 것이다. 이것은 이 수준의 상담자가 내담자의 심리 역동을 어느 정도 이해하게 되었음을 뜻하는 것이다.

상담 경력이 쌓임에 따라 숙련된 상담자들은 한 가지 상담 접근만으로 모든 내담자 혹은 모든 문제를 다루는 것이 효과적이지 않다는 것을 깨닫게 된다. 이런 과정을 통해 여러 가지 이론들을 통합적으로 사용할 줄 알게 되며 이론 이외의 다른 요소들 또한 치료를 계획하고 수행하는 데 고려해야 한다는 것을 알게 된다(Lambert & Barley, 2001).
한 영역에서 상담을 잘 수행할 수 있게 되면 자신감을 가지고 새로운 영역에 대한 관심을 보인다(Borders, 1990). 초기의 혼란과 불안은 훈련생이 경험을 쌓아감에 따라 점차로 줄어들지만 레지던트 상담자가 내담자를 알아차리기보다 상담자 자신에게 주의를 기울이는 경향은 어느 정도 지속된다. 자신감이 생기면서 자율적으로 기능하고자 하는 욕구를 발달시킬 것이다.

(3) 기독교 가치관에 근거한 인격
상담의 경험이 쌓여가면서 상담에 대하여 어느 정도 자신감이 붙은 레지던트 상담자는 자신의 인격의 여러 부분에 대하여 저항하지 않고 볼 수 있는 여유가 생기게 된다. 또한 여러 내담자들을 접하면서 그들의 문제가 자신에게도 있음을 보고 자신이 죄인이며 많은 부분 연약한 면이 있는 사람임을 인턴 상담자에 비해 더 깊이 알아가게 된다. 이와 반대로 내담자와 달리 자신에게는 문제가 없으며 거의 모든 문제가 해결되었다고 교만한 자세를 가질 수도 있다. 이때 슈퍼바이저는 레지던트 상담자가 자신의 부족과 연약을 분명하게 볼 수 있도록 도와야 한다. 그러므로 인격적인 면에 있어서 어떤 부분이 부족한지 인턴 상담자 시절보다 더 깊은 수준의 통찰이 일어나도록 알려주어야 한다.

관계적인 면에 있어서는 상담에 대한 자신감이 늘면서 자신에게 집중하던 마음이 내담자의 안녕과 행복을 위한 마음으로 점차 전환되는 시기이다. 이때 내담자를 하나의 '사례'가 아닌 '인격'으로 존중하는 것이 무엇인지 알려주도록 한다. 또한 상담 중에 생긴 실패나 실수에 대해서도 솔직하게 슈퍼바이저에게 말할 수 있는 개방적이고 인격적인 관계를 위해 심적인 지지를 충분히 해 준다. 슈퍼바이저는 상담자가 자신의 솔직한 감정을 표현하고 개인적인 경험을 나눌 수 있는 관계가 유지되도록 힘써야 한다.

이 시기가 되면 상담이 즐겁고 기쁠 수도 있으나 한계에 부딪힐 수도 있으므로 슈퍼바이저는 어떠한 압력에도 버티어 나갈 수 있는 인내심과 끈기를 가지도록 지지를 아끼지 않아야 한다. 그리고 말씀과 기도를 내담자의 상황과 상담 분위기에 맞게 사용할 수 있도록 교육하는 것이 좋다. 그러나 전도의 접촉점을 마련하다가 오히려 역효과가 날 수도 있기 때문에 전도의 기회는 확신이 섰을 때에 권유하도록 하는 것이 바람직하다.

레지던트 상담자의 특성에 따라 적절한 방법으로 슈퍼비전 할 내용 및 중요도를 정리하면 다음과 같다.

(중요도: 아주 중요 ◎ / 중요 ○ / 필요 △)

구분	내용	세부 내용	레지던트 상담자
상담 기술	대화기술	경청	◎
		질문	◎
		공감	◎
		반영	◎
		직면	◎
	사례이해	내담자 역동/행동 이해	◎
		내담자에 대한 자각	◎
		진단 및 처치	◎
		치료 목표 설정, 처치 계획	◎
		개입 기술	○
	자기평가	상담자의 전문성 평가	○
		상담에 대한 평가	○
상담자 심리적 요인	상담자 자신 이해	상담자 자신의 치료	◎
		자신에 대한 자각	◎
		상담자-내담자 상호작용 자각	○
		슈퍼바이저와의 관계 자각	◎
	전문성	책임성	◎
		지적 유능성	○
		해석 능력	○
기독교 가치관에 근거한 인격	가면적 인격	청지기 정신	◎
	내면적 인격	죄인 됨 인정	◎
		은혜와 용서 바라보기	◎
	관계적 인격	기도	◎
		말씀	◎
		성령님 의존	◎
		전도의 접촉점	○

〈표-7〉 레지던트상담자에게 필요한 슈퍼비전 교육내용 및 중요도

3) 전문 상담자의 특성에 따른 교육 내용

(1) 상담 기술

이들은 자율적인 상담자로서 내담자에 대해 스스로 상담계획을 세울 수 있다. 자신에 대한 통찰과 함께 내담자에게는 공감적이다. 인턴 상담자와 비교해 보면 다른 치료자처럼 되려는 욕구는 덜한 편이다. 다양한 기법을 구사하며 개입 기술, 상담 접근에 능숙하다. 타인으로부터의 피드백이나 충고를 여유 있게 수용한다. 이들은 자신이 알고 있는 정보가 자신의 이론적 접근, 성격, 내담자에게 적합하지 않을 때는 다른 사람에게 정보를 구한다. 이 수준의 상담자는 거의 대부분의 영역에서 기술과 지식이 통합되어 있어서 충분히 기능하는 상담자라 말할 수 있다. 이들은 창의적이라 자신과 타인으로부터 배운다. 그러나 모든 상담자가 이 수준에 도달하는 것은 아니다.

(2) 상담자 심리적 요인

이 수준의 상담자는 자신의 심리적 문제에 대하여 많은 부분 치료가 이루어졌고 내담자 문제에 대해서도 이해가 깊어지고, 상담 이론에 대한 조예도 깊어지므로 치료목표와 계획영역에서 진전이 있다. 이 수준의 상담자는 내담자에 대한 자신의 반응, 내담자의 정서적, 인지적 구조를 상담 중에 알아차린다. 상담 중 상담자 행동은 자신의 이론적 접근법, 성격스타일, 상담 목표와 일치한다.

상담에 임하는 상담자의 동기도 일관성이 있으며 이전 수준의 상담자와 질적으로 다르다. 이 시점에서도 슈퍼비전이 계속 된다면 슈퍼바이저와 상담자는 동료로서의 협동 관계를 유지한다. 슈퍼바이저는 상담자를 동료로 대하고 자율을 허락해야 한다. 또한 전문상담자로서의 상담 기술

향상 및 상담자로서의 자질 향상이 계속 이어지도록 하는 것과 앞으로 후배상담자들을 지도하는데 필요한 '슈퍼바이저를 위한 교육 과정'을 실시함으로써 슈퍼바이저로서 준비하도록 해야 한다.

(3) 기독교 가치관에 근거한 인격

이 수준에 도달한 전문 상담자는 인격적인 면에 있어서 자신이 어떤 점에서 부족하고 잘하고 있는지 자신에 대하여 스스로 평가할 수 있는 실력이 갖추어져 있다. 따라서 기독교적 가치관에 근거한 인격이 상담 실력이나 외부의 칭찬과 평판에 달려있지 않음을 알게 된다. 그러기에 자신이 바라봐야 할 분은 바로 예수님이시며 매일 자신의 능력이 자신의 공로가 아니며 하나님이 주신 은사이며 선물임을 자각하는 자이다. 그런 점에서 청지기 정신을 가지고 상담에 임하려 한다.

또한 상담 실력이 향상된 것과 자신이 죄인인 것과는 별개임을 인정할 수 있게 되어 하나님의 은혜 없이는 아무 것도 아님을 자각하게 된다. 그래서 실력은 향상되었어도 외적으로나 내적으로 풍겨지는 모습은 더욱 더 겸손한 모습을 갖추게 된다. 자신의 내면에 감추어진 자신만이 알고 있는 모습, 즉 자신의 내면이 죄와 악으로 가득 찬 존재임을 인식하기에 끊임없이 하나님의 은혜를 구하며 죄와 싸운다.

관계적 인격에 있어서도 내담자 뿐 아니라 주변 사람들과도 진실한 나눔과 친밀감의 능력을 가지고 관계할 수 있게 되어 상담 장면에서 뿐 아니라 관계하는 많은 사람들에게 도움을 주는 자로 살아가게 된다. 자신의 능력에 따라 내담자를 대하지 않으며 한 형제로 부름 받은 동등한 인격체로서 사랑의 관계를 이루어 가기를 힘쓴다. 그리고 이러한 인격성은 하나님의 은총에서 나온다는 것을 알고 하나님께 자신을 온전히 의뢰하며 그 사랑과 은총을 지속적으로 공급받는다. 하나님께 늘 기도

하고 말씀을 묵상하며 상담 중에 내담자를 전도할 기회가 생기면 적극적으로 전도의 접촉점을 마련하도록 한다. 그래서 상담 중에 항상 성령님께 의지한다. 그러나 그렇지 않을 때에라도 쉽게 좌절하거나 연민에 빠지지 않고 지금 이 순간 다시금 하나님의 은혜를 구함으로 자유함을 누린다.

전문 상담자의 특성에 따라 적절한 방법으로 슈퍼비전 할 내용 및 중요도를 정리하면 다음과 같다.
(중요도: 아주 중요 ◎ / 중요 ○ / 필요 △)

구분	내용	세부 내용	전문상담자
상담 기술	대화기술	경청	◎
		질문	◎
		공감	◎
		반영	◎
		직면	◎
	사례이해	내담자 역동/행동 이해	◎
		내담자에 대한 자각	◎
		진단 및 처치	◎
		치료 목표 설정, 처치 계획	◎
		개입 기술	◎
	자기평가	상담자의 전문성 평가	◎
		상담에 대한 평가	◎
상담자 심리적 요인	상담자 자신 이해	상담자 자신의 치료	○
		자신에 대한 자각	○
		상담자-내담자 상호작용 자각	○
		슈퍼바이저와의 관계 자각	○

		책임성	◎
	전문성	지적 유능성	◎
		해석 능력	◎
기독교 가치관에 근거한 인격	가면적 인격	청지기 정신	◎
	내면적 인격	죄인 됨 인정	◎
		은혜와 용서 바라보기	◎
	관계적 인격	기도	◎
		말씀	◎
		성령님 의존	◎
		전도의 접촉점	◎

〈표-8〉 전문 상담자에게 필요한 슈퍼비전 교육 내용 및 중요도

이상의 내용을 정리해 볼 때 통합모델에서 제시하는 슈퍼비전 교육내용은 다음과 같은 특성이 있다.

첫째, 초보 수준의 인턴 상담자들에게는 상담 기술 요인에 있어서는 대화기술을, 상담자 심리적 요인에 있어서는 상담자 자신 이해 영역을, 기독교적 가치관에 근거한 인격 요인에서는 가면적 인격과 관계적 인격에 중점을 두고 슈퍼비전 교육을 한다.

둘째, 중간 수준의 레지던트 상담자들에게는 상담 기술 요인에 있어서는 대화기술과 함께 사례이해 요인에 중점을 두고, 상담자 심리적 요인에 있어서는 상담자 자신에 대한 이해가 이전 보다 더 깊은 수준에서 일어나도록 돕고, 기독교적 가치관에 근거한 인격 요인에 있어서는 내면적 인격 요인을 중요시함으로서 전인의 조화와 성숙

이 일어나도록 돕는다.

셋째, 숙련상담자에 해당하는 전문상담자들에게는 상담 기술 요인에 있어서 사례이해 영역 중 개입기술을 충분히 사용할 수 있도록 하며, 상담자 심리적 요인에 있어서는 자기 자신의 전문성이나 상담에 대하여 평가해볼 수 있는 실력을 갖추는 영역인 자기평가실력을 갖추도록 하며, 인격적인 면에 있어서는 전인적 성장이 이루어지도록 하되 전도의 접촉점 마련을 통해 기독교 상담의 궁극적 목적인 영혼 구원의 사명까지 감당하도록 교육을 한다.

5. 슈퍼비전 관계에서의 역동

슈퍼비전 관계는 슈퍼바이저와 상담 훈련생이 갖는 정서적 경험으로 슈퍼비전에서의 대인관계를 말한다. 슈퍼비전 관계에서 상담훈련생은 불안을 경험한다. 훈련생은 변화하려는 욕구와 변화를 두려워하는 마음을 가지고 슈퍼비전 관계를 시작한다. 상담훈련생은 상담자로서의 새로운 위치와 역할을 받아들이기 어려워하고, 자신의 상담 수행에 대한 슈퍼바이저의 평가에 의존한다(방기연, 2003).
또 다른 특성은 상담훈련생이 슈퍼바이저에게 의존하는 것이다. 상담훈련생은 슈퍼바이저의 상담개입기술, 상담관련 지식과 경험 등 전문적인 영역에 대해서도 의존하지만, 행정적인 영역에서도 슈퍼바이저에게 의존할 수밖에 없다(강지연, 2005).

심리 치료적 슈퍼비전에서 가장 흥미로운 역동 패턴은 '병행적 재연 (parallel reenactment)'이다. 이것은 상담자가 돕는 관계의 역동을 슈퍼비전 환경에서 재연하는 것이다. 즉 슈퍼바이저와의 관계 속에서 상담자는 내담자가 행했다고 지각하는 것과 똑같은 방식으로 슈퍼바이저에게 행한다. 흔한 경우로 첫째, 내담자가 상담자에게 의존을 표현하고, 상담자는 슈퍼바이저에게 의존을 표현한다. 둘째, 내담자가 상담자에게 분노하고, 상담자가 슈퍼바이저에게 분노한다. 셋째, 내담자가 상담자를 지배하고, 상담자가 슈퍼바이저를 지배하는 것이다.

이러한 이해에 바탕을 두고 슈퍼바이저와 상담자의 관계에서 발생되는 여러 문제를 해결한다면 그 해결된 관계의 성향이 내담자와의 관계에도 영향을 미쳐 효과적인 상담을 실시하도록 도울 수 있다. 슈퍼바이저와의 관계를 통해 상담훈련생이 상담 관계에서 어떻게 행동할 것인가 예측할 수 있기 때문이다. 그리고 상담훈련생은 슈퍼바이저로부터 관심, 공감, 수용, 개방성, 자유함을 경험하고 슈퍼바이저가 자신을 다루는 방식을 통해, 자신이 상담 상황에서 내담자를 어떻게 대해야 하는지를 자연스럽게 배우게 될 것이다.

◦ 실 습 ◦

슈퍼바이지로서 당신은 슈퍼비전을 받을 때 슈퍼바이저와 어떤 게임을 하는지 생각해 보고 이야기를 나누도록 한다.

내 용	슈퍼바이지의 언어 표현(언어적, 비언어적)	체 크
요구 수준	"내가 당신에게 잘해주니까 당신도 나에게 잘해 주시오."	
	둘이서 동맹하여 기관에 대항하도록 만들기	
관계를 재정의 하기	자신의 약함을 드러내면서 내담자에 대해서보다 개인적 문제를 토의하는데 시간을 소비	
	전문적 관계를 손상시키고 사교적 관계로 만들려함	
	민주적으로 슈퍼비전을 진행할 것을 요구함으로 동료화 시킴	
세력 불균형 줄이기	"나는 알고 당신은 모르지."라고 하면서 슈퍼바이지가 설명자의 위치에 서서 권력을 자신에게로 가져오려함	
	"그것에 대해 무엇을 아십니까?"라며 슈퍼바이저가 경험하지 못했을 것 같은 이야기를 꺼냄으로 권력을 잡음 (예: 슈퍼바이지가 기혼이고 슈퍼바이저가 미혼인 경우)	
	음란한 말들을 사실대로 이야기하며 불쾌감을 유발	
	은근한 비난	
상황을 통제하기	일련의 질문을 준비하고 대답을 듣지 않고 무시	
	슈퍼바이저와 거리 두기	

참고문헌

| 국내서적 |

강은희(2004). "슈퍼비전 스타일에 따른 슈퍼바이저의 기능 및 과업 수행 분석". 이화여자대학교 대학원 석사학위논문.

강지연(2005). "슈퍼바이지 수치심과 슈퍼비전 만족도의 관계에서 작업동맹 및 자기개방의 매개효과 검증". 이화여자대학교 대학원 석사학위논문.

금명자, 이장호(2008). 『상담연습교본』 서울: 법문사.

김계현(1992). "상담교육방법으로서의 개인 슈퍼비전 모델에 관한 복수사례 연구". 한국심리학회지. 상담과 심리치료 제4권. 1. 19-53.

김영한(2000). "심리학과 신학. 심리 치료와 목회 상담. 새천년 목회 상담과 심리 치료의 실제". 숭실대학교 제8회 전국 목회자 신학세미나.

김예식(2000). 『말씀 안의 상담과 치유 이야기』 서울: 한국 장로교 출판사.

김형태(2012). 『21세기를 위한 상담의 이론과 실제』 서울: 동문사.

김형태(2003). 『상담심리학』 서울: 동문사.

김환, 이장호(2008). 『상담면접의 기초』 서울: 학지사.

노안영 송현종(2006). 『상담실습자를 위한 상담의 원리와 기술』 서울: 학지사.

문수정(1999). "상담슈퍼비전 교육내용 요구분석. 상담자의 경력수준을 중심으로". 서울대학교 대학원 석사학위논문.

박성희, 이동렬(2005). 『상담의 실제』 서울: 학지사.

박성희(2003). 『상담의 새로운 패러다임』 서울: 학지사.

방기연(2003). 『상담 슈퍼비전』 서울: 학지사.

신병철(2008). 『통찰의 기술』 서울: 지형.

심수명(2019). 『집단상담 이론과 실제』 서울: 다세움.

심수명(2018). 『감수성훈련워크북』 서울: 다세움.

심수명(2013). "기독교 상담적 관점에서 성숙한 인격에 대한 고찰". 성경과 신학, 68권 0호.

심수명(2008). 『상담목회』 서울: 다세움.

심수명(2008a). 『인격치료』 서울: 학지사.

심수명(2008b). 『인격목회』 서울: 다세움.

심수명(2008c). "상담자 발달수준에 따른 수퍼비전의 통합 모델에 관한 연구". 국제신학, 10권.

심수명(2006). 『부부치료』 서울: 다세움.

심수명(2005). 『인생을 축제처럼』 서울: 다세움.

심수명(2001). 『평신도 상담자를 위한 집단상담』 서울: 서로사랑.

오성춘(1993). 『목회상담학』 서울: 한국장로교출판사.

유근준(2014). 『대상관계상담』 서울: 다세움.

유근준(2008). "대상관계의 변화 과정에 관한 질적 연구–근거이론을 중심으로". 숙명여자대학교 대학원 박사학위논문.

이만홍, 황지연(2007). 『역동심리치료와 영적탐구』 서울: 학지사.

이수현, 최인화(2020). 『셀프슈퍼비전을 통한 상담기술훈련』 서울: 학지사.

이성원(2005). "슈퍼바이지의 인지 복합성 수준에 따라 선호하는 슈퍼바이저의 슈퍼비전 스타일". 이화여자대학교 대학원 석사학위논문.

이장호(1982). 『상담심리학 입문』 서울: 박영사.

이장호, 최윤미(1997). 『상담자례연구집』 서울: 박영사.

정동섭(1996). 『어떻게 사람을 변화시킬 수 있는가?』 서울: 요단출판사.

정원식, 박성수(1978). 『카운슬링의 원리』 서울: 교육과학사.

최원호(2004). "상담윤리의 개념정립과 교육내용 구성". 홍익대학교 대학원 박사학위논문.

홍경자(2001). 『자기이해와 자기지도력을 돕는 상담의 과정』 서울: 학지사.

| 번역서적 |

Bauer, P. Gregory(2007). 정남운 역. 『지금-여기에서의 전이분석』 서울: 학지사.

Cashdan, Sheldon(2005). 이영희·고향자·김해란·김수형 공역. 『대상관계치료』 서울: 학지사.

Collins, Gary(1996). 문희경 역. 『효과적인 상담을 위한 크리스찬 심리학』 서울: 요단출판사.

Crabb, Lawrence(1993). 윤종석 역. 『인간 이해와 상담』 서울: 두란노.

Egan, Gerard(1992). 오성춘 역. 『상담의 실제』 서울: 대한예수교장로회출판국.

Egan, Gerard(2005). 제석봉 외 역. 『유능한 상담자』 서울: 시그마프레스.

Goldenberg, Irene & Goldenberg, Herbert(1990). 김득성 외 역. 『가족치료』 서울: 중앙적성 출판사.

Hackney, Harold L. & Cormier. L. Sherilyn(2004). 임성문·이주성·최국환·김윤주·이누미야 요시유키·안형근·육성필 역. 『심리상담의 과정과 기법』 서울: 시그마프레스.

Heaton, Jeanne Albronda(2006). 김창대 역. 『상담 및 심리치료의 기본 기법』 서울: 학지사.

Hill, Clara & O'Brien, Karen(2001). 주은선 역. 『상담의 기술』 서울: 학지사.

Hurding, Roger(2000). 김예식 역. 『치유 나무』 서울: 한국 장로교 출판사.

| 국외서적 |

ACA(American Counseling Association). (1989). "The Association for Counselor Education and Supervision Standards for Counselor Supervision". Alexandra. VA: Association for Counselor Education and Supervision.

Bachelor, A. (1955). "Clients Perception of the Therapic Alliance-A Qualitative Analysis" Journal of Counseling Psychology. 42. 323-327.

Bartlett, W. (1983). "A Multidimensional Framework for the Analysis of Supervision of Counseling." Counselling Psychologist 11.

Bernard, J. M. & Goodyear, R. K. (2003). "Fundamentals of Clinical Supervision". 3rd. Ed. Boston. MA: Allyn & Bacon.

Borders, L. D. (1990). "Developemental Changes During Supervisee's First Practicum". Clinical Supervisor 8. 157-167.

Bugental, J. F. T. (1978). Psychotherapy and Process. The Fundamentals of An Existential Bumanistic Approach. Reading. Mass. Addison-Wesley.

Clinebell, Howard(1984). Basic Types of Pastoral Care and Counseling. Resources for the Ministry of Healing and Growth. Nashiville: Abingdon. 26.

Corsini, J. Raymond(2000). Current Psychotherapies. 8th ed. Thomson.

Elliott, R., Shapiro, D. A., Firth-Cozens, J., Stiles, W. B., Hardy. G. E., Llewelyn, S. P., & Margison, F. R. (1994). "Comprehensive Process Analysis of Insight Events in Cognitive-Behavioral and Psychodynamic-Interpersonal Psychotherapies". Journal of Counseling Psychology. 41. 449-463.

Erikson, E. H. (1963). Childhood & Society. NY: Norton.

Greenberg, J. & Mitchell, S(1983). Object Relations in Psychoanalytic Theory. Harvard University Press.

Guest, P. D., Beutler, L. E. (1988). "Impact of Psychotherapy Supervision on Therapist Orientation and Values". Journal of Consulting and Clinical Psychology. 56. 653-658.

Heppner, P. P. & Roehlke, H. J. (1984). "Differences Among Supervisees at Different Levels of Training". Implications for a Developmental Model of Supervision. Journal of Counseling Psychology 31. 76-90.

Hess, A. K. (1980). "Psychotherapy Supervision- Theory, Research, and Practice". NY: John Wiley & Sons. 3-14.

Hill, C. E., Charles, D., & Reed, K. G. (1981). A longitudinal analysis of changes in counseling skills during doctoral training in counseling psychology. Journal of Counseling Psychology, 28, 428-436.

Hogan, R. (1964). "Issues and Approaches in Supervision." Psychotherapy: Theory, Research and Practice 1.

Horvath, A. O., & Symonds, B. D. (1991). "Relation Between Working Alliance and Outcome in Psycholotherapy. A Meta-analysis". Journal of Counseling Psychology. 38. 139-149.

Kohut, Heinz(1978). "The Psychoanalyst in the Community of Scholars". In P. H. Ornsteined. The Search for Self. Selected Writings of H. Kohut. NY: International Universities Press.

Lambert, M. J., Barley, D. E. (2001). "Research Summary on The Therapeutic Relationship and Psychotherapy Outcome". Psychotherapy, Theory, Research, Training. 38 Apr. 357-361.

Loganbill, C. R., Hardy, C. V., & Delworth, L. R., (1982). "Supervision: A Conceptual Model". The Counseling Psychologist 10.

Nichols, Michael P. & Schwartz, Richard C. (2001). Family Therapy, Concepts and Methods. Allyn & Bacon. A Pearson Education Company.

Orlinsky, D. E., Grawe, K., & Parks, B. K. (1994). "Process and Outcome in Psycholotherapy-Noch einmal". In A. E. Bergin & S. L. Garfield Eds. Handbook of Psychotherapy and Behavior Change 4th ed. 270-376. NY: Wiley.

Patterson, L. E. & Welfiel, E. R. (2000). The Counseling Process. Brooks/Cole Publishing Co.

Rogers, C. R. (Ed.). (1967). *The Therapeutic Relationship and Its Impact*. Madison: University of Wisconsin Press.

Rogers, C. R. (1951). Client-Centered Therapy. Boston: Houghton Mifflin.

Rokeach, Milton (1973). The Nature of Human Values. New York: The Free Press.

Shertzer, B., & Stone, S. C. (1980). Fundamentals of Counseling.

Boston: Houghton Mifflin Company.

Skovholt, T. M. & Ronnestad, M. H. (1992). The Evolving Professional Self: Stages and Themes in Therapist and Counselor Development Chichester. England: Wiley.

Steere, David. ed. (1989). The Supervision of Pastoral Care. Louisville Westminster: John Knox.

Stoltenberg, C. D., McNeil B. W. & Crethar, H. C. (1994). "Changes in Supervision as Counselor and Therapists Gain Experience". A Review Professional Psychology, Research and Practice 25. Apr. 416-449.

Stoltenberg, C. D. (1981). "Approach Supervision from a Developmental Perspective" The Counselor Complexity Model. Journal of Counseling Psychology 15. 215-224.

Stoltenberg, C. D., McNeill, B., & Delworth, U. (1998). IDM Supervision: An Integrated Developmental Model for Supervising Counselors and Therapists. San Francisco: Jossey-Bass.

Wright, Norman. (1977). Training Christians to Counsel. Eugene, Oregon: Harvest House Publishers.

다세움 출판사 도서 소개

- **새신자용 교재**
  새로운 시작

- **제자훈련 시리즈 4권**(상담목회를 적용한 제자훈련 시리즈)
  1권 제자로의 발돋음
  2권 믿음의 기초
  3권 그리스도와의 동행
  4권 인격적인 제자로의 성장
  전인성숙을 위한 제자훈련 시리즈 인도자 지침서

- **인격신앙훈련 시리즈 4권**(성숙한 그리스도인을 만드는 성경공부 시리즈)
  1권 예수님을 본받는 그리스도인
  2권 하나님은 누구신가
  3권 그리스도와 동행하는 생활
  4권 실천적인 신앙생활

- **목회 · 설교**
  상담목회
  비전과 리더십
  상담적 설교의 이론과 실제
  감사하면 행복해집니다
  사랑하면 행복해집니다
  성경의 가족이야기

- **소그룹 훈련 시리즈**(상담목회를 적용한 소그룹 훈련시리즈)
의사소통훈련
인간관계훈련
거절감치료
분노치료
비전의 사람들
리더십과 팔로워십
행복바이러스
성령의 능력으로 사는 그리스도인

- **결혼 및 가정 사역**
한국적 이마고 부부치료 개정판
부부심리 이해
행복 결혼학교
아버지 학교
어머니 학교
위대한 부모 위대한 자녀

- **교육 및 상담훈련**
인생을 축제처럼
그래도 삶은 소중합니다
감수성훈련 워크북 개정판
정신역동상담 개정판
상담의 과정과 기술
집단상담 이론과 실제

기독교 상담자를 위한

상담 및 심리치료의 과정과 실제

발   행 | 2020년 9월 4일
저   자 | 심수명 유근준
발 행 인 | 계승광
발 행 처 | 다세움
주   소 | 서울시 강서구 수명로 68-11 401호
전   화 | 02-2601-7423
팩   스 | 0505-182-5665
홈페이지 | www.daseum.org

총   판 | 비전북
주   소 | 경기도 고양시 일산서구 송산로 499-10
팩   스 | 031-907-3928
정   가 | 20,000원

ISBN | 978-89-92750-51-6